Problematik des Vorsteuerabzuges bei Holdinggesellschaften

FREIBURGER STEUERFORUM

Herausgegeben von Wolfgang Kessler

Band 16

PETER LANG

Frankfurt am Main · Berlin · Bern · Bruxelles · New York · Oxford · Wien

Dominik Trachte

Problematik des Vorsteuerabzuges bei Holdinggesellschaften

PETER LANG
Internationaler Verlag der Wissenschaften

Bibliografische Information der Deutschen Nationalbibliothek
Die Deutsche Nationalbibliothek verzeichnet diese Publikation in der Deutschen Nationalbibliografie; detaillierte bibliografische Daten sind im Internet über http://dnb.d-nb.de abrufbar.

Zugl.: Freiburg (Breisgau), Univ., Diss., 2011

D 25
ISSN 1617-917X
ISBN 978-3-631-63628-2

Internationaler Verlag der Wissenschaften
Frankfurt am Main 2012

www.peterlang.de

Inhaltsübersicht

Inhaltsverzeichnis

Abkürzungsverzeichnis

a. A.	andere Ansicht
Abb.	Abbildung
ABl.	Amtsblatt der Europäischen Union
Abs.	Absatz
AG	Aktiengesellschaft
AG	Die Aktiengesellschaft (Zeitschrift)
AktG	Aktiengesetz
Anm.	Anmerkung(en)
AO	Abgabenordnung
Art.	Artikel
AstG	Außensteuergesetz
BAG	Bundesarbeitsgericht
BB	Betriebs-Berater (Zeitschrift)
BC	Zeitschrift für Bilanzierung, Rechnungswesen und Controlling
BeckRS	Beck-Rechtsprechung (Zeitschrift; ab 2003 nur online)
BetrVG	Betriebsverfassungsgesetz
BFH	Bundesfinanzhof
BFH/NV	Sammlung nicht veröffentlichter Entscheidungen des Bundesfinanzhofs (Zeitschrift)
BGB	Bürgerliches Gesetzbuch
BGBl	Bundesgesetzblatt
BGH	Bundesgerichtshof
BGHZ	Entscheidungen des Bundesgerichtshofs in Zivilsachen
BMF	Bundesministerium der Finanzen
BStBl.	Bundessteuerblatt
Buchst.	Buchstabe
BVerfG	Bundesverfassungsgericht
BVerfGE	Sammlung der Entscheidungen des Bundesverfassungsgerichts (Zeitschrift)
DB	Der Betrieb (Zeitschrift)
DokID	Dokumentenidentifikation

DStR	Deutsches Steuerrecht (Zeitschrift)
DStRE	Deutsches Steuerrecht Entscheidungen (Zeitschrift)
DStZ	Deutsche Steuerzeitung (Zeitschrift)
EFG	Entscheidungen der Finanzgerichte (Zeitschrift)
EG	Europäische Gemeinschaft
EGV	EG-Vertrag
Einf.	Einführung
e. K.	eingetragener Kaufmann
EStG	Einkommensteuergesetz
EStR	Einkommensteuerrichtlinie
EU	Europäische Union
EuGH	Europäischer Gerichtshof
EuGHE	Sammlung der Entscheidungen des EuGH
EU-UstB	EU-Umsatzsteuerberater (Zeitschriftenbeilage zum UStB)
EuZW	Europäische Zeitschrift für Wirtschaftsrecht (Zeitschrift)
EWG	Europäischer Wirtschaftsgemeinschaft
EWIV	Europäische Wirtschaftliche Interessenvereinigung
f.	folgende
ff.	Fortfolgende
FD-DStR	Fachdienst Deutsches Steuerrecht (Beilage zum DStR)
FG	Finanzgericht
Fn.	Fußnote
GbR	Gesellschaft bürgerlichen Rechts
gem.	gemäß
GmbH	Gesellschaft mit beschränkter Haftung
GmbHG	GmbH-Gesetz
GmbH & Co. KG	Gesellschaft mit beschränkter Haftung & Compagnie Kommanditgesellschaft
GrS	Großer Senat (des BFH)
HFR	Höchstrichterliche Finanzrechtsprechung (Zeitschrift)
HGB	Handelsgesetzbuch
i. d. F.	in der Fassung
i. d. R.	in der Regel
i. e. S.	im engeren Sinne / im eigentlichen Sinne
IStR	Internationales Steuerrecht (Zeitschrift)

i. V. m.	in Verbindung mit
i. w. S.	im weiteren Sinn
JbFStR	Jahresbuch der Fachanwälte für Steuerrecht
JZ	Juristen Zeitung (Zeitschrift)
KG	Kommanditgesellschaft
KStG	Körperschaftsteuergesetz
MitbestG	Mitbestimmungsgesetz
MwStSystRL	Mehrwertsteuersystemrichtlinie
m. W. v.	mit Wirkung von
NJW	Neue Juristische Wochenschrift (Zeitschrift)
Nr.	Nummer
NWB	Neue Wirtschafs-Briefe (Zeitschrift)
OECD	Organization for Economic Co-operation and Development
OECD-MA	OECD-Musterabkommen
OFD	Oberfinanzdirektion
OHG	Offene Handelsgesellschaft
Rdnr.	Randnummer(n)
RFH	Reichsfinanzhof
RFHE	Sammlungen der Entscheidungen und Gutachten des Reichsfinanzhofes
RL	Richtlinie
Rn.	Randnummer(n)
Rs.	Rechtssache
RStBl.	Reichssteuerblatt
Rz.	Randziffer(n)
S.	Satz
SE	Societas Europaea (Europäische Gesellschaft)
SEEG	Gesetz zur Einführung der Europäischen Gesellschaft
SE-RL	Richtlinie zur Europäischen Aktiengesellschaft
SE-VO	Verordnung zur Europäischen Aktiengesellschaft
Slg.	Sammlung
StÄndG	Steueränderungsgesetz
Stbg	Die Steuerberatung (Zeitschrift)

StEntlG	Steuerentlastungsgesetz
SteuStud	Steuer und Studium (Zeitschrift)
StuW	Steuer und Wirtschaft (Zeitschrift)
StVj	Steuerliche Vierteljahresschrift (Zeitschrift)
SWI	Steuer & Wirtschaft International (Zeitschrift)
Tz.	Textziffer(n)
u. ä.	und ähnlich
UmwG	Umwandlungsgesetz
UmwStG	Umwandlungssteuergesetz
UR	Umsatzsteuer-Rundschau (Zeitschrift)
USt	Umsatzsteuer
UStB	Umsatzsteuer-Berater (Zeitschrift)
UStDV	Umsatzsteuer Durchführungsverordnung
UStG	Umsatzsteuergesetz
UStKongrBer	Umsatzsteuer-Kongress-Bericht
UStR	Umsatzsteuerrichtlinie
UVR	Umsatzsteuer- und Verkehrsteuer-Recht (Zeitschrift)
v.	vom
Vgl.	Vergleiche
Vorbem.	Vorbemerkung
VZ	Veranlagungszeitraum
z. B.	zum Beispiel
ZEV	Zeitschrift für Erbrecht und Vermögensnachfolge (Zeitschrift)
Z. f. Z.	Zeitschrift für Zölle und Verbrauchsteuern

1. Einleitung

1.1 Gegenstand der Untersuchung und Zielsetzung der Arbeit

1.1.1 Gegenstand der Untersuchung

Die vorliegende Arbeit beschäftigt sich mit dem Begriff des umsatzsteuerlichen Unternehmers bzw. Steuerpflichtigen aus dem Blickfeld einer Holding und den Folgen für den Vorsteuerabzug.

Mit dem § 2 Abs. 1 UStG ist der Unternehmer im Sinne der deutschen Umsatzsteuer gesetzlich definiert. Das europäische Recht spricht in Art. 9 Abs. 1 Mehrwertsteuersystemrichtlinie (MwStSystRL) nicht vom Unternehmer, sondern vom Steuerpflichtigen. Die inhaltliche Auslegung beider Begriffe muss allerdings einheitlich erfolgen.[1] Denn die europäischen Vorgaben waren sinngemäß in das deutsche Umsatzsteuergesetz umzusetzen, sodass eine richtlinienkonforme Auslegung des Begriffs „Unternehmer" erforderlich ist. Bei der Unternehmereigenschaft geht es um die persönliche Umsatzsteuerpflicht eines Rechtssubjektes. Der Unternehmer ist damit Steuersubjekt.[2]

Die Bedeutung der persönlichen Steuerpflicht ergibt sich daraus, dass in der Regel der Einstieg in die Umsatzsteuer über das Prüfungskriterium der Unternehmereigenschaft erfolgt.[3] Denn erst dann lässt sich eine Lieferung oder sonstige Leistung daraufhin überprüfen, ob sie steuerbar und steuerpflichtig ist und erst dann kann für den Unternehmer geklärt werden, ob und in welchem Umfang er in den Genuss des Vorsteuerabzuges gem. § 15 Abs. 1 UStG kommt. Auch für einen möglichen vorteilhaften Verzicht auf die Steuerbefreiung gem. § 9 UStG ist die Unternehmereigenschaft unverzichtbar. Weiter ergibt sich auch nur für einen Unternehmer die Steuerschuldnerschaft gem. § 13a Abs. 1 Nr. 1 bzw. § 13b Abs. 2 UStG. Eine umsatzsteuerliche Organschaft kann eventuell nur begründet werden, wenn der Organträger und / oder die Organgesellschaft ein

1 Vgl. Kapitel 2.2.1 (Verhältnis UStG vs. MwStSystRL).
2 Vgl. *Stadie,* in: Rau/Dürrwächter, UStG, 2010, § 2 UStG, Anm. 20.
3 Der innergemeinschaftliche Erwerb neuer Fahrzeuge ist explizit auch für Nichtunternehmer umsatzsteuerbar, § 1b UStG. Ein Fahrzeuglieferer i.S.d. § 2a UStG ist auch, wer kein Unternehmer ist.

Unternehmer ist.[4] Aber auch außerhalb der Umsatzsteuer ist der umsatzsteuerliche Begriff des Unternehmers relevant, denn in der Diskussion um die sog. „Betriebsstättenbedingung“ des Art. 4 Abs. 1 Buchst. b) Fusionsrichtlinie[5] findet sich die Frage der Unternehmereigenschaft wieder.[6] Auch hier muss die Tätigkeit der Holding-Betriebsstätte eine Unternehmertätigkeit sein, damit z. B. die Aufdeckung von stillen Reserven in den Beteiligungen durch zwangsweise Überführung ins ausländische Stammhaus vermieden werden kann. Dabei wird davon ausgegangen, dass der maßgebende Unternehmerbegriff im Sinne des § 12 AO bzw. Art. 5 OECD-MA sich weitgehend an dem umsatzsteuerlichen Unternehmerbegriff orientieren sollte.[7] Vor diesem Hintergrund ist es von besonderer Bedeutung, ob die Tätigkeit eines Rechtssubjektes als eine unternehmerische im Sinne des Umsatzsteuergesetzes angesehen werden kann oder nicht.

Die Auslegung der Rechtsnormen führt in der Praxis jedoch immer wieder zu Problemen und wirft Fragen auf. In Grenzbereichen ist die Auslegung der allgemein gehaltenen Definition nicht zweifelsfrei möglich, sodass sich die Gerichte bis hin zum EuGH wiederkehrend mit dem Begriff Unternehmer bzw. Steuerpflichtigen befassen mussten[8] und auch in Zukunft weiter mit Zweifelsfragen der umsatzsteuerlichen Unternehmereigenschaft befassen werden. Insbesondere die richtlinienkonforme Auslegung des deutschen Umsatzsteuergesetzes ist nicht immer gegeben bzw. birgt Diskussionsbedarf, wie die nachfolgenden Ausführungen verdeutlichen werden.

1.1.2 Zielsetzung der Arbeit

Ziel der Untersuchungen ist es, die bestehenden Unsicherheiten aufzuzeigen, deren Ursprung zu analysieren, Lösungsansätze auszuarbeiten und Gestaltungsalternativen für strittige Sachverhalte anzubieten.

So einfach bei einem „gewöhnlichen“ Betrieb oder Dienstleistungsunternehmen die Unternehmereigenschaft festzustellen ist und außer Diskussion steht, so schwierig ist sie für bestimmte Konstellationen festzustellen. Ob und wie die

---

4 Vgl. Kapitel 2.2.3.4 (Juristische Personen (Organschaft)) und 4.5.2 (Mittelbarer Unternehmer).

5 Richtlinie 90/434/EWG des Rates vom 23. Juli 1990 über das gemeinsame Steuersystem für Fusionen, Spaltungen, die Einbringung von Unternehmensteilen und den Austausch von Anteilen, die Gesellschaften verschiedener Mitgliedstaaten betreffen, ABl. L 225/1 v. 20.08.1990; geändert durch Richtlinie 2005/19/EG des Rates vom 17. Februar 2005, ABl. L 58/19 v. 04.03.2005.

6 Vgl. statt vieler *Kessler/Huck*, IStR 2006, 433.

7 Vgl. *Kruse,* in: Tipke/Kruse, AO, 2010, § 12 AO, Tz. 17; *Birk,* in: Hübschmann/Hepp/Spitaler, AO, 2010, § 12 AO, Rz. 20.

8 Z. B. EuGH, Urteil v. 23.03.2006, C-210/04, *FCE Bank*, IStR 2006, 283.

Unternehmereigenschaft begründet wird, ist insbesondere bei sog. Holdinggesellschaften umstritten. Dies zeigt sich unter anderem an den wiederholten Diskussionen[9], Kommentierungen[10], Urteilen[11] und Schreiben der Finanzverwaltung[12], die diese Thematik hervorgebracht hat. Ein zentraler Auslegungsversuch der Finanzverwaltung spiegelt sich in Form eines Schreiben der obersten Finanzbehörden der Länder vom 26. Januar 2007 zu den „Umsatzsteuerlichen Fragen im Zusammenhang mit dem Halten von Beteiligungen"[13] wieder, der jedoch die Probleme und somit die Diskussion nicht zufriedenstellend beseitigt. Diese Vielfalt an Ansichten und Auslegungen zu dem Thema „Umsatzsteuerliche Fragestellungen im Zusammenhang mit einer Holding" werden in der vorliegenden Arbeit analysiert und systematisiert. In einem weiteren Arbeitsschritt wird eine zum Teil konsolidierte und zum anderen Teil neu erstellte Methodik zur Beseitigung der meisten Problemfelder dargestellt.

Die Kernfrage beim Halten von Beteiligungen ist, unter welchen Umständen dieses eine unternehmerische Tätigkeit begründet und welche Konsequenzen sich daraus für den Vorsteuerabzug bei der Holdinggesellschaft ergeben.

1.2 Gang der Untersuchung

Die Zielsetzung der Arbeit wird durch fünf Arbeitsschritte erreicht, die im nachfolgenden dargestellt werden.

---

9 *Rödder*, DStR 1993, 635; *Eggers/Korf*, DB 2001, 298; *Kessler/Schmidt*, DStR 2001, 1677; *Eggers/Korf*, DB 2002, 1238; *von Streit*, UR 2003, 1; *Dannecker/Steger*, BB 2005, 1028; *Grünwald*, DStR 2005, 1377; *Stapperfeld*, UR 2006, 112; *Feil/Roscher*, BB 2007, 1079; *Mühleisen/Trapp*, UR 2007, 633; *Rüth*, UStB 2007, 77; *Tiedtke*, UR 2008, 373; *Rüth/Hüllmann*, EU-UStB 2008, 9; *Alvermann/Schwedhelm*, AG 2008, 78; *Spilker*, IStR 2009, 573.

10 *Heidner* in: Bunjes/Geist, UStG, 2009, § 2 UStG, Rz. 112; *Stadie,* in: Rau/Dürrwächter, UStG, 2010, § 2 UStG, Anm. 204; *Klenk,* in: Sölch/Ringleb, UStG, 2010, § 2 UStG, Rz. 194; *Reiß,* in: Reiß/Kraeusel/Langer, UStG, 2010, § 2 UStG, Rz. 109; *Birkenfeld*, USt-Handbuch, 2009, § 37, Rz. 35.

11 BFH, Urteil v. 20.12.1984, V R 25/76, *Sphärenurteil*, BStBl 1985 II, 176; EuGH, Urteil v. 20.06.1991, C-60/90, *Polysar BV*, UR 1993, 119; EuGH, Urteil v. 22.06.1993, C-333/91, *Sofitam*, DB 1994, 25; EuGH, Urteil v. 06.02.1997, C-80/95, *Harnas & Helm*, EuGHE 1997, I-745; EuGH, Urteil v. 14.11.2000, C-142/99, *Floridienne SA/Berginvest SA*, DStRE 2000, 1268; EuGH, Urteil v. 27.07.2001, C-102/00, *Welthgrove BV*, DStRE 2001, 1180; EuGH, Urteil v. 27.09.2001, C-16/00, *Cibo Participations SA*, DStR 2001, 1795; EuGH, Urteil v. 29.04.2004, C-77/01, *EDM*, UR 2004, 292.

12 OFD Frankfurt, Verfügung v. 08.04.2002, S 7105 A, NWB DokID: AAAAA-86419; OFD Stuttgart, Verfügung v. 25.08.2004, S 7104, DStR 2004, 1705; OFD Karlsruhe, Verfügung v. 11.04.2006, S 7104 Karte 4, DStR 2006, 1946.

13 BMF-Schreiben v. 26.01.2007, IV A 5 – S 7300 – 10/07, DB 2007, 315.

Nach den einleitenden Ausführungen werden in einem *zweiten Schritt* „Begriffliche Grundlagen“ geschaffen, die für den weiteren Gang der Arbeit unabdingbar sind. Dies sind der Begriff der „Holding“ sowie der Begriff des umsatzsteuerlichen Unternehmers bzw. Steuerpflichtigen. Dazu wird ein Überblick über die verschiedenen Ausprägungsformen, in denen eine Holding auftreten kann, gegeben. Für den Begriff des Unternehmers bzw. Steuerpflichtigen werden die Tatbestandsmerkmale dargestellt und ihre Ausprägungen als Qualifikationsmerkmal erarbeitet. Der aus dem deutschen Umsatzsteuergesetz kommende Begriff des Unternehmers wird insbesondere mit der europäischen Vorgabe „Steuerpflichtiger“ aus der Mehrwertsteuer-systemrichtlinie verglichen. Die Auslegung des „Unternehmers“ muss sich dabei an dem Begriff des „Steuerpflichtigen“ orientieren. Im Rahmen der Selbständigkeit von juristischen Personen wird darüber hinaus die Organschaft dargestellt. Für die Beurteilung der Organschaft müssen ebenfalls die europäischen Vorgaben beachtet werden.

Im *dritten Arbeitsschritt* „Theorien zur umsatzsteuerlichen Unternehmereigenschaft einer Holding“ wird die Rechtsprechung (nationale Finanzgerichte sowie EuGH), die Ansichten der deutschen Finanzverwaltung sowie der Diskussionsstand in der Fachliteratur dargestellt und systematisiert. Ausgehend von der Sphärentheorie[14] – als Ausgangslage in der Diskussion um die Unternehmereigenschaft einer Holding – werden weitere Ansätze in Rechtsprechung, Verwaltung und Literatur aufgezeigt. Nach der Würdigung der bestehenden Lösungsansätze wird die eigene Auffassung – mit dem Arbeitstitel „Mikrounternehmertheorie“ – zu der Thematik erarbeitet und die Rechtfertigung dieses Ansatzes dargestellt.

Mit diesem Ansatz werden im *vierten Arbeitsschritt* „Lösungs- und Gestaltungsansätze strittiger Sachverhalte anhand der Mikrounternehmertheorie“ ausgewählte Sachverhalte beurteilt. Hinter der Frage der umsatzsteuerlichen Unternehmereigenschaft steht dabei immer die Wirkung auf den Vorsteuerabzug im Zusammenhang mit dem dargestellten Sachverhalt. Das Erreichen oder nicht Erreichen der Unternehmereigenschaft ist hier die notwendige Hürde und Voraussetzung, um dem Grunde nach in den Anwendungsbereich des Vorsteuerabzuges zu gelangen. Die Frage über die Höhe des Vorsteuerabzuges (Vorsteuerschlüssel) wird in einem einleitenden Abschnitt des vierten Kapitels erörtert. Hier ist insbesondere kritisch zu beleuchten, welche Methoden zur Ermittlung des Vorsteuerschlüssels existieren und wie diese wirken. Die im deutschen Umsatzsteuerrecht und im europäischen Mehrwertsteuerrecht entwickelten Methoden stoßen in ihrer praktischer Anwendung an Grenzen, die vorab zu den notwendigen Anpassungen aufgezeigt werden. Über die allgemeinen Schwerpunkte „Un-

14 Vgl. Kapitel 3.2.1 (Klassische Sphärentheorie).

ternehmereigenschaft“ und „Vorsteuerabzug“ hinaus werden im Detail Fragen zu den hier ausgewählten Sachverhalten „Beteiligungen“, „Entgelt“, „Organschaft“, „unentgeltlichen Wertabgabe“ sowie „umgekehrten Steuerschuldnerschaft“ bearbeitet.

Im *fünften Arbeitsschritt* „Ergebnisse der Untersuchung und Ausblick“ werden die Resultate der Arbeit dargestellt. Darüber hinaus werden Handlungsempfehlungen für den europäischen Richtliniengeber, den deutschen Gesetzgeber sowie für die deutsche Finanzverwaltung aufgezeigt.

2. Begriffliche Grundlagen

2.1 Holdinggesellschaft

2.1.1 Überblick

Die umsatzsteuerliche Unternehmer- bzw. Steuerpflichteneigenschaft wird in der vorliegenden Arbeit schwerpunktmäßig anhand von Problemfeldern untersucht, die im Zusammenhang mit einer sog. „Holding" auftreten. Die Ursprünge von Holdingkonzepten lassen sich bereits bis an den Anfang des 19. Jahrhunderts zurückverfolgen[15] und noch heute gilt die Holding als moderne, zeitgemäße und flexible Unternehmensorganisationsform.[16] Trotzdem ist dieser Begriff nicht gesetzlich definiert und wird in der Rechts- und Wirtschaftspraxis sowie in der wissenschaftlichen Literatur nicht immer einheitlich verwendet. Daher muss nachfolgend der für diese Arbeit maßgebende Holdingbegriff erarbeitet und dargestellt werden. Ausgangspunkt ist der Versuch, eine rechtliche Grundlage zu finden, was jedoch nur eingeschränkt über den Wortlaut möglich ist. Weiter werden die Rechtsformen dargestellt, in denen eine Holding auftreten kann. Im dritten Schritt kann über die Entstehungsmöglichkeiten einer Holding ein erster Einblick in die Problematik für das Umsatzsteuerrecht skizziert werden. Abschließend werden die Ausprägungen einer Holding anhand verschiedener Kriterien systematisch eingeordnet.

2.1.2 Rechtliche Vorgaben / Wortlaut

Ausgehend vom Verständnis des englischen Wortstamms „to hold"[17] ist eine Holding ein Unternehmen, das Beteiligungen an anderen Unternehmen hält. Dass die Holding die Beteiligungen beherrschen muss, ist z. B. durch den Wortlaut nicht vorgegeben. Eine direkte gesetzliche Grundlage, welche die Holding

15 Vgl. *Lutter,* in: Lutter, Holding-Handbuch, 2004, § 1, Rz. 8.

16 Vgl. *Bader*, Steuergestaltung mit Holdinggesellschaften, 2007, 8; praktische Beispiele in *Keller*, Die Holding im Mittelstand, 1999.

17 Neben der Bedeutung von „halten, besitzen" ist der englische Ausdruck auch im Sinne von „Besitz ergreifen", „beherrschen" zu verstehen.

definieren oder zumindest typologisch umschreiben würde, existiert in Deutschland nicht.[18] Zwar lassen sich steuergesetzliche Vorschriften finden[19], aus denen man einige Eigenschaften einer Holding ableiten kann und die typische Merkmale einer Holding enthalten. Diese sind aber nicht spezifisch genug und daher nicht geeignet die gesamten Erscheinungsformen einer Holding zu erfassen und zu strukturieren.[20] In den gesetzlichen Regelungen[21] zum aktienrechtlichen Konzernbegriff finden sich weitere charakteristische Merkmale von Holdinggesellschaften. Die Holdingformen einerseits und die Konzerntypologien andererseits sind gekennzeichnet durch sich überlagernde Begriffsbestimmungen.[22] Holding und insbesondere Zwischenholdings sind Phänomene von nationalen und internationalen Konzernen.[23] Aber eine eigenständige Rechtsform ergibt sich daraus für die Holding nicht, sondern sie ist nur ein organisatorisches Gestaltungsinstrument. Weiter wird im Rahmen der Einführung der europäischen Aktiengesellschaft (SE) als eine von vier Gründungsformen die Holding-SE angeführt.[24] Dabei wird der Begriff der Holding allerdings nicht weitgehend definiert. Holding bedeutet hier lediglich, dass die beteiligten Rechtsträger seit mindestens 2 Jahren eine Tochtergesellschaft in einem anderen europäischen Mitgliedstaat halten müssen. Somit lässt sich der Begriff Holding hier auf das langfristige Halten (mind. 2 Jahre) von Beteiligungen reduzieren. Trotz dieser Rechtsunsicherheit werden die Begriffe der Holding in der Rechtsprechung[25] und von der Finanzverwaltung[26] verwendet, wodurch – wie im Laufe der Arbeit dargestellt werden wird – Probleme und Unklarheiten entstehen.

18 Anderes zum Beispiel in Luxemburg, vgl. hierzu *Keller*, Unternehmensführung mit Holdingkonzepten, 1993, 31; *Lutter,* in: Lutter, Holding-Handbuch, 2004, § 1, Rz. 11, mit jeweils weiteren Nachweisen.

19 Z. B. § 8a Abs. 4 KStG; § 2a Abs. 2 S. 1 Hs. 2 EStG; ferner: §§ 14 ff. KStG; § 2 Abs. 2 S. 2 GewStG; § 2 Abs. 2 Nr. 2 UStG; §§ 8 Abs. 1 Nr. 8 und 9 AStG; §§ 20 ff. UmwStG.

20 Insbesondere beziehen sie sich i. d. R. nur auf Kapitalgesellschaften, vgl. auch *Tiede*, Die Holding als umsatzsteuerlicher Unternehmer, 2001, 29.

21 Aktienrecht: §§ 15 bis 19 AktG; Handelsrecht: §§ 290 ff. HGB; Arbeitsrecht: § 96 Abs. 1 AktG i. V. m. § 5 Abs. 1, 3 MitbestG; Betriebsverfassungsgesetz: §§ 54 ff. BetrVG.

22 Vgl. *Bader*, Steuergestaltung mit Holdinggesellschaften, 2007, 13.

23 Vgl. *Bader*, Steuergestaltung mit Holdinggesellschaften, 2007, 12.

24 Vgl. *Risse* in Kessler/Köhler/Kröner, Konzernsteuerrecht, 2008, § 2, Rn. 194.

25 Z. B. EuGH, Urteil v. 20.06.1991, C-60/90, *Polysar BV*, UR 1993, 119; EuGH, Urteil v. 14.11.2000, C-142/99, *Floridienne SA/Berginvest SA*, DStRE 2000, 1268; EuGH, Urteil v. 27.07.2001, C-102/00, *Welthgrove BV*, DStRE 2001, 1180; EuGH, Urteil v. 27.09.2001, C-16/00, *Cibo Participations SA*, DStR 2001, 1795; EuGH, Urteil v. 29.04.2004, C-77/01, *EDM*, UR 2004, 292.

26 BMF v. 26.01.2007, IV A 5 – S 7300 – 10/07, DB 2007, 315.

Da eine gesetzliche Definition nicht vorliegt, kann im Nachfolgenden nur ein Typusbegriff entwickelt werden.[27] Dabei gibt es wiederum zahlreiche Typisierungsmerkmale, die den Begriff Holding kennzeichnen.[28] Für den vorliegenden Zweck ist die Typisierung nach der Funktion und der Tätigkeit der Holding am praktikabelsten. Insbesondere die funktionale Differenzierung ist im Steuerrecht – mit Schwerpunkt im Umsatzsteuerrecht – die am häufigsten anzutreffende Typisierungsvariante.

2.1.3 Rechtsformen

Die Holding ist als Organisationsform eines Unternehmens unabhängig von der Rechtsform. Für die Festlegung des formaljuristischen Rahmens, in dem die Holding ihre wirtschaftlichen Aktivitäten entfaltet, stehen grundsätzlich alle gegenstandsungebundenen Rechtsformen zur Auswahl. Diese sind die Kapitalgesellschaft, die Personengesellschaft, natürliche Personen, Stiftungen sowie unter bestimmten Voraussetzungen auch Betriebsstätten.[29] Je nach Zweck und Betätigung der Holding muss die Wahl der Rechtsform zur Optimierung der Ziele unterschiedlich ausfallen.

Die *Kapitalgesellschaft* ist dabei die praxisrelevanteste und in der Praxis dominierende Rechtsform für eine Holding[30], da diese sowohl gesellschaftsrechtlich als auch steuerrechtlich im internationalen Vergleich transparenter und vergleichbarer ist, als andere Rechtsformen.[31] Eine Kapitalgesellschaft ist international vorherrschend als selbständiges Rechtssubjekt anerkannt.[32] Neben den nationalen Rechtsformen der Kapitalgesellschaft[33] steht als supranationale Rechtsform die Europäische Gesellschaft (Socieatas Europaea, kurz SE) zur Verfü-

---

27 Vgl. *Kessler*, Die Euro-Holding, 1996, 9 f.

28 Vgl. *Kessler*, Die Euro-Holding, 1996, 11, Tabelle 1; *Lutter,* in: Lutter, Holding-Handbuch, 2004, § 1, Rz. 13; *Autzen*, Die ausländische Holding-Personengesellschaft, 2005, 9 ff.; *Theißen*, Die Gründung einer Holding de lege ferenda, 1999, 10 ff.

29 Vgl. *Kessler,* in: Kessler/Kröner/Köhler, Konzernsteuerrecht, 2008, § 8, Rn. 115.

30 Vgl. *Haarmann,* Einsatz von Holdinggesellschaften, in: Fischer, Internationaler Unternehmenskauf und –Zusammenschluss im Steuerrecht, 1992, 86; *Fischer/Kleineidam/Warneke*, Internationale Betriebswirtschaftliche Steuerlehre, 2005, 597 f.

31 Trotzdem ist auch die international tätige Kapitalgesellschaft in Form einer (Zwischen-) Holding mit komplexen Problemen konfrontiert, vgl. hierzu im Ganzen *Kessler*, Die Euro-Holding, 1996.

32 *Jacobs*, Internationale Unternehmensbesteuerung, 2007, 6. Teil, Kap. 6, A. III. 1. d), 1125-1128.

33 Für Deutschland: GmbH, AG, KGaA, Genossenschaften.

gung.[34] Die SE kann durch vier verschiedene Vorgänge entstehen.[35] Eine Form ist die Gründung einer „Holding-SE".[36] Ein großer Vorteil der Holding-SE liegt in der Anerkennung in allen Mitgliedstaaten der Europäischen Union, sodass durch die Wahl des Sitzstaates die bevorzugten nationalen Unternehmensverfassungen und vor allem Standortvorteile genutzt werden können.[37]

Die *Personengesellschaft*[38] bietet einige Vorteile hinsichtlich des Gründungsprozesses sowie bezüglich der Flexibilität. Steuerrechtlich hingegen ist die Personengesellschaft sowohl national aufgrund der transparenten Besteuerung als auch international wegen der Problematik der Doppelbesteuerung komplizierter einzustufen als eine Kapitalgesellschaft. Mit einer vorausschauenden und angepassten Steuerplanung hingegen können sich insbesondere im internationalen Umfeld auch Vorteile erzielen lassen.[39]

Auch die *natürliche Person* in privater Erscheinung kommt als „Holding" in Betracht. Hält[40] eine Privatperson (mehrheitliche) Unternehmensanteile, so ist sie für die vorliegende Arbeit ebenfalls eine „Holding". Denn aufgrund der Rechtsformneutralität[41] im Umsatzsteuerrecht ist es unerheblich, wer die Anteile an einer Gesellschaft hält. Die Beurteilung muss grundsätzlich gleich ausfallen, egal ob ein Weltkonzern oder eine natürliche Person den Anteil erwirbt, hält oder veräußert.

Die *Holding-Betriebstätte* ist ein Gestaltungsinstrument, welches bei sorgfältiger Planung weitreichende steuerliche Vorteile im internationalen Verkehr erzielen kann. Für die Implementierung einer Holding-Betriebstätte müssen einige Voraussetzungen erfüllt sein, die es im Vorfeld zu prüfen gilt. Hierzu gehört von

---

34 Der Deutsche Bundestag hat am 22. Dezember 2004 mit dem Gesetz zur Einführung einer SE eine EU-Verordnung einschließlich der dazugehörigen Richtlinie ins deutsche Recht umgesetzt: Gesetz zur Einführung der Europäischen Gesellschaft (SEEG) vom 22.10.2004, BStBl. I 2004, 3675; EU-Verordnung: Verordnung Nr. 2157/2001 vom 08.10.2001 über das Statut der Europäischen Gesellschaft (SE), kurz: SE-VO und Richtlinie über die Beteiligung der Arbeitnehmer der SE (SE-RL).

35 Vgl. *Risse* in Kessler/Kröner/Köhler, Konzernsteuerrecht, 2008, § 2, Rn. 194.

36 Zu den Voraussetzungen siehe *Risse,* in: Kessler/Kröner/Köhler, Konzernsteuerrecht, 2008, § 2, Rn. 194

37 Vgl. *Scheffler,* in: Lutter, Holding-Handbuch, 2004, § 2, Rz. 9.

38 Nach deutschem Recht: GbR, OHG, KG, GmbH & Co. KG, EWIV, Partnerschaftsgesellschaft; nach europäischem und US-Recht vgl. *Hermann*, Die Besteuerung von Personengesellschaften in den EU-Mitgliedstaaten und den USA, 2006, 91, Tabelle 12; zur GmbH & Co. KG vergleiche *Müller*, Die GmbH & Co. KG als Europa-Holding, 2004.

39 Vgl. zur Personengesellschafts-Holding *Kessler,* in: Kessler/Kröner/Köhler, Konzernsteuerrecht, § 8, 2008, Rn. 117 ff.

40 Also englisch „to hold" und somit Holding.

41 Vgl. zur Rechtsformneutralität im Steuerrecht: *Lang*, IStR 2006, 397.

der Ausprägung der Holdingfunktionen bis hin zum Dotationskapital ein breites Spektrum an Bedingungen.[42]

2.1.4 Entstehungsmöglichkeiten

Die Art der Entstehung einer Holding verdeutlicht im Verlauf der Arbeit für bestimmte Situationen, welche umsatzsteuerlichen Auswirkungen sich aus der Gründung einer Holding oder Umgestaltung in eine Holding ergeben können. Insbesondere die Entstehungsgeschichte einer Holding kann dazu führen, dass zwei nahezu identische Sachverhalte zu einer umsatzsteuerlich unterschiedlichen Beurteilung führen.

Im Rahmen der Entstehung einer Holding sind zwei Sichtweisen hervorzuheben. Zum einen ist die rechtliche Grundlage der Holding (wie wird die Holding begründet) von Bedeutung[43], zum anderen die Funktion der zu errichtenden Holding (warum wird die Holding begründet).[44]

2.1.4.1 Rechtliche Entstehungsmöglichkeiten

Die rechtliche Entstehung der Holding kann entweder durch eine Neugründung vollzogen werden (geborene Holding) oder die Holding kann durch die Umstrukturierung eines bestehenden Rechtssubjektes entstehen (gestaltete Holding).[45] *Kraft* und *Keller* haben die hierzu in Betracht kommenden Verfahrensweisen durch die drei Grundtypen Gründungs- bzw. Erwerbsmodell, Einbringungsmodell und Spaltungsmodell beschrieben.[46]

Das *Erwerbsmodell* ist der einfachste Weg eine Holding zu etablieren. Beim Erwerbsmodell wird in einem ersten Schritt eine Gesellschaft gegründet, die in einem zweiten Schritt die für eine Holding typischen Unternehmensbeteiligungen erwirbt und hält. Die Rechtsform der neu gegründeten Gesellschaft ist unerheblich und richtet sich nach den Interessen und Bedürfnissen der Gründer. Die Funktion der neu gegründeten Gesellschaft soll die einer Holding sein, sodass dieser Unternehmensgegenstand einer gesellschaftsvertragliche Grundlage bedarf.[47] Das Eigenkapital der neuen (Holding-)Gesellschaft wird in der Regel in

42 Vgl. hierzu im Detail: *Kessler*, in: Kessler/Kröner/Köhler, Konzernsteuerrecht, 2008, § 8, Rn. 120-122; *Kessler/Schmidt/Teufel*, IStR 2001, 265, 270.

43 *Kraft*, in: Lutter, Holding-Handbuch, 2004, § 3, Rz. 3 ff.

44 *Scheffler*, in: Lutter, Holding-Handbuch, 2004, § 2, Rz. 10 ff.

45 Vgl. *Kessler*, Die Euro-Holding, 1996, 11, Tabelle 1

46 Vgl. *Kraft*, in: Lutter, Holding-Handbuch, 2004, § 3, Rz. 56 ff., 87 ff.

47 Im Einzelnen ist umstritten, in welchem Umfang die Satzung die Zulässigkeit des Beteiligungserwerbs regelt und welchen Grad an Bestimmtheit diese Regelung haben muss. Vgl. hierzu

bar aufgebracht. Die Verwaltung (Vorstand, Geschäftsführer, Aufsichtsrat) der Gesellschaft kann entweder in Form eines Selbstmanagements oder durch ein Fremdmanagement erfolgen. Üblicherweise ist die Verwaltung der Holding und der Beteiligungen personell getrennt.

Im zweiten Schritt erwirbt die Holdinggesellschaft Beteiligungsrechte an Unternehmen. Hier können entweder Unternehmen neu hinzu erworben werden, oder die Gründungsgesellschafter verkaufen Unternehmen an die Holding, an denen sie bereits beteiligt sind. Von dem Verkauf der Anteile an die eigene Holding ist der Fall des „Einbringungsmodells" zu unterscheiden.

Beim *Einbringungsmodell* entsteht die Holding durch Einbringung der Unternehmensanteile durch die Gründungsgesellschafter in die i. d. R. neu gegründete Holding. Hier entsteht die Holding entweder in einem Schritt durch Sachgründung, indem die Gesellschafter die Anteile direkt als Gründungseigenkapital in die Holding einbringen.[48] Oder die Holding wird durch einfache Bareinlage gegründet und in einem zweiten Schritt werden die Anteile (nach §§ 20, 21 UmwStG) durch eine Sachkapitalerhöhung gegen Sacheinlage eingebracht.[49] Im Gegenzug erhalten die Gesellschafter neue Anteile an der neu gegründeten Holdinggesellschaft. Neben der Einbringung der Anteile muss die Gesellschaft die Gestaltungs- und Führungsfunktionen erhalten, die holdingtypisch sind. Die Holding wird i. d. R. zu einem konzernleitenden Unternehmen, mit der Funktion die Unternehmensteile strategisch zu führen.

Ein bestehendes Unternehmen, insbesondere ein Stammhauskonzern, kann durch Spaltung, Ausgliederung oder Ausgründung einer Holding entstehen (*Spaltungsmodel*). Dazu werden die holdingtypischen Funktionen wie die Unternehmens- oder Konzernleitung, von den operativen Funktionen getrennt. Bei der Ausgliederung und Ausgründung werden die operativen Funktionen auf neu zu gründende oder bestehende Tochtergesellschaften verlagert, während die Gestaltungs- und Leitungsmacht bei der Muttergesellschaft (dann Holding) belassen werden. Die Ausgliederung erfolgt im Rahmen der (Teil) Gesamtrechtsnachfolge[50], während die Ausgründung außerhalb des Umwandlungsgesetzes als Einzelrechtsnachfolge vollzogen wird.[51]

Kraft, in: Lutter, Holding-Handbuch, 2004, § 3, Rz. 166, 168; *Theißen*, Die Gründung einer Holdinggesellschaft de lege ferenda, 1999, 11 f.

48 Vgl. hierzu *Theißen*, Die Gründung einer Holdinggesellschaft de lege ferenda, 1999, 29 ff., der diese Vorgehensweise als Sachgründungsmodell bezeichnet.

49 Vgl. hierzu *Theißen*, Die Gründung einer Holdinggesellschaft de lege ferenda, 1999, 21 ff., der diese Vorgehensweise als Kapitalerhöhungsmodell bezeichnet.

50 § 123 Abs. 3 UmwG.

51 § 20 UmwStG hingegen erfasst auch die Sacheinlage (vgl. § 1 UmwStG – Einzelrechtsnachfolge)

Ferner kann die Holding durch Spaltung[52] oder Realteilung[53] herbeigeführt werden, wobei diese Varianten bei der Entstehung einer Holding eher von untergeordneter Bedeutung sind.[54]

2.1.4.2 Funktionale Entstehungsmöglichkeiten

Nach der kurzen Darstellung der rechtlichen Hintergründe sind mögliche Funktionen der Holding zu skizzieren, die die Wahl einer Holding rechtfertigen. Die Holding wird für die unterschiedlichsten unternehmerischen Ziele verwendet, welche sich beispielhaft wie folgt zusammenfassen lassen[55]:

- Rechtliche Trennung des operativen Geschäfts von der strategischen Verantwortung, z. B. nach geografischen Gesichtspunkten oder Produktbereichen;
- Konzentration von Führungs- und Verwaltungsaufgaben, z. B. Leitung von Unternehmensbereichen im Spartenkonzern;
- Beschleunigung der Kommunikations- und Reaktionsfähigkeit;
- Führung und Verwaltung der Beteiligungen im Familienkonzern;
- Abbau bürokratischen Ballastes;
- Konzentration von Finanzierungsfunktionen gegenüber den in- und ausländischen Beteiligungsgesellschaften;
- Bündelung von Anteilen und Gewinnpoolung bei Joint Ventures;
- Flexibilität bei Umstrukturierungen;
- Förderung der Innovationskraft;
- und nicht zuletzt Gestaltung und Optimierung der steuerlichen Belastung im Konzern.

Aus Sichtweise der Organisationstheorie stellt die Holding eine Weiterentwicklung der „Divisionalen Organisation" dar. Die in der Divisionalen Organisation angelegte Verselbstständigung der Sparten wird konsequent weitergeführt, indem aus den Sparten rechtlich selbstständige Einheiten gebildet werden, die gleichwohl unter einheitlicher Leitung stehen. Es handelt sich um eine Form der Konzernorganisation.[56]

---

52 Bei der Spaltung i. S. v. § 123 Abs. 1 und 2 UmwG sind i. d. R. die ursprünglichen Gesellschafter auch die Gesellschafter der neuen Holding.

53 Bei der Realteilung kommt es zu einer Zuordnung von Gesellschaftsanteilen zu einzelnen/einem Gesellschafter.

54 Vgl. *Kraft,* in: Lutter, Holding-Handbuch, 2004, § 3, Rz. 160 ff., mit weiteren Sonderfällen der Entstehung.

55 Vgl. *Keller*, Unternehmensführung mit Holdingkonzepten, 1993, 27; *Bader*, Steuergestaltung mit Holdinggesellschaften, 2007, 9.

56 Vgl. *Bea/Göbel*, Organisation, 2006, 388 ff.

Für die verschieden Ziele der Holding lassen sich Fallgruppen erstellen, um die lose Aufzählung von Kriterien übersichtlicher zu gestalten. *Kraft*[57] nennt hier fünf Entstehungsformen von Holdinggesellschaften, die allerdings nicht erschöpfend sind bzw. sein können. Diese sind die „Investorenholding", „Vom Stammhaus zur Managementholding", „Holding als Kooperationsinstrument", „Holding als Anteilsbindungsinstrument" und die „Zwischenholding und Basisholding".

a) Investorenholding

Bei einer Investorenholding schließen sich mehrere Personen[58] mit dem gemeinsamen Ziel zusammen, Beteiligungen an Unternehmen zu erwerben, diese zu finanzieren und/oder diese Unternehmensgruppe zu führen. Der Investorenkreis besteht zumeist aus natürlichen Personen, die jeder für sich nicht die finanzielle Kraft haben, ein ganzes Unternehmen zu beherrschen. Über die Investorenholding wird die Finanzkraft gebündelt, um dann gemeinsam an einem oder i. d. R. mehreren Unternehmen zu partizipieren. Die einzelnen Gesellschafter der neu zu gründenden oder bereits bestehenden Holding müssen dabei nicht über unternehmerische Erfahrungen verfügen oder einen Bezug zum Unternehmen haben. Das Management kann durch externe Geschäftsführer oder nur durch einige wenige erfahrene Gesellschafter geführt werden. Die Zielsetzung der Holding wird durch die Gesellschafter bei Gründung definiert. Die von der Holding erworbenen Unternehmensbeteiligungen werden dann von der Holding strategisch geführt, wobei in dieser Form des Zusammenschlusses die Einflussnahme in der Regel geringer ausfällt, als bei anderen Holdinggestaltungen.[59] In diesem Sinne übernimmt die Investorenholding die Funktionen des Portfoliomanagements.

b) Vom Stammhaus zur Managementholding

Eine Managementholding geht i. d. R. aus einem Stammhaus(konzern)[60] hervor. Die Holding entsteht hier aus (oder in Ergänzung zu) einer gewachsenen Unternehmensgruppe unter Beibehaltung der vorhandenen Strukturen der Anteilseigner und führt zu einer Separierung von gestaltungs- und leistungsbezogenen Funktionen von der leistungswirtschaftlichen, operativen Tätigkeit und der Zuordnung zu den rechtlich selbstständigen (operativen) Einheiten.[61]

---

57 *Kraft,* in: Lutter, Holding Handbuch, 2004, § 3, Rz. 87 ff.

58 In der Regel natürliche Personen.

59 Vgl. *Kraft,* in: Lutter, Holding Handbuch, 2004, Rz. 87, 96.

60 Zur Unterscheidung eines Stammhauses und eines Stammhauskonzerns vgl. *Keller*, Unternehmensführung mit Holdingkonzepten, 1993, 90 ff., Abb. 18.

61 Vgl. *Kraft,* in: Lutter, Holding Handbuch, 2004, § 3, Rz. 98.

Hauptmerkmal des Stammhauses ist es, dass dieses neben der strategischen Unternehmensführung auch ein eigenes operatives Geschäft betreibt, das nicht nur von untergeordneter Bedeutung ist.[62] Im Rahmen der Umstrukturierung in eine Managementholding werden diese operativen Geschäfte ausgeklammert und von den Untereinheiten (Beteiligungen) übernommen. Das operative Geschäft des ursprünglichen Stammhaus(konzerns) ist i. d. R. über Betriebsstätten[63] getätigt worden. Diese unselbstständigen Einheiten müssen im Rahmen einer Managementholding als selbstständige Einheiten organisiert werden, in denen eine eigene Geschäftsführung das operative Geschäft leitet. Die selbstständige Einheit kann in der Rechtsform einer Kapitalgesellschaft aber auch (seltener) in Form einer Personengesellschaft organisiert sein. Aus dieser Umstrukturierung von unselbstständigen Betriebsstätten zu selbstständigen Gesellschaften entsteht, wie später dargestellt[64] wird, ein umsatzsteuerliches Problem für die Holding.

c) Holding als Kooperationsinstrument

Sind zwei oder mehrere Unternehmen oder Unternehmensgruppen rechtlich und wirtschaftlich unabhängig organisiert, aber verfolgen (zum Teil) gemeinsame Interessen[65], dann bietet sich der Zusammenschluss über eine Holding an. Die Unternehmen bleiben dabei – im Gegensatz zu einer komplizierten Verschmelzung[66] – rechtlich bestehen und werden nur über die Holding strategisch zusammengeführt. Die Anteilseigner der einzelnen Unternehmen erhalten hierfür Anteile an der neuen Holding. Die neue Holding kann entweder eine Dach- oder Zwischenholding sein.[67]

d) Holding als Anteilsbindungsinstrument:

Werden mehrere Unternehmen von einer Vielzahl i. d. R. identischer Anteilseigner gehalten, dann kann es sinnvoll sein, diese Unternehmensbeteiligungen über eine gemeinsame Holding zusammenzuführen. Die Anteilseigner der Unternehmen können auf diesem Wege ihre (unterschiedlichen oder gemeinsamen) Interessen besser koordinieren und bündeln, als dies über den losen Personenzusammenschluss zu erreichen wäre. Die Unternehmensbeteiligungen werden da-

---

62 Ist das operative Geschäft von untergeordneter Bedeutung, liegt eine gemischte Holding vor. Vgl. *Keller*, Unternehmensführung mit Holdingkonzepten, 1993, 90 ff., Abb. 18

63 § 12 AO.

64 Vgl. Kap 4.3.1 (Erwerb / Halten / Veräußerung).

65 Z. B. Tätigkeit in der gleichen Branche, gleiche Zielgruppe u. ä.

66 Vgl. *Keller*, Unternehmensführung mit Holdingkonzepten, 1993, 257 ff.

67 Vgl. *Kraft,* in: Lutter, Holding Handbuch, 2004, Rz. 130.

bei in die Holding eingebracht und die Anteilseigner erhalten dafür Anteile an der Holdinggesellschaft.[68]

e) Zwischenholding und Basisholding:

Die Zwischenholding oder Basisholding ist im Gegensatz zu einer Dachholding nicht die oberste Stufe des Konzerns bzw. Unternehmens.[69] Sie wird zwischengeschaltet, um nur bestimmte Bereiche des gesamten Unternehmens zu bündeln und zu koordinieren. Insbesondere die regionale Abgrenzung, z. B. einzelne Landesholdings von einem internationalen Unternehmen[70], kann hier im Vordergrund stehen.

2.1.5 Holdingtypologien

Keller[71] bietet für die Holding eine Definition und eine Betrachtungsweise an, die in der Literatur[72] auf breite Zustimmung getroffen ist und als Grundlage für weitere Analysen dient und gedient hat. Nach *Keller* ist unter einer Holding bzw. Holdinggesellschaft eine Unternehmung zu verstehen, deren betrieblicher Hauptzweck in einer auf Dauer angelegten Beteiligung an einer (oder mehreren) rechtlich selbstständigen Unternehmung(en) liegt. Die Holding kann, sofern der Umfang der einzelnen Kapitalanlage und deren stimmrechtliche Ausgestaltung dies gestattet, neben der Verwaltung- und der Finanzierungsfunktion (Holding i. w. S.) auch Führungsfunktionen (i. e. S.) einer konzernleitenden Dachgesellschaft mit abhängigen Konzernunternehmungen sein. Die Holding ist nicht nur grundsätzlich frei in der Wahl ihrer Rechtsform, sondern auch frei in der Wahl ihres Geschäftssitzes (Domizils). Ferner beschränken sich grundsätzlich die Beteiligungen weder auf stimmberechtigte Anteile noch auf Kapitalanteile an Unternehmungen mit bestimmten Rechtsformen“. Die Begriffsbildung für eine

68 § 20 UmwStG.

69 Zu den Holdinghierarchien „Dachholding“, „Zwischenholding“ und „Spartenholding“ vgl. *Bader*, Steuergestaltung mit Holdinggesellschaften, 2007, 43 ff.

70 Vgl. *Autzen*, Die ausländische Holding-Personengesellschaft, 2005, 20.

71 Vgl. *Keller*, Unternehmensführung mit Holdingkonzepten, 1993.

72 Vgl. z. B. *Breuninger/Prinz/Raupach*, Holdinggesellschaften, JbFStR 1992/93, 271; *Kessler*, Die Euro-Holding, 1993, 10; *Theisen*, Der Konzern, 2000, 174; *Bader*, Steuergestaltung mit Holdinggesellschaften, 2007, 8; *Burek*, Die Besteuerung von Holdinggesellschaften, 1998, 5; *Autzen*, Die ausländische Holding-Personengesellschaft, 2005, 8; *Schaumburg*, in: Schaumburg/Piltz, Holdinggesellschaften im internationalen Steuerrecht, 2002, 2; *Müller*, Die GmbH & Co. KG als Europa-Holding, 2004, 25; *Fischer/Kleineidam/Warneke*, Internationale Betriebswirtschaftliche Steuerlehre, 2005, 597.

Holding kann man insbesondere aus der funktionalen Betrachtung, aus der hierarchischen Einordnung im Unternehmensverbund und aus der lokalen Ausrichtung ableiten. Dabei schließen sich die unterschiedlichen Betrachtungsweisen nicht zwingend aus, sondern können sich ergänzen und geben jeweils einen anderen Blickwinkel auf die bestehende Holding.[73]

2.1.5.1 Funktionale Differenzierung

Die funktionale Einteilung ist die für steuerliche Zwecke relevanteste Holdingtypologie. Mittlerweile hat sich sogar die Finanzverwaltung die Begrifflichkeiten in dem Holding-Erlass zu eigen gemacht. Die inhaltliche Auslegung der Begriffe bleibt im Nachfolgenden aber noch zu untersuchen.

Die einfachste Form ist die *Finanzholding* (Holding im weiteren Sinne). Diese Unternehmensform beschränkt sich auf die originären Holdingfunktionen, die in der Beteiligungsfinanzierung und Beteiligungsverwaltung liegen. Daher wird sie häufig auch als verwaltende Holding, Vermögensholding[74], vermögensverwaltende Holding[75] oder Portfolioholding bezeichnet.[76] *Schaumburg* setzt der Finanzholding noch eine weitere Stufe voraus und unterteilt in die sog. Beteiligungsholding und Finanzholding.[77] Die Beteiligungsholding soll tatsächlich nur die Beteiligungen halten bzw. verwalten, ohne eine darüber hinaus gehende, unternehmerische Zielsetzung zu verfolgen. Das Halten der Beteiligungen kann von einer reinen Beteiligungsverwaltung bis hin zu einer Kontrolltätigkeit im Rahmen der Verwaltung ausgeprägt sein.[78] Insbesondere nimmt die Beteiligungsholding ihre Gesellschaftsrechte bei der Haupt- oder Gesellschafterversammlung wahr und überwacht die Geschäftsführung der Tochterunternehmen. Die gleichzeitige Aufsicht und Beratung der Geschäftsführer der Tochterunternehmen bewirkt noch nicht, dass die Beteiligungen geführt werden und eine Führungs- oder Managementholding gegeben ist.[79]

Die Finanzholding wird über das Halten der Beteiligungen hinaus für einen Konzern mit Finanzierungsfunktionen tätig. Dabei versorgt die Finanzholding ihre Beteiligungen mit Eigenkapital (Beteiligungsfinanzierung) aber insbesondere

73 Vgl. Abb. 3 in *Keller*, Unternehmensführung mit Holdingkonzepten, 1993, 41.

74 Vgl. *Lutter,* in: Lutter, Holding-Handbuch, 2004, § 1, Rz. 22; *Bolanz*, Die EU-Holding als strategisches Gestaltungselement in der Steuerplanung internationaler Schweizer Konzerne, 1998, 7.

75 Vgl. *Rose/Glorius-Rose*, Unternehmen: Rechtsformen und Verbindungen, 2001, Rz. 436.

76 Vgl. *Knobbe-Keuk*, Bilanz- und Unternehmenssteuerrecht, 1993, 703.

77 Vgl. *Schaumburg,* in: Schaumburg/Piltz, Holdinggesellschaften im internationalen Steuerrecht, 2002, 6ff.

78 Vgl. *Keller*, Unternehmensführung mit Holdingkonzepten, 1993, 47 f.

79 Vgl. *Bader*, Steuergestaltung mit Holdinggesellschaften, 2007, 30.

mit Fremdkapital (konzerninterne Fremdfinanzierung). Dadurch kann die finanzielle Steuerung und Kontrolle im Interesse des gesamten Holdingkonzerns ausgeübt werden.[80] Hinsichtlich der Mittelbeschaffung kann tendenziell zwischen einer zentralen und einer dezentralen Finanzwirtschaft unterschieden werden. Bei der zentralen Finanzwirtschaft beschafft die Holding die erforderlichen Finanzmittel und verteilt diese auf die Beteiligungsgesellschaften. Bei der dezentralen Finanzwirtschaft beschaffen sich die Beteiligungen selber über z. B. Banken das nötige Kapital für die jeweiligen Aktivitäten und Investitionen. Die dezentrale Finanzwirtschaft entspricht eher der Beteiligungsholding, die zentrale Finanzwirtschaft qualifiziert zu einer Finanzholding. In der Finanzholding können die Gelder des Unternehmensverbundes (z. B. Dividenden, Zinserträge, Kredite oder Kapital aus Börsengängen) gebündelt werden und gezielt den Beteiligungsunternehmen zur Verfügung gestellt werden. Dadurch kann zum einen die gewünschte Kapitalstruktur sowie eine größere Unabhängigkeit von Banken und anderen externen Geldgebern erreicht werden.[81]

Durch die eher passiven, rudimentären Aktivitäten der Finanzholding sind die Tochtergesellschaften als „distanzierte" Beteiligungen anzusehen.[82] Die Finanzholding ist ausgelegt auf eine unter Rendite- und Risikogesichtspunkten geführte Mischung des Beteiligungsportefeuilles.[83] Die Beteiligungen untereinander müssen keinen unternehmerischen oder wirtschaftlichen Bezug haben.

Der Qualifizierung als Finanzholding steht eine Beteiligungsquote von 100% an der Tochtergesellschaft nicht entgegen, da hierdurch nicht zwingend ein unternehmerischer Einfluss ausgeübt werden muss.[84] Auf der anderen Seite kann eine geringfügige Beteiligung ausreichend sein, um als Finanzholding angesehen zu werden.[85]

Der Finanzholding steht die *Führungsholding*[86] gegenüber, die sich darauf konzentriert, ihre Beteiligungen wirtschaftlich zu führen, deren geschäftspolitischen und unternehmerischen Ziele zu koordinieren sowie die mittel- und lang-

---

80 Vgl. *Theisen,* in: Lutter, Holding-Handbuch, 2004, § 11, Rz. 1 ff., 7 ff.

81 Vgl. *Bader*, Steuergestaltung mit Holdinggesellschaften, 2007, 31 f.

82 Zum Begriff einer distanzierten – bis auf das kapitalistische Element – verbindungslosen Beteiligung in Abgrenzung zur engagierten Beteiligung vgl. *Rose/Glorius-Rose*, Unternehmen: Rechtsformen und Verbindungen, 2001, Rz. 301 ff.

83 Vgl. *Autzen*, Die ausländische Holding-Personengesellschaft, 2005, 9 f.; *Keller*, Unternehmensführung mit Holdingkonzepten, 1993, 59.

84 Vgl. *Keller*, Unternehmensführung mit Holdingkonzepten, 1993, 36 f.; *Burek*, Die Besteuerung der Holdinggesellschaft, 1998, 20 f.

85 Eine „signifikante Minderheitsbeteiligung", die jedoch nicht von einer prozentualen Untergrenze als quantitatives Merkmal abhängt; vgl. *Keller*, Unternehmensführung mit Holdingkonzepten, 1993, 35, Fn. 11.

86 Auch strategische oder geschäftsleitende Holding genannt.

fristige Unternehmensstrategie festzulegen und weiterzuentwickeln.[87] Diese Betätigungen sind derivative Holdingfunktionen, die nicht zwingend aus der Struktur einer Holding geboren sind.[88] Im Gegensatz zu einer Finanzholding sollte eine Führungsholding einen beherrschenden Einfluss auf die Beteiligung ausüben können und somit zumindest stimmrechtlich i. d. R. mehrheitlich beteiligt sein. Die Führungsholding muss in gewissen Grenzen die Leitung des gesamten (Holding) Konzerns übernehmen. Die Tiefe der Einflussnahme und der Umfang der Holdingführungsfunktionen sind abhängig von den Konzernzielen, der Konzernstrategie und der Konzernmorphologie.[89] Eine Qualifikation als Finanzholding oder Führungsholding ist nicht klar abgegrenzt. Der Übergang in die Führung einer Holding kann fließend erfolgen. Für vorliegende Zwecke wird sich insbesondere die Frage stellen, wann der Übergang zu einer zweifelsfreien[90] umsatzsteuerlichen Unternehmereigenschaft vollzogen wird. Die Ausprägung der drei Säulen „Finanzierungs- und Verwaltungsfunktionen", „strategische und / oder operative Konzernführungsfunktionen" und „produktionswirtschaftliche Aktivitäten" bestimmt unter Abwägung, ob von einer Finanzholding, einer (strategischen oder operativen) Führungsholding oder einem Stammhauskonzern ausgegangen werden kann.[91]

Als spezielle Form der Führungsholding wird die *Managementholding* angesehen.[92] Die Management-Holding bildet eine Organisationsstruktur, bei der die einzelnen Geschäftsbereiche ausnahmslos auf einer nachgelagerten, meistens der zweiten Hierarchieebene, z. B. nach Produkten (bzw. Regionen oder Märkten) gegliedert, angesiedelt werden und in gesellschaftsrechtlich selbständiger, betriebswirtschaftlich erfolgsverantwortlicher Form bestehen.[93] Insbesondere wird das operative Tagesgeschäft von der Managementholding nicht beeinflusst, um die gewünschte entlastende Dezentralisierungswirkung zu entfalten.[94] Es liegt eine strikte Trennung zwischen der strategischen Führungsverantwortung und dem

87 Vgl. *Bader*, Steuergestaltung mit Holdinggesellschaften, 2007, 34.

88 Vgl. *Keller*, Unternehmensführung mit Holdingkonzepten, 1993, 52 f.

89 Vgl. *Keller*, Unternehmensführung mit Holdingkonzepten, 1993, 53.

90 Zweifelsfrei im Sinne von: „Die Finanzverwaltung erkennt die Unternehmereigenschaft ohne Rechtsbehelfs- und/oder Gerichtsverfahren an".

91 Als Sonderform kann auch die gemischte Holding angenommen werden.

92 Vgl. *Theisen*, Der Konzern, 2000, 181 ff.; *Autzen*, Die ausländische Holding-Personengesellschaft, 2005, 14 ff; *Bader*, Steuergestaltung mit Holdinggesellschaften, 2007, 34 ff.; *Schaumburg*, in: Schaumburg/Piltz, Holdinggesellschaften im internationalen Steuerrecht, 2002, 16 ff; *Bremer*, Der Holdingstandort Bundesrepublik Deutschland, 1996, 15 ff.; *Fischer/Kleineidam/Warneke*, Internationale Betriebswirtschaftliche Steuerlehre, 2005, 597, Fn. 3.

93 Vgl. *Theisen*, Der Konzern, 2000, 181.

94 Vgl. *Autzen*, Die ausländische Holding-Personengesellschaft, 2005, 14.

operativen Tagesgeschäft vor. Motive der Trennung können die nachfolgenden Erwartungen sein:[95]

- geringer Verwaltungsaufwand durch flache Hierarchien;
- höhere Transparenz der einzelnen, verantwortlichen Teilbereiche;
- ergebnisbezogene Kontrolle;
- Konzentration auf strategischen Überlegungen und deren Umsetzung;
- finanziellen Gesamtverantwortung;
- Haftungs- und Risikobegrenzung;
- Fungibilität der einzelnen Beteiligungen.

Die Beteiligungsgesellschaften sind im Rahmen einer Managementholding rechtlich selbständig. Das operative und produktionswirtschaftliche Tagesgeschäft soll durch die Beteiligungsgesellschaften weitestgehend unabhängig geführt werden. Die Holdingmutter (Holdingleitung) gibt hier lediglich strategische und operative Oberziele vor.

Im Unterschied zum Stammhaus entfaltet die Managementholding keine eigene produktionswirtschaftliche Aktivität. Der Führungsstil einer Management- oder Führungsholding ist durch die strategische Unternehmensführung geprägt.

Voraussetzung für die einheitliche Leitungsmacht über die Beteiligungsgesellschaften sind die nachfolgenden Koordinations- und Führungsinstrumente:[96]

- Sicherung der finanziellen Handlungsfähigkeit und Allokation finanzieller Ressourcen (Finanzhoheit);
- Strategie und Koordinationsgruppen zur strategischen Planung, zur Strategieumsetzung und zum strategischen Controlling;
- Personelle Führung durch personelle Verflechtung auf den Führungs- und Überwachungsebenen (Personalunion), durch Managemententwicklung, Personaltransfers und Motivation;
- Unternehmensverträge insbesondere durch aktienrechtliche Beherrschungs- und Ergebnisabführungsverträge (§§ 291 ff. AktG).

Mit der *Dienstleistungsholding* wird ein Holdingtyp konkretisiert, der nicht immer in der funktionalen Aufteilung einer Holding Erwähnung findet, sondern mit der Führungsholding vermischt und auch verwechselt wird. Insbesondere die Finanzverwaltung umschreibt in ihrem BMF-Schreiben vom 26. Januar 2007[97] eine Dienstleistungsholding und benennt diese als Führungsholding. Die umsatz-

95 Vgl. *Theisen*, Der Konzern, 2000, 182 f.

96 Vgl. *Theisen*, Der Konzern, 2000, 183 f.; *Bader*, Steuerplanung mit Holdinggesellschaften, 2007, 38 f; *Keller*, in: Lutter, Holding-Handbuch, 2004, § 4, Rz. 22.

97 BMF-Schreiben v. 26.01.2007, IV A 5 – S 7300 – 10/07, DB 2007, 315.

steuerlichen Schlussfolgerungen daraus sind dementsprechend verwirrend und zum Teil falsch, wie die Ausführungen in Kapitel 3.1.2 darstellen werden.

Eine Dienstleistungsholding übernimmt für den Konzern bestimmte zentrale Funktionen, jedoch keine Führungsfunktionen wie eine Führungs- oder Managementholding.[98] Diese Servicedienstleistungen ergeben sich aus dem Tagesgeschäft des Holdingkonzerns und sind zumeist organisatorischer Natur. Finanzierungsfunktionen für das Gesamtunternehmen sind ebenfalls als Dienstleistung anzusehen, auch wenn diese im Rahmen einer Finanzholding bereits als originäre Holdingfunktionen auftreten. Als Dienstleistungen kommen z. B. Buchführung, steuerliche Beratung, Finanzierungsfunktionen und Patent- und Lizenzkoordination in Betracht.[99]

Die Dienstleistungsholding erbringt die oben genannten Leistungen nur gegenüber den Beteiligungsgesellschaften. Eine externe Erbringung der Leistungen ist nicht vorgesehen, da ansonsten eine operative Tätigkeit vorliegen würde. Die Dienstleistungsholding kann einer Dachgesellschaft (z. B. Managementholding) untergeordnet werden, und somit als Zwischenholding auftreten. Von einer Dienstleistungsholding kann dann allerdings nur gesprochen werden, wenn diese auch Beteiligungsgesellschaften hält. Ansonsten würde eine reine Dienstleistungsgesellschaft bzw. Serviceeinheit vorliegen. Ist sie die Dachgesellschaft des Konzerns, liegt eine ausgeprägte, erweiterte Form der Finanzholding vor. Neben den originären Funktionen der Finanzholding werden zusätzlich unternehmensinterne Dienstleistungen erbracht. Durch gezieltes Verlagern der Dienstleistung von den einzelnen Beteiligungsgesellschaften auf Ebene der Holdingspitze kann umsatzsteuerlich die Unternehmereigenschaft erreicht werden, falls die reinen Finanzierungs- und Verwaltungsfunktionen die Unternehmereigenschaft nicht hervorbringen.[100] Beweggründe für die Errichtung einer Dienstleistungsholding können wirtschaftlicher oder auch steuerlicher Natur sein.[101]

Eine *gemischte Holding* ist einer der genannten Holdingtypen (Finanz-, Führungs- oder Dienstleistungsholding), die zugleich in gewissem Ausmaß eigene operative Tätigkeiten ausübt. Im Gegensatz zu einem Stammhauskonzern überwiegt bei einer gemischten Holding aber der Charakter der Holdingaktivitäten. Die operative Tätigkeit steht nicht im Vordergrund.

Der *Stammhauskonzern* ist die klassische Struktur eines größeren Unternehmens, bei der die operative Leitung bei den Geschäftsführungen bzw. Vorstän-

98 Vgl. *Bader*, Steuergestaltung mit Holdinggesellschaft, 2007, 40.

99 Die Aufzählung ist nicht abschließend.

100 Vgl. hierzu im Rahmen der Unternehmereigenschaft einer Organschaft Kapitel 4.5.2 (Mittelbarer Unternehmer).

101 Vgl. *Wurm*, Einschaltung von konzernbezogenen Dienstleistungsgesellschaften, in: Fischer, Internationaler Unternehmenskauf und –Zusammenschluss im Steuerrecht, 1992, 44 ff.

den des Stammhauses liegt. Der Stammhauskonzern kann als die zweite Entwicklungsstufe im Rahmen eines gewachsenen (Familien) Unternehmens angesehen werden. Nach der Einzelunternehmung (z. B. e. K. oder Meisterbetrieb) folgte der Übergang in eine meist haftungsbeschränkende Gesellschaftsform (z. B. eine GmbH & Co. KG). Sobald diese Gesellschaftsform dem wachsenden Unternehmen nicht mehr gerecht wird, ist die Einrichtung einer mehrgliedrigen Stammhauskonzernstruktur gegeben. Im Abschluss dieser Entwicklung findet sich nach der Phase des Stammhauskonzerns die Holdingstruktur als bevorzugte Gestaltungsalternative.[102] Als funktionaler Typ geht aus dieser Entwicklung i. d. R. eine Führungs- bzw. Managementholding hervor. Welche Unternehmensorganisationsform als die Optimale angesehen werden kann, lässt sich jedoch nicht bestimmen. Als „Patentrezept" und die letzte Entwicklungsstufe ist der Holdingkonzern auch nicht zwingend anzusehen. Die Konzernorganisations- und die Strategieansätze werden mit den wachsenden und sich verändernden Anforderungen weitere Entwicklungsstufen hervorbringen.

Im Rahmen der funktionalen Differenzierung werden vereinzelt noch weitere Typen herausgebildet, wie z. B. die *Unternehmerische Holding*[103], die *Funktionsholding*[104] und die *Spartenholding*[105]. Diese weiterführende Unterteilung ist für die vorliegende Themenstellung jedoch nicht relevant, sodass von einer vertiefenden Darstellung abgesehen wird.

2.1.5.2. Hierarchische Differenzierung

Bei der hierarchischen Differenzierung wird die Holding aufgrund ihrer hierarchischen Ebene in der Konzernstruktur typisiert. Es wird die Dachholding, die Zwischenholding und als Sonderform der Zwischenholding die Spartenholding unterschieden. Unterhalb der Zwischenholding steht als operativ tätiges Unternehmen die Grundeinheit. Die Dachholding ist die oberste Organisationseinheit in einem Konzern, die alle weiteren Beteiligungen direkt oder aber insbesondere indirekt (über die Zwischenholding) hält und verwaltet. Die Zwischenholding bündelt ein Teil der Beteiligungen unter anderem, um Funktionen oder Sparten in einer Einheit zu konzentrieren. Darüber hinaus wird mit einer Zwischenhol-

---

102 Vgl. ähnlich *Keller*, Die Holding im Mittelstand, 1999, 14 ff.

103 Vgl. *Hoffmann*, Konzernhandbuch, 1993, 16, 165 ff., 235 ff., 305 ff., 347 ff.; *Burek*, Die Besteuerung der Holdinggesellschaft, 1998, 21 f.

104 Vgl. *Schaumburg*, in: Schaumburg/Piltz, Holdinggesellschaften im internationalen Steuerrecht, 2002, 7 ff.

105 Vgl. *Schaumburg*, in: Schaumburg/Piltz, Holdinggesellschaften im internationalen Steuerrecht, 2002, 7 ff.

ding auch eine Entflechtung und Übersichtlichkeit (z. B. regionale Differenzierung) in dem Konzern erreicht, die unabhängig von der Funktionsbündelung ist.

2.1.5.3. Regionale Differenzierung

Bezüglich der räumlichen Differenzierung wird zwischen einer Auslandsholding und einer Landesholding unterschieden. Eine Auslandsholding ist Obergesellschaft von Beteiligungsgesellschaften, die in verschiedenen Staaten ihren Sitz haben. Die Landesholding hingegen hält nur Beteiligungen, die in dem gleichen Staat ansässig sind.

Sowohl die Auslandsholding als auch die Landesholding sind hierarchisch als Zwischenholding organisiert. Die Dachholding mit der Führungsspitze hält dann Beteiligungen an den verschiedenen Landes- bzw. Auslandsholdinggesellschaften, die wiederum das strategische Geschäft in den einzelnen Ländern leiten können. Diese Zwischenholding übernimmt somit in der Regel auch funktional die Rolle einer Führungs- oder Managementholding auf zweiter Ebene. Diese wird auch als Zwischenholdingkonzern bezeichnet.[106] Eine Auslands- oder Landesholding kann keine Dachholding sein, da das Merkmal der Auslands- und Landesholding eben die Bündelung von nationalen oder internationalen (operativen) Gesellschaften ist im Rahmen des gesamten Holdingkonzerns ist. Hält die Dachholding selber die internationalen operativen Gesellschaften, dann wird nicht von Auslands- oder Landesholding gesprochen.

Wie aus den obigen Ausführungen ersichtlich, sind die Holdingtypologien voneinander unabhängig. Die Typologien können zum Teil kombiniert werden, zum Teil schließen sie sich aus und einige sind zwangsweise als Kombination vorgegeben.[107]

2.2 Umsatzsteuerlicher Unternehmer bzw. Steuerpflichtiger

2.2.1 Verhältnis Umsatzsteuergesetz vs. Mehrwertsteuersystemrichtlinie

Der § 2 Abs. 1 UStG definiert den umsatzsteuerlichen Unternehmer, wie er im deutschen Umsatzsteuerrecht gesehen wird. Das europäische Recht hingegen spricht im Art. 9 Abs. 1 MwStSystRL vom „Steuerpflichtigen". Die begriffliche

106 Vgl. *Lutter*, in: Lutter, Holding-Handbuch, 2004, Rz. 32.

107 Vgl. hierzu mit Schaubild: *Keller*, Unternehmensführung mit Holdingkonzepten, 1993, 40 f, Abb. 3.

Abweichung des „Unternehmers“ vom „Steuerpflichtigen“ ist jedoch unerheblich und für die Auslegung des Umsatzsteuergesetzes anhand der europäischen Vorgaben nicht von Bedeutung.[108]

Die europäische Vorgabe war bzw. ist grundsätzlich in das deutsche Umsatzsteuergesetz umzusetzen.[109] Dass das Gemeinschaftsrecht überhaupt eine zwingende innerstaatliche Wirkung haben kann, ergibt sich aus der Zustimmung des Gesetzgebers zum Vertrag über die Europäische Union und beruht auf Art. 23 GG.[110] Das Gemeinschaftsrecht lässt sich in primäres und sekundäres Recht unterteilen. Primäres Recht ist dabei insbesondere der Vertrag über die Europäischen Gemeinschaften (EGV). Sekundäres Recht sind Verordnungen und Richtlinien. Die Mehrwertsteuersystemrichtlinie ist eine Richtlinie (sekundäres Recht), welche auf Art. 93 EGV aufbaut.[111]

Soweit inhaltlich die Umsetzung der europarechtlichen Vorgaben nicht erfolgt ist, ist das Umsatzsteuergesetz nicht richtlinienkonform und somit nur eingeschränkt anwendbar. Das europäische Recht wendet sich zwar vom Grundsatz an die Mitgliedstaaten und ist nicht unmittelbar für den EU-Bürger anwendbar. D. h., die Mitgliedstaaten müssen dafür Sorge tragen, dass EU-Recht über die nationalen Vorschriften für den Bürger zur Anwendung kommt. Allerdings sieht der EuGH für einzelne Vorschriften[112] auch eine unmittelbare Anwendbarkeit gegeben.[113] Dafür muss die Vorschrift hinreichend klar und genau und nicht an Bedingungen geknüpft sein. Insbesondere wenn die europäischen Vorgaben noch nicht, verspätet oder inhaltlich unzutreffend ins deutsche Umsatzsteuergesetz umgesetzt worden sind, kann sich der Steuerpflichtige auf evtl. günstigere Regelungen aus der Mehrwertsteuersystemrichtlinie berufen. Dabei hat er die Möglichkeit sich entweder direkt auf die MwStSystRL zu berufen oder eine richtlinienkonforme Auslegung des UStG vorzunehmen. Darüber hinaus sollte der Gesetzgeber im eigenen Interesse fehlende europarechtliche Vorgaben[114] zügig umsetzen, da sich unter bestimmten Voraussetzungen Schadensersatzansprüche ergeben können.[115]

---

108 BFH, Urteil v. 12.11.1980, II R 1/76, BStBl 1981 II, 279; BFH, Urteil v. 05.04.1984, V R 51/82, BStBl 1984 II, 499; BFH, Urteil v. 13.12.1984, V R 32/74, UR 1985, 65 mit Anm. *Weiß*; BFH, Urteil v. 29.06.1987, X R 23/82, BStBl 1987 II, 744; BFH, Urteil v. 28.09.1988, X R 48/81, BStBl 1988 II, 557; *Stöcker,* in: Peter/Burhoff/Stöcker, UStG, 2010, § 2 UStG, Rdnr. 19.

109 Siehe Fn. 2.

110 Vgl. dazu BVerfG, Urteil v. 12.10.1993, 2 BvR 2134/92, BVerfGE 1989, 155.

111 Vgl. *Klenk,* in: Sölch/Ringleb, UStG, 2010, vor. § 1 UStG, Rz. 12 ff.

112 Vgl. *Klenk,* in: Sölch/Ringleb, UStG, 2010, vor. § 1 UStG, Rz. 23 ff.

113 EuGH, Urteil v. 06.07.1995, C-62/93, *Soupergaz*, UR 1995, 404.

114 Zu anhängigen Verfahren im Bereich der Mehrwertsteuer: *Huschens*, NWB 2008, 1023.

115 Vgl. *Klenk,* in: Sölch/Ringleb, UStG, 2010, vor § 1 UStG, Rz. 26 ff.

2.2.2 Unternehmerfähigkeit / Rechtsfähigkeit / Geschäftsfähigkeit

2.2.2.1 Umsatzsteuergesetz

Damit die umsatzsteuerliche Unternehmereigenschaft überhaupt vorliegen kann, muss eine Person[116] unternehmer*fähig* (auch: steuerrechtsfähig) sein.[117] Es ist die abstrakte Frage zu untersuchen, ob eine Person überhaupt Unternehmer sein kann. Erst dann kann überprüft werden, inwiefern diese unternehmerfähige Person auch umsatzsteuerlicher Unternehmer ist. Für die Beantwortung der Frage, ob Unternehmerfähigkeit vorliegt, gibt es keine subjektiven Voraussetzungen. Die Unternehmerfähigkeit ist nicht an die bürgerlich-rechtliche Rechtsfähigkeit oder Geschäftsfähigkeit geknüpft.[118] Ein Wirtschaftsgebilde muss „nach außen" auftreten können und in der Lage sein, an dem Rechtsverkehr teilzunehmen.[119] Es muss eine gewisse Organisationsstruktur vorhanden sein. Die Rechtsform ist dabei unerheblich. Ebenso ist es unerheblich, ob das Wirtschaftsgebilde im Inland oder Ausland ansässig ist und somit unter Umständen keine *Rechts*fähigkeit gegeben ist[120], denn die Rechtsfähigkeit ist grundsätzlich nicht Voraussetzung für die Steuerrechtsfähigkeit bzw. Unternehmerfähigkeit.[121] Darüber hinaus sind Wirtschaftsgebilde aus dem Ausland aufgrund der EuGH Rechtsprechung[122] sowieso zum großen Teil auch im Inland rechtsfähig. Aus der Unternehmereigenschaft folgt allerdings, dass ein Wirtschaftsgebilde unter die Schuldnerschaft nach § 13a UStG fallen kann. Daher ist bei nichtrechtsfähigen Gebilden, eine Haftungsordnung der Mitglieder notwendig. Ebenso kann die Rechnungsstellung nur von den Mitgliedern übernommen werden. Zweigniederlassungen und Betriebsstätten können nicht unternehmerfähig sein, da sie nicht am Rechtsverkehr teilnehmen können.[123] Sie können somit niemals Unternehmer sein. Die fingierte Unternehmereigenschaft gem. § 2 Abs. 2 Nr. 2 Satz 4 UStG ist daher nicht ganz

116 Hier: jedes wirtschaftliche Gebilde.

117 *Klenk,* in: Sölch/Ringleb, UStG, 2010, § 2, Rz. 10 ff.

118 Vgl. *Leicht,* in: Beck'sches Steuer- und Bilanzrechtslexikon, Edition 2/10, Rn. 2.

119 BFH, Urteil v. 20.02.2001, V B 191/00, BFH/NV 2001, 1152; BFH, Urteil v. 09.10.2003, V B 12/02, BFH/NV 2004, 97; BFH, Urteil v. 29.01.2008, V B 201/06, BFH/NV 2008, 827.

120 Vgl. *Stöcker,* in: Peter/Burhoff/Stöcker, UStG, 2010, § 2, Rdnr. 56.

121 BFH, Urteil v. 21.04.1994, V R 105/91, BStBl 1994 II, 671.

122 EuGH, Urteil v. 05.11.2002, C-208/00, *Überseering BV,* ABl. C 323/12; EuGH, Urteil v. 13.12.2005, C-411/03, *SEVIC Systems AG,* ABl. C 36/5.

123 *Stadie,* UStG, 2009, § 2 UStG, Rz. 10.

unproblematisch, da der wirtschaftlich bedeutendste Unternehmensteil durchaus eine Betriebsstätte sein kann.[124]

2.2.2.1.1 Natürliche Personen

Natürliche Personen sind immer rechtsfähig und daher auch immer unternehmerfähig.[125] Bei fehlender oder beschränkter *Geschäfts*fähigkeit muss lediglich eine (gesetzliche oder rechtsgeschäftliche) Vertretung die Rechte und Pflichten i. Z. m. der Unternehmereigenschaft übernehmen. Auch die Beschränkung in der Verfügungsbefugnis über das Vermögen (z. B. in der Insolvenz) führt nicht dazu, dass der Betroffene nicht mehr unternehmerfähig ist.[126]

2.2.2.1.2 Juristische Personen

Juristische Personen des öffentlichen und des privaten Rechts sind immer uneingeschränkt unternehmerfähig.[127] Eine Kapitalgesellschaft ist immer unternehmerfähig, unabhängig davon ob sie nach ausländischem oder deutschem Gesellschaftsrecht gegründet wurde. Nicht rechtsfähige Körperschaften des öffentlichen Rechts sind hingegen auch nicht unternehmensfähig.[128]

2.2.2.1.3 Personengesellschaften

Personengesellschaften im Sinne des § 14 Abs. 2 BGB besitzen zwar keine volle Rechtsfähigkeit, können aber gleichwohl voll unternehmerfähig sein.[129] Sie besitzen die Steuerrechtsfähigkeit, die durch § 10 Abs. 5 Nr. 1 UStG und §§ 267, 34 Abs. 1 AO bestätigt wird. Sie müssen die Fähigkeit besitzen, Rechte zu er-

---

124 Vgl. *Stöcker,* in: Peter/Burhoff/Stöcker, UStG, 2010, § 2 UStG, Rdnr. 602; vgl. zu gemeinschaftsrechtlichen Bedenken *Steppert*, UR 1994, 343; *Stadie,* in: Rau/Dürrwächter, UStG, 2010, § 2 UStG, Tz. 736 ff.

125 Vgl. *Koenig,* in: Pahlke/Koenig, AO, 2009, § 33 AO, Rn. 4 ff.; *Leicht,* in: Beck'sches Steuer- und Bilanzrechtslexikon, Edition 2/10, Rn. 2; BFH, Urteil v. 22.02.2001, V R 77/96, BStBl 2003 II, 426; BFH, Urteil v. 08.03.2001, V R 24/98, BStBl 2003 II, 430; Abschn. 16 Abs. 1 Satz 2 UStR.

126 BFH, Urteil v. 23.06.1988, V R 203/83, BStBl 1988 II, 920 für den Zwangsverwalter und BFH, Urteil v. 20.02.1986, V R 16/81, BStBl 1986 II, 579; BFH, Urteil v. 16.07.1987, V R 80/82, BStBl 1987 II, 691.

127 Vgl. *Stöcker* in: Peter/Burhoff/Stöcker, UStG, 2010, § 2 UStG, Rdnr. 75.

128 Vgl. Stadie, in: Rau/Dürrwächter, UStG, 2010, § 2 UStG, Anm. 93.

129 Vgl. *Stöcker,* in Peter/Burhoff/Stöcker, UStG, 2010, § 2 UStG, Rdnr. 88; BFH, Urteil v. 21.11.1991, V R 99/87, BStBl 1992 II, 637; BFH, Urteil v. 25.07.1968, V 150/65, BStBl 1968 II, 731.

werben und Verbindlichkeiten einzugehen. Dies trifft für Personen*handels*gesellschaften im Sinne des § 124 Abs. 1 HGB stets zu.[130] BGB-Gesellschaften im Sinne der §§ 705 ff. BGB können ebenfalls rechtsfähig sein, soweit es sich um eine Gesellschaft mit Außenwirkung handelt.[131] Die Vertretungsregel gem. § 714 BGB ermöglicht dabei die Teilnahme am Besteuerungsverfahren.

2.2.2.1.4 Weitere Gesellschaften / Gemeinschaften

Eine typisch *stille Gesellschaft* hingegen kann nicht unternehmerfähig sein.[132] Die stille Gesellschaft tritt nur im Innenverhältnis auf und hat keine Außenwirkung. Ebenso ist die atypische stille Gesellschaft nicht unternehmerfähig, auch wenn der stille Beteiligte in der Einkommensteuer ein Mitunternehmer ist.[133]

Die *Bruchteilsgemeinschaft* gem. § 741 BGB ist in der Regel unternehmerfähig, wobei es hier auch abweichende Konstellationen geben kann.[134] Im Umsatzsteuergesetz wird die „Gemeinschaft" erwähnt[135], wobei sich erst aus der Rechtsprechung ableitet, dass die Gemeinschaft unternehmerfähig sein kann.[136] Wenn eine Gemeinschaft mehr als bloßes Halten und Verwalten von Gegenständen tätigt, dann ist sie eine Gesellschaft bürgerlichen Rechts. Sie tritt dann nach außen auf und wird unternehmerisch tätig. Bei Vermietung und Verpachtung ist jeder Bruchteilsberechtigte der Gemeinschaft Unternehmer. Somit ist entweder eine Gesellschaft gegeben, die dann im Ganzen Unternehmer ist oder es liegt eine Gemeinschaft vor, bei der dann die Berechtigten Unternehmer sein können.

2.2.2.2 Mehrwertsteuersystemrichtlinie

Wer nach Verständnis der Mehrwertsteuersystemrichtlinie und europäischer Rechtsprechung unternehmens- bzw. steuerrechtsfähig ist, wurde in der Literatur bisher nur in geringem Umfang bearbeitet.[137]

---

130 *Stadie*, in: Rau/Dürrwächter, UStG, 2010, § 2 UStG, Anm. 98.

131 Die Innen-GbR ist nicht rechtsfähig.

132 BFH, Urteil v. 18.10.1962, V 264/59, HFR 1963, 356.

133 BFH, Urteil v. 22.05.1969, V R 28/66, BStBl 1969 II, 603.

134 Vgl. *Stöcker*, in: Peter/Burhoff/Stöcker, UStG, 2010, § 2 UStG, Rdnr. 60, 88.

135 Z. B. § 4 Nr. 13 UStG; § 4 Nr. 14 d) UStG; § 10 Abs. 5 Nr. 1 UStG.

136 BFH, Urteil v. 26.01.1984, V R 65/76, BStBl 1984 II, 231; BFH, Urteil v. 27.08.1970, V R 72/66, BStBl 1970 II, 833; BFH, Urteil v. 07.11.1991, V R 116/86, BStBl 1992 II, 269; BFH, Urteil v. 16.03.1993, XI R 52/90, BStBl 1993 II, 562.

137 Vgl. *Blankenheim*, Steuerpflichtiger und Unternehmerbegriff im Umsatzsteuerrecht, 2005, 33 ff.

Zur Bearbeitung dieser Thematik kann man zum einen die EuGH Rechtsprechung heranziehen, zum anderen kann man eine theoretische Auslegung der maßgebenden Passagen der Mehrwertsteuersystemrichtlinie vornehmen.

2.2.2.2.1 Rechtsprechung

Die Rechtsprechung hat sich zu der Unternehmerfähigkeit von natürlichen und juristischen Personen noch nicht explizit geäußert. Die grundsätzliche Unternehmerfähigkeit von natürlichen und juristischen Personen wurde jedoch in einigen Urteilen des EuGH zu anderen Thematiken angenommen.[138] Die Fähigkeit Unternehmer oder Steuerpflichtiger sein zu können, war somit für den EuGH in den vorgelegten Sachverhalten unzweifelhaft und nicht diskussionswürdig. Auch für Personengesellschaften finden sich EuGH Urteile, welche die Unternehmerfähigkeit voraussetzen, ohne eine genaue Prüfung dahin gehend vorgenommen zu haben.[139] Im EuGH Urteil „Heerma"[140] wird die Unternehmerfähigkeit einer Personengesellschaft hingegen thematisiert. Dabei geht es um eine niederländische Gesellschaft bürgerlichen Rechts, welche keine Rechtspersönlichkeit hat. Dieser GbR wird jedoch die Fähigkeit zugesprochen, selbständig wirtschaftliche Tätigkeiten ausüben zu können. Nicht die Gesellschafter, sondern die Gesellschaft ist hier steuerpflichtig gestellt worden.

Neben den natürlichen und juristischen Personen können also auch nach EuGH Rechtsprechung Personengesellschaften unternehmerfähig sein, auch wenn diese nicht rechtsfähig sind. Die nicht rechtsfähige Personengesellschaft muss die Selbständigkeit einer Gesellschaft mit zivilrechtlicher Rechtsfähigkeit besitzen.

2.2.2.2.2 Theoretische Auslegungsmöglichkeiten

Im vorliegenden Abschnitt wird die Unternehmerfähigkeit des Steuerpflichtigen im EU-Recht anhand verschiedener Auslegungsmöglichkeiten geprüft. Für die

138 Vgl. zu natürlichen Personen: EuGH, Urteil v. 14.12.1985, C-268/83, *Rompelman*, EuGHE 1985, 655; EuGH, Urteil v. 05.07.1988, C-269/86, *W.J.R. Mol*, EuGHE 1988, 3627; EuGH, Urteil v. 01.12.1990, C-186/89, *Van Tiem*, EuGHE 1990, 4363; vgl. zu juristischen Personen: EuGH, Urteil v. 05.02.1981, C-154/80, *Aardappelenbewaarplaats*, EuGHE 1981, 445; EuGH, Urteil v. 01.07.1982, C-222/81, *B.A.Z.*, EuGHE 1982, 2527; EuGH, Urteil v. 22.06.1993, C-333/91, *Sofitam*, DB 1994, 25; EuGH, Urteil v. 20.06.1996, C-155/94, *Wellcome Trust*, EuGHE 1996, 3013.

139 Z. B. zu einer Vorgründungsgesellschaft, die sogar als Unternehmer angesehen wurde: EuGH, Urteil v. 29.04.2004, C-137/02, *Faxworld Vorgründungsgesellschaft GbR*, IStR 2004, 646.

140 EuGH, Urteil v. 27.01.2000, C-23/98, *Heerma*, EuGHE 2000, 419.

Auslegung von Richtlinienvorschriften hat *Schön*[141] 1993 einen Leitfaden angeboten, der im Nachfolgenden aufgenommen wird.

a) Wortlaut der maßgebenden Richtlinienpassagen

Der Wortlaut der Richtlinie an sich ist zuerst seinen allgemeinem Verständnis nach auszulegen.[142] Die Mehrwertsteuersystemrichtlinie bedient sich immer wieder des Begriffes „Person".[143] Z. B. werden in Art. 11 MwStSystRL *Personen* als ein Steuerpflichtiger behandelt (Organschaft), wenn sie zwar rechtlich unabhängig, aber durch gegenseitige finanzielle, wirtschaftliche und organisatorische Beziehungen eng miteinander verbunden sind. Oder es sind gem. Art. 9 Abs. 2 MwStSystRL alle *Personen* steuerpflichtig, die unter bestimmten Bedingungen ein neues Fahrzeug liefern. Hieraus ergibt sich, dass (natürliche und juristische) Personen grundsätzlich als unternehmer- bzw. steuerrechtsfähig angesehen werden.

Zu der Unternehmerfähigkeit von Personengesellschaften findet sich in der Richtlinie nur wenig Verwertbares. Art. 132 Abs. 1 Buchst. f) MwStSystRL stellt bestimmte Leistungen von selbstständigen Zusammenschlüssen von Personen frei, die diese an ihre Mitglieder erbringt. Daraus ergeben sich zwei Schlussfolgerungen. Zum einen wird einem Personenzusammenschluss grundsätzlich die Möglichkeit der Unternehmerfähigkeit zugesprochen. Denn um Steuerfreiheit zu gewähren, muss vorab die Steuerbarkeit vorliegen. Diese kann nur für unternehmerfähige Steuerpflichtige gegeben sein. Zum anderen gibt der Text der Richtlinie vor, dass der Personenzusammenschluss selbständig sein muss. Wie schon in der Rechtssache „Heerma" muss die Personengesellschaft selbständig die wirtschaftliche Tätigkeit ausüben können.[144] Zur gleichzeitigen Unternehmerfähigkeit der Personengesellschaft gibt die Richtlinie keine Hinweise.

b) Teleologische Auslegung

Insbesondere sollte bei der Auslegung einer Regelung der Sinn und Zweck einer Vorschrift gesehen werden. Die Frage muss lauten, warum und für welche Zwecke die Richtlinie eingeführt wurde. Die Umsatzsteuer soll nur den Endverbraucher einer Ware oder Dienstleistung belasten. Dazu müssen die Endverbraucherversorger unternehmerfähig sein, damit diese grundsätzlich die Vorsteuer

141 *Schön*, Die Auslegung europäischen Steuerrechts, 1993, 45 ff.

142 *Schön*, Die Auslegung europäischen Steuerrechts, 1993, 50 ff.

143 Art. 9 Abs.2, Art. 10, Art. 11, Art. 12, Art. 84, Art. 132 Buchst. f), Art. 133 Buchst. b), Art. 138 Abs. 2 Buchst. a) MwStSystRL.

144 EuGH, Urteil v. 27.01.2000, C-23/98, *Heerma*, EuGHE 2000, 419.

geltend machen können. Jeder der am Markt Waren und / oder Dienstleistungen anbietet, muss daher die Möglichkeit haben, unternehmerfähig zu sein.

c) Historische Auslegung:

Die historische Auslegung von Richtlinien durch den EuGH hat eher eine untergeordnete Bedeutung, da der Geschichte der Richtlinien aufgrund des Kompromisscharakters und der unterschiedlichen Vorverständnisse der einzelnen Mitgliedstaaten wenig Verbindlichkeit zugesprochen wird.[145] Bei der historischen Auslegung werden amtliche Begründungen und Materialien wie Protokollerklärungen oder Vorgängerrichtlinien herangezogen.[146] Die Analyse ergibt, dass der „Steuerpflichtige" in der Lage sein muss, Leistungen zu erbringen.[147] Dies hat schon die teleologische Analyse ergeben. Weitere Erkenntnisse liefert die historische Betrachtung nicht.

d) Systematische Auslegung

Für die systematische Auslegung werden die einzelnen Vorschriften der Mehrwertsteuersystemrichtlinie im gegenseitigen Zusammenhang durchleuchtet. Der Begriff des Steuerpflichtigen wird in mehreren Passagen der Richtlinie erwähnt. Aus Art. 2 Abs. 1 MwStSystRL geht hervor, das der Mehrwertsteuer nur Lieferungen und Dienstleistungen unterliegen, die ein Steuerpflichtiger tätigt. Der Steuerpflichtige muss also in der Lage sein, zivilrechtliche Austauschverträge einzugehen. Im Rahmen des Vorsteuerabzuges müssen gem. Art. 168 S. 1 Buchst. a) MwStSystRL an den Steuerpflichtigen Gegenstände und Dienstleistungen geliefert bzw. erbracht werden. Auch hier muss er in der Lage sein Vertragspartner zu sein, um die Leistungen zu empfangen. Die zivilrechtliche Rechtsfähigkeit ist nicht notwendig, denn gem. Art. 132 Abs. 1 Buchst. f) MwStSystRL wird der Personenvereinigung grundsätzlich die Möglichkeit eröffnet, steuerbare Leistungen zu erbringen. Jedoch sind nicht alle Personenzusammenschlüsse in den europäischen Mitgliedstaaten nach deren Gesellschaftsrecht rechtsfähig.[148] Daher kann nach der Mehrwertsteuersystemrichtlinie als Voraussetzung für die Unternehmerfähigkeit nicht die Rechtsfähigkeit vorgesehen sein. In einigen Staaten folgt das Steuerrecht dem Zivilrecht voll oder zum Teil, in andere Staaten bedarf es keiner zivilrechtlichen Rechtsfähigkeit, damit

145 Vgl. *Oppermann*, Europarecht, 1999, Rdnr. 687; *Schön*, Die Auslegung europäischen Steuerrechts, 1993, 53; *Lutter*, JZ 1992, 593, 599.

146 Vgl. *Lutter*, JZ 1992, 593, 600.

147 Vgl. *Blankenheim*, Steuerpflichtiger und Unternehmerbegriff im Umsatzsteuerrecht, 2005, 37 ff.

148 *Schwarz*, Europäisches Gesellschaftsrecht, 2000, Rdnr. 815.

Steuerrechtsfähigkeit vorliegt.[149] Die Harmonisierung des Gesellschaftsrechts auf europäischer Ebene ist nicht sehr ausgeprägt. Das jeweilige nationale Recht bestimmt daher, ob und unter welchen Bedingungen Personengesellschaften steuerrechtsfähig sind.

Aus den Regelungen zur Rechnungsstellung gem. Art. 220 MwStSystRL geht hervor, dass der Steuerpflichtige im gewissen Rahmen am Rechtsverkehr teilnehmen muss. Er muss Rechnungen empfangen und ausstellen können. Der Steuerpflichtige muss Adressat sein können, gegen den ein Anspruch – aus Erteilung oder Entgegennahme einer Rechnung – durchsetzbar ist.

Weiter wird die Umsatzsteuer vom Steuerpflichtigen geschuldet gem. Art. 193 MwStSystRL. Daraus ergibt sich, dass für eine Vollstreckung der Schuld, ein Vermögen vorhanden sein muss. Eine Personengesellschaft müsste demnach ein gemeinsames Vermögen aller Gesellschafter (Sondervermögen) vorweisen können oder eine Haftungsnorm bereithalten, wenn sie unternehmerfähig sein will. Jedoch können die Mitgliedstaaten gem. Art. 205 MwStSystRL bestimmen, das eine andere Person als der Steuerschuldner die Steuer gesamtschuldnerisch zu entrichten hat. Die Gesellschafter können daher Schuldner der Umsatzsteuer sein, soweit die Gesellschaft keine greifbare Rechtspersönlichkeit besitzt.

Ein Steuerpflichtiger muss gem. Art. 250 Abs. 1 MwStSystRL eine Steuererklärung abgeben. Hierfür und für den Empfang von Bescheiden muss der Steuerpflichtige eine gewisse Rechtsfähigkeit besitze. Er muss nach öffentlichem Recht zumindest beteiligtenfähig sein.[150]

2.2.2.3 Schlussfolgerungen

Zusammenfassend bleibt festzuhalten, dass aus Sicht der Mehrwertsteuersystemrichtlinie natürliche und juristische Personen ohne Weiteres steuerrechtsfähig sind bzw. sein können. Für Personenvereinigungen hingegen ist die Steuerrechtsfähigkeit nicht ohne weiters festzustellen. In einer Vielzahl der Fälle wird aber auch eine Personengesellschaft steuerrechtfähig sein. Dies gebietet allein schon die Rechtsformneutralität. Im Abschluss richtet sich die Einstufung aber nach dem jeweiligen nationalen Recht. Die deutsche Rechtsprechung hat nicht nur die Steuerrechtsfähigkeit von Personengesellschaften immer weiter ausgeweitet,

149 Vgl. *Hermann*, Die Besteuerung von Personengesellschaften in den EU-Mitgliedstaaten und den USA, 2006, 319-321.

150 Vgl. *Blankenheim*, Steuerpflichtiger und Unternehmerbegriff im Umsatzsteuerrecht, 2005, 40.

sondern insbesondere auch die zivilrechtliche Rechtsfähigkeit von Personenvereinigungen ausgedehnt.[151]

2.2.3 Selbständigkeit und Unabhängigkeit

2.2.3.1 Einleitung

Die Selbständigkeit ist für den Begriff des Unternehmers ein grundlegendes Merkmal, denn gem. § 2 Abs. 1 S. 1 UStG ist Unternehmer, wer eine gewerbliche oder berufliche Tätigkeit *selbständig* ausübt. Trotzdem liefert das Umsatzsteuergesetz keine Definition für die Selbständigkeit, sondern lediglich eine negative Abgrenzung im § 2 Abs. 2 UStG. Eine wirtschaftliche Tätigkeit wird somit dann selbständig ausgeübt, wenn die Nichtselbständigkeit nicht festgestellt werden kann.[152] Dabei ist das Gesamtbild der Verhältnisse maßgebend.[153] Natürliche Personen, einzeln oder zusammengeschlossen, sind nicht selbständig, wenn sie in einem Unternehmen so eingegliedert sind, dass sie den Weisungen des Unternehmens zu folgen verpflichtet sind, § 2 Abs. 2 Nr. 1 UStG. Juristische Personen sind nicht selbständig, wenn sie nach dem Gesamtbild der tatsächlichen Verhältnisse finanziell, wirtschaftlich und organisatorisch in das Unternehmen des Organträgers eingegliedert sind (Organschaft), § 2 Abs. 2 Nr. 2 UStG.

Der Steuerpflichtige nach EG-Recht muss ebenfalls gem. Art. 9 Abs. 1 S. 1 MwStSystRL eine wirtschaftliche Tätigkeit unabhängig von seinem Ort, Zweck und Ergebnis *selbständig* ausüben. Auch das EG-Recht bietet nur eine negative Abgrenzung der Selbständigkeit. Gern. Art. 10 MwStSystRL schließt die selbständige Ausübung der wirtschaftlichen Tätigkeit im Sinne des Art. 9 Abs. 1 MwStSystRL Lohn- und Gehaltsempfänger und sonstige Personen von der Besteuerung aus, soweit sie an ihren Arbeitgeber durch einen Arbeitsvertrag oder ein sonstiges Rechtsverhältnis gebunden sind, das hinsichtlich der Arbeitsbedingungen und des Arbeitsentgelts sowie der Verantwortlichkeit des Arbeitgebers ein Verhältnis der Unterordnung schafft. Darüber hinaus kann gem. Art. 11 MwStSystRL jeder Mitgliedstaat in seinem Gebiet ansässige Personen, die zwar rechtlich unabhängig, aber durch gegenseitige finanzielle, wirtschaftliche und organisatorische Beziehungen eng miteinander verbunden sind, zusammen als einen Steuerpflichtigen behandeln (Organschaft).

---

151 Z. B. kann eine GbR mit Urteil aus dem Jahr 2008 in das Grundbuch eingetragen werden: BGH, Urteil v. 04.12.2008, V ZB 74/08, ZEV 2009, 91.

152 Vgl. *Stöcker,* in: Peter/Burhoff/Stöcker, UStG, 2010, § 2 UStG, Rdnr. 169.

153 BFH, Urteil v. 23.01.2000, V B 112/00, BFH/NV 2000, 497.

Im Nachfolgenden wird die Selbständigkeit zum einen für natürliche Personen und zum anderen für juristische Personen untersucht. Dabei wird für beide Personen sowohl das deutsche Umsatzsteuergesetz als auch die Mehrwertsteuersystemrichtlinie vergleichend herangezogen und das Umsatzsteuergesetz auf die richtlinienkonforme Umsetzung hin überprüft.

Vorab werden die Bedeutung und der Einfluss sowohl des gesamten Steuerrechts als auch anderer Rechtsgebiete für die Auslegung und Definition der umsatzsteuerlichen Selbstständigkeit aufgezeigt.

2.2.3.2 Selbständigkeit im gesamten Steuerrecht und anderen Rechtsgebieten

Die Selbständigkeit eines Rechtssubjektes bezüglich einer bestimmten Tätigkeit ist Gegenstand sowohl im Steuerrecht als auch im bürgerlichen Recht (Arbeitsrecht) und Sozialrecht. Die Selbständigkeit im Steuerrecht ist maßgebend im Einkommen-, Gewerbe- und Umsatzsteuerrecht. Im gesamten Steuerrecht ist die Selbständigkeit nach denselben Grundsätzen zu beurteilen.[154] Allerdings ist der Begriff der Selbstständigkeit in der Umsatzsteuer nur identisch mit dem im Ertragsteuerrecht, soweit es die natürlichen Personen betrifft.[155] Die Frage der Selbständigkeit oder Nichtselbständigkeit hat zum einen Bedeutung für die Steuerbarkeit (Umsatzsteuer und Gewerbesteuer) und zum anderen für die Bestimmung der Einkunftsarten (Einkommensteuer[156]). Bedeutend für die Umsatzsteuer ist insbesondere der § 1 LStDV. Hier werden die Voraussetzungen für die Arbeitnehmereigenschaft gesetzlich dargelegt. Die Arbeitnehmereigenschaft ist in großen Teilen identisch mit der Unselbständigkeit und liefert in negativer Abgrenzung Kriterien für die Selbständigkeit. Die Grundsätze aus dem Arbeits- und Sozialrecht sind für das Steuerrecht nicht maßgebend.[157] Trotzdem kann die Beurteilung aus dem Arbeits- und Sozialrecht für das Steuerrecht Erkenntnisse und

---

154 Vgl. BFH, Urteil v. 02.12.1998, X R 83/96, BFH/NV 1999, 1024; BFH, Urteil v. 09.10.1996, X R 47/96, BStBl. II 1997, 255; BFH, Urteil v. 20.04.1988, X R 40/81, BStBl. II 1988, 804; BFH, Urteil v. 02.10.1986, V R 68/78, BStBl. II 1987, 42; BFH, Urteil v. 27.07.1972, V R 136/71, BStBl. II 1972, 810; jedoch kann nach Urteil des BFH (Urteil v. 10.03.2005, V R 29/03, DStRE 2005, 736) die Geschäftsführerleistungen eines GmbH-Geschäftsführer als selbständig im Sinne des § 2 Abs. 2 Nr. 1 UStG zu beurteilen sein. Die Organstellung des GmbH-Geschäftsführers steht dem nicht entgegen.

155 Vgl. *Stadie,* in: Rau/Dürrwächter, UStG, 2010, § 2 UStG, Anm. 122 mit weiteren Nachweisen.

156 Einkünfte aus nichtselbständiger Arbeit gem. § 19 EStG, aus selbständiger Arbeit gem. § 18 EStG oder aus Gewerbebetrieb gem. § 15 EStG.

157 Vgl. BFH, Urteil v. 30.05.1996, V R 2/95, BStBl. II 1996, 493; BFH, Urteil v. 13.02.1980, I R 17/78, BStBl. II 1980, 303.

Hinweise liefern. Es geht eine Indizwirkung vom Arbeits- und Sozialrecht aus.[158] Das Handelsgesetzbuch liefert im Rahmen der Bestimmungen zum Handelsvertreter eine positive Umschreibung zur Selbständigkeit. Gem. § 84 Abs. 1 S. 2 HGB ist selbstständig, „wer im Wesentlichen frei seine Tätigkeit gestalten und seine Arbeitszeit bestimmen kann".

Eine einheitliche und klar abgrenzbare Definition für die Selbständigkeit liegt nicht vor, sodass nur typologisch eine selbständige Person festgestellt werden kann. Die Selbständigkeit einer juristischen Person ist grundsätzlich erst einmal gegeben. Nur im Rahmen einer Organschaft kann eine juristische Person ihre Selbständigkeit verlieren.

2.2.3.3 Natürliche Personen

2.2.3.3.1 Umsatzsteuergesetz

Die Selbständigkeit der natürlichen Personen ist anhand des Gesamtbildes der Verhältnisse zu beurteilen.[159] Merkmale für und gegen die Weisung des Unternehmens und die Eingliederung sind gegeneinander abzuwägen.[160] Den einzelnen Merkmalen kommt dabei je nach Sachverhalt eine unterschiedliche Gewichtung zu. Maßgebend ist die praktische Umsetzung der zugrunde liegenden Vertragsverhältnissen. Der Begriff der Selbständigkeit ist ein Typusbegriff, sodass verschiedene Merkmale gegeneinander abgewogen werden müssen. Die Selbständigkeit kann nicht aus anderen Begriffen abgeleitet werden, weswegen eine exakte Definition nicht möglich ist. Die zeigt sich auch an den unterschiedlichen Umschreibungen der Selbständigkeit. Der Typusbegriff wird durch repräsentative Beispiele sowie Beweisanzeichen, die sich zumeist aus der Rechtsprechung entwickelt haben, greifbar gemacht. Der BFH hat für die Selbständigkeit in einem Urteil aus dem Jahre 1985[161] neunzehn Beweisanzeichen herausgearbeitet. Daneben gibt es zahlreiche Urteile, aus denen sich ein „ABC der Selbständigkeit" erstellen lässt.[162]

---

158 Vgl. *Birkenfeld*, USt-Handbuch, 2009, § 32, Rz. 32.5 mit weiteren Nachweisen.

159 BFH, Urteil v. 23.01.2000, V B 112/00, BFH/NV 2000, 497.

160 BFH, Urteil v. 26.04.1990, V R 55/85, UR 1991, 54; BFH, Urteil v. 20.04.1988, X R 40/81, BStBl. II 1988, 804; BFH, Urteil v. 14.06.1985, VI R 150-151/82, BStBl. II 1985, 661.

161 BFH, Urteil v. 14.06.1985, VI R 150-152/82, BStBl. II 1985, 661.

162 Vgl. *Birkenfeld*, USt-Handbuch, 2009, § 32, Rz. 39.3.

Beweisanzeichen für eine selbständige Tätigkeit sind insbesondere[163]:

- Unternehmerinitiative;
- Unternehmerrisiko;
- Selbständigkeit in Organisation und Durchführung der Tätigkeit;
- geschäftliche Beziehungen zu verschiedenen Vertragspartnern;
- Bindung nur für bestimmte Tage an den Betrieb.

Für die Nichtselbständigkeit können unter anderem die nachfolgenden Kriterien sprechen:

- Weisungsgebundenheit;
- persönliche Abhängigkeit;
- Schulden der Arbeitskraft und nicht eines Arbeitserfolges;
- feste Arbeitszeiten;
- Anspruch auf Sozialleistungen und Urlaub.

Folgende zwei Sachverhalte verdeutlichen noch einmal, dass immer das Gesamtbild der Tätigkeit und der Umstände beachtet werden muss:

1) Das Merkmal der Weisungsgebundenheit muss aus der Eingliederung des Arbeitnehmers in ein Unternehmen folgen.[164] Ansonsten wäre jeder Auftragnehmer unselbständig. Denn auch ein Auftragnehmer muss sich an die vertraglichen Weisungen halten.[165]
2) Aus der persönlichen, wirtschaftlichen Abhängigkeit folgt auch nicht zwingend die Nichtselbständigkeit. Eine auf Rechnung angestellte Arbeitskraft im Privathaushalt ist selbständig und somit Unternehmer, auch wenn sie i. d. R. wirtschaftlich abhängig von dem Auftraggeber ist.

Die einheitliche Beurteilung im Einkommen- und Umsatzsteuerrecht kommt in der spiegelbildlichen Gegenüberstellung des § 2 UStG und des § 1 LStDV zum Ausdruck. Hier kann der § 1 Abs. 3 LStDV herangezogen werden, wonach ein Arbeitnehmer nicht vorliegt, wenn er Lieferungen und sonstige Leistungen innerhalb der von ihm selbständig ausgeübten gewerblichen oder beruflichen Tätigkeit im Inland gegen Entgelt ausführt, soweit es sich um die Entgelte für diese Lieferungen und sonstigen Leistungen handelt. Diese Vorschrift gleicht der Be-

---

163 Vgl. hierzu *Klenk,* in: Sölch/Ringleb, UStG, 2010, § 2, UStG, Rz. 72; *Birkenfeld,* USt-Handbuch, 2009, § 32, Rz. 35.1.

164 § 2 Abs. 2 Nr. 1 UStG: „so eingegliedert sein, dass sie den Weisungen des Unternehmers zu folgen verpflichtet sind"; Vgl. auch *Stadie,* in: Rau/Dürrwächter, UStG, 2010, § 2 UStG, Anm. 136.

165 BGH, Urteil v. 12.12.1996, IX ZR 214/95, HFR 1997, 701; BFH, Urteil v. 30.06.2000, V B 20/00, BFH/NV 2001, 71; BFH, Urteil v. 16.05.2001, IV R 94/99, BStBl. II 2003, 565.

schreibung des umsatzsteuerlichen Unternehmers und zeigt, dass die ertragsteuerliche sowie umsatzsteuerliche Beurteilung nahezu identisch sind.[166] Der § 1 Abs. 2 LStDV mit der Begriffsbestimmung des Dienstverhältnisses im Lohnsteuerrecht ist sinngleich bezüglich der negativen Abgrenzung der Selbständigkeit im Umsatzsteuerrecht. Ein unselbständiger Arbeitnehmer kann in der Regel[167] mit einer bestimmten Tätigkeit nicht gleichzeitig Unternehmer sein.[168] Mit einer anderen Tätigkeit hingegen kann eine selbständige natürliche Person unselbständig tätig werden und umgedreht. Klassisches Beispiel ist hier der angestellte, unselbständige Chefarzt, welcher zugleich Privatpatienten selbständig in getrennten Praxisräumen behandelt und abrechnet.[169]

Dass ein Arbeitnehmer aber unselbständig ist und sein Lohn daher nicht mit Umsatzsteuer belastet wird ist nicht zwingend offensichtlich. Denn die Leitidee des Gesetzgebers im Rahmen der Umsatzsteuer ist es, den Aufwand des Endverbrauchers zu besteuern.[170] Daher sollten eigentlich auch die Leistungen eines Nichtselbständigen an einen Endverbraucher der Umsatzbesteuerung unterliegen. Bei der Leistungserbringung eines Angestellten in einem Unternehmen fließt der Lohn im Rahmen der Kostenkalkulation allerdings in den Verkaufspreis der Lieferung oder sonstigen Leistung mit ein, sodass hier in gewisser Form der Lohn besteuert wird. Ist jedoch eine Anstellung bei einer Privatperson gegeben, z. B. eine fest angestellte Haushaltshilfe, dann entzieht sich der Lohn der Umsatzsteuer in Gänze. Die Umsatzbesteuerung dieser nichtselbständigen Leistungen wäre allerdings nicht zumutbar.

Im deutschen Umsatzsteuerrecht soll nach Verwaltungsvorschrift für die Beurteilung der Selbständigkeit oder Unselbständigkeit das Innenverhältnis des Arbeitnehmers zum Arbeitgeber maßgebend sein, A 17 Abs. S. 2 UStR. Auch der Gesetzeswortlaut gibt nur eine Beurteilung anhand des Innenverhältnisses her.[171] Das Außenverhältnis zu dem Empfänger der Lieferung oder Leistung ist für die Beurteilung nicht relevant und liefert im Allgemeinen nur Beweisanzeichen, wenn die Einstufung anhand des Innenverhältnisses nicht eindeutig ist.[172] Insbesondere wenn der Arbeitnehmer im Außenverhältnis auftritt, ist für die Beurtei-

166 Vgl. *Schrader*, NWB 2005, 3451, 3452.

167 Jedoch dürfte es möglich sein, dass ein Arbeitnehmer Sachlohn für sein Unternehmen bezieht (mit Vorsteuerabzug), wenn er ihn unternehmerisch verwendet (Stichwort: Jahreswagenverkäufer); vgl. *Klenk*, in: Sölch/Ringleb, UStG, 2010, § 2 UStG, Rz. 68.

168 Vgl. *Stöcker*, in: Peter/Burhoff/Stöcker, UStG, 2010, § 2 Rdnr. 75.

169 BFH, Urteil v. 26.03.1969, V 241/65, BeckRS 1969, 21008600.

170 Vgl. hierzu mit weitern Nachweisen *Stadie*, in: Rau/Dürrwächter, UStG, 2010, § 2 UStG, Anm. 121.

171 § 2 Abs. 2 Nr. 1 UStG: „... Weisungen des Unternehmers zu folgen verpflichtet sind ...".

172 RFH, Urteil v. 05.10.1928, V A 320/28, RStBl. 1929, 60; BFH, Urteil v. 06.12.1956, V 137/55 U, BStBl. III 1957, 42; BFH, Urteil v. 15.07.1987, X R 19/80, BStBl. II 1987, 746.

lung das Innenverhältnis des Arbeitnehmers zum Arbeitgeber maßgebend. Denn Unternehmer ist grundsätzlich derjenige, der eine Tätigkeit im Außenverhältnis gegenüber Dritten im eigenen Namen ausführt.[173] Der Auftritt nach außen wird dann dem Arbeitgeber zugerechnet. Der Arbeitnehmer kann nach außen sogar wie ein Kaufmann auftreten[174], ohne die Selbständigkeit zu erlangen.[175]

Eine gegenteilige Auffassung kann irrtümlich aus der Rechnungsstellung gem. § 14 UStG abgeleitet werden, indem aufgrund des Gebotes der Rechtsicherheit und der Rechtsklarheit zum Schutz des Leistungsempfängers und des Leistenden das Außenverhältnis ausschlaggebend sein soll.[176] Dies hat allerdings nichts mit der Steuerschuldnerschaft zu tun, sondern betrifft nur die Zivilrechtslage.[177]

Nur bei den sog. Kommissionsgeschäften gem. § 3 Abs. 3 und Abs. 11 UStG[178] ist das Außenverhältnis ausschlaggebend.[179] Der Kommissionär tritt in eigenem Namen auf, obwohl im Innenverhältnis eine Form von Unselbständigkeit besteht. Trotzdem ist er selbständig tätig und es werden zwei Lieferungen bzw. Leistungen getätigt. Tritt er nicht in eigenem Namen auf, dann ist er unselbständiger Vermittler und es ist nur ein Umsatz gegeben.

Aus dem § 2 Abs. 2 Nr. 1 UStG geht offenbar hervor, dass auch eine Personengesellschaft („... soweit Personen, einzeln oder *zusammengeschlossen* ... “) unselbständig sein kann, wenn sie in ein Unternehmen eingegliedert ist. Mit einem Urteil aus dem Jahre 1978[180] hat der BFH aber festgestellt, dass dieser Wortlaut historisch eine andere Interpretation vorgibt. Danach ist die Regelung ein Schutz der Arbeitnehmer dagegen, dass sie ihre Unselbständigkeit nicht verlieren, wenn sie die geschuldete Arbeitsleistung in einem Zusammenschluss erbringen. Personengesellschaften[181] hingegen sind immer selbständig, sodass diese nicht in ein organschaftliches Verhältnis eintreten können. Die Ungleichbe-

---

173 BFH, Urteil v. 30.09.1999, V R 8/99, BeckRS 1999, 30075331; BFH, Urteil v. 28.01.1999, V R 4/98, UR 1999, 283; BFH, Urteil v. 28.04.1994, V R 80/91, BFH/NV 1995, 557; BFH, Urteil v. 21.04.1994, V R 105/91, BStBl. II 1994, 671; BFH, Urteil v. 30.07.1990, V B 48/90, BFH/NV 1991, 62; BFH, Urteil v. 24.09.1987, V R 152/78, BStBl. II 1988, 29.

174 D. h. Eintragung im Handelsregister, Abschluss von Verträgen im eigenen Namen.

175 Vgl. BFH, Urteil v. 15.07.1987, X R 19/80, BStBl. II 1987, 746.

176 Vgl. *Wagner*, StuW 1995, 154.

177 Vgl. *Stadie,* in: Rau/Dürrwächter, UStG, 2010, § 2 UStG, Anm. 133.

178 Bei § 3 Abs. 11 UStG spricht man von Dienstleistungskommission.

179 BFH, Urteil v. 28.11.1990, V R 31/85, BStBl. II 1991, 381; RFH, Urteil v. 16.12.1937, V A 301/37, RStBl. 1938, 88.

180 BFH, Urteil v. 07.12.1978, V R 22/74, BStBl. II 1979, 356.

181 Alle Personenhandelsgesellschaften und Personenzusammenschlüsse mit Ausnahme der BGB-Gesellschaft, die durch den Zusammenschluss der Arbeitnehmer entsteht, um eine Arbeitsleistung in einem Zusammenschluss zu erbringen.

handlung mit juristischen Personen ist nach BFH und allgemeiner Meinung des Schrifttums unbedenklich.[182]

2.2.3.3.2 Mehrwertsteuersystemrichtlinie

Das EG-Recht spricht in dem Art. 10 MwStSystRL von einem Verhältnis der Unterordnung. Dieses Verhältnis der Unterordnung muss sich hinsichtlich der Arbeitsbedingungen, der Arbeitsentgelte sowie der Verantwortlichkeit des Arbeitgebers aus dem Arbeitsvertrag ergeben, damit keine Selbständigkeit gegeben ist. Die Unterordnung in den drei Bereichen muss kumulativ vorliegen, damit die Unselbständigkeit festgestellt werden kann.[183] Ist eines der Kriterien nicht erfüllt, ist die natürliche Person umsatzsteuerlich selbständig. Wann genau ein Unterordnungsverhältnis für die einzelnen Bereiche vorliegt, ist in der Mehrwertsteuersystemrichtlinie nicht konkretisiert. Die Unterordnung ist daher ein unbestimmter Rechtsbegriff, der einer weiteren Konkretisierung bedarf.[184] Der EuGH hat sich zur Selbständigkeit in einigen Urteilen[185] geäußert, woraus sich eine typologische Bestimmung des Begriffs ergibt. Zwar ist eine typologische Umschreibung eines Rechtszustandes bei der Prüfung mit einem Mehraufwand verbunden, jedoch ist er flexibler, was die Anpassung an neue Gegebenheiten des Wirtschaftslebens betrifft. Eine starre Definition kann eher zu einer Gestaltungsmöglichkeit führen, mit der das gewünschte Ergebnis – Selbständigkeit oder Unselbständigkeit – erreicht werden kann.

Die Arbeitsbedingungen und das Arbeitsentgelt berührt ausschließlich das Innenverhältnis des Arbeitnehmers zum Arbeitgeber. Liegt ein Arbeitgeber-Arbeitnehmer-Verhältnis vor, dann impliziert dieses Innenverhältnis Unselbständigkeit. Ob ein Verhältnis der Unterordnung für die Arbeitsbedingungen und das Arbeitsentgelt vorliegt, ist anhand der Gesamtbildbetrachtung zu beurteilen. Dabei sind unter anderem die Beweisanzeichen „Weisungsgebundenheit", „Eingliederung in den Betrieb" und „Unternehmerrisiko" von Bedeutung.[186]

Die Verantwortlichkeit hingegen betrifft insbesondere das Außenverhältnis. Die Frage der Haftung für bestimmte Tätigkeiten gegenüber Dritten ist ein Indiz für die Selbständigkeit oder Unselbständigkeit. Haftet der Arbeitgeber, so ist der Arbeitnehmer unselbständig. Wird der Arbeitnehmer in Haftung genommen,

---

182 Vgl. hierzu statt vieler: *Stadie,* in: Rau/Dürrwächter, UStG, 2010, § 2 UStG, Anm. 160.

183 Vgl. *Blankenheim*, Steuerpflichtiger und Unternehmerbegriff im Umsatzsteuerrecht, 2005, 232.

184 Vgl. *Langer,* in: Reiß/Kraeusel/Langer, UStG, 2010, Art. 4 der 6. EG-RL, Rdnr. 13.

185 EuGH, Urteil v. 26.03.1987, C-235/85, *Notare und Gerichtsvollzieher*, EuGHE 1987, 1471; EuGH, Urteil v. 27.01.2000, C-23/98, *Heerma*, EuGHE 2000, 419.

186 Vgl. mit weiteren Nachweisen *Blankenheim*, Steuerpflichtiger und Unternehmerbegriff im Umsatzsteuerrecht, 2005, 234.

dann ist er selbständig, soweit im Innenverhältnis eine selbständige Tätigkeit vorliegt. Die Selbständigkeit im deutschen Umsatzsteuerrecht ist wie dargestellt, nur anhand des Innenverhältnisses zu überprüfen. Da sich dies eindeutig aus dem Wortlaut des § 2 Abs. 2 Nr. 1 UStG ergibt, ist eine richtlinienkonforme Auslegung nicht möglich. Es ist keine richtlinienkonforme Umsetzung des Art. 10 MwStSystRL erfolgt.

Die Selbständigkeit nach EG-Recht ist somit vom Innen- und Außenverhältnis abhängig. Da in Art. 10 MwStSystRL der Begriff „soweit" verwendet wird, muss jede Tätigkeit einer natürlichen Person separat beurteilt werden. So kann nach EG-Recht ein und dieselbe Person sowohl eine selbständige als auch eine unselbständige Tätigkeit ausüben. Sie ist allerdings mit *allen* selbständigen Tätigkeiten nur *ein* Unternehmer. Eine „Infizierung" der unselbständigen Tätigkeit durch die selbständige Tätigkeit hingegen gibt es nicht. Diese Regelung stimmt mit dem Umsatzsteuergesetz[187] überein, sodass insoweit eine richtlinienkonforme Umsetzung erfolgt ist.

2.2.3.4 Juristische Personen (Organschaft)

2.2.3.4.1 Einleitung

Die Frage der Selbständigkeit von juristischen Personen im Umsatzsteuerrecht ist zu einem großen Teil die Frage nach der Organschaft. Im nachfolgenden Abschnitt wird ein einleitender Überblick über die Organschaft gegeben und die Grundlagen für spätere, vertiefende Analysen geschaffen. Zweifelsfragen und Lösungsangebote im Zusammenhang mit einer Organschaft – insbesondere aus dem Blickwinkel der Holding – werden im Kapitel 4.5 (Organschaft) einer Analyse unterzogen.

2.2.3.4.2 Umsatzsteuergesetz

Juristische Personen sind grundsätzlich selbständig tätig. Die Selbständigkeit einer juristischen Person ist nur dann nicht gegeben, wenn sie eine Organgesellschaft im Rahmen einer Organschaft ist, § 2 Abs. 2 Nr. 2 UStG, oder soweit sie als Organ einer anderen Gesellschaft auftritt. Eine GmbH z. B. ist unselbständig, wenn sie als vertretungsberechtigte Gesellschafter einer Personengesellschaft tätig ist.[188] Eine isolierte Unselbständigkeit aufgrund von Beweisanzeichen wie bei

187 Auch § 2 Abs. 2 Nr. 1 UStG spricht von „soweit".

188 BFH, Urteil v. 17.07.1980, V R 5/72, BStBl. II 1980, 622, 623; vgl. auch *Birkenfeld,* USt-Handbuch, 2009, § 32, Rz. 55.

einer natürlichen Person kann sich für die juristische Person nicht ergeben. Denn die Arbeitnehmereigenschaft einer natürlichen Person und die Organschaft einer juristischen Person haben einen grundsätzlichen Unterschied.[189] Die natürliche Person befindet sich freiwillig in einem Anstellungsverhältnis und kann selbst entscheiden, ob und wann sie dieses verlässt. Die juristische Person ist, sobald sie einmal in einer Organschaft untergegangen ist, nicht mehr in der Lage die Abhängigkeit aus eigener Kraft zu lösen.[190] Sie ist als Organgesellschaft dem Willen des Organträgers ausgesetzt.[191] Die Organgesellschaft ist dergestalt untergeordnet, dass ein einheitliches Unternehmen unter dem Dach des Organträgers entsteht.[192] Der Organträger ist Steuerschuldner für die Umsatzsteuer auf die Umsätze aller Organgesellschaften.[193] Die Umsatzsteuerzahlungen der Organgesellschaften sind dem Organträger ebenfalls zuzurechnen.[194] Allerdings haftet die einzelne Organgesellschaft für die Umsatzsteuer, die für die Organschaft von Bedeutung ist, § 73 AO. Der Organträger ist für alle Pflichten verantwortlich, die sich aus dem § 18 UStG ergeben. Die Steuererklärungspflichten obliegen daher dem Organträger.

Damit eine Organschaft angenommen werden kann, muss die Organgesellschaft in das Unternehmen des Organträgers nach dem Gesamtbild der tatsächlichen Verhältnisse finanziell, wirtschaftlich und organisatorisch eingegliedert sein. Was genau darunter zu verstehen ist, hat sich über die Rechtsprechung[195] entwickelt und ist in den Verwaltungsvorschriften aufgeführt.[196] Unter finanzieller Eingliederung ist der Besitz der entscheidenden Anteilsmehrheit an der Organgesellschaft zu verstehen. Die wirtschaftliche Eingliederung bedeutet, dass die Organgesellschaft nach dem Willen des Unternehmers im Rahmen des Gesamtunternehmens, und zwar in engem wirtschaftlichem Zusammenhang mit diesem, wirtschaftlich tätig ist. Die organisatorische Eingliederung liegt vor, wenn der Organträger durch organisatorische Maßnahmen sicherstellt, dass in der Organgesellschaft sein Wille auch tatsächlich ausgeführt wird. Die drei Merkmale müssen im Gesamtbild betrachtet werden, das bedeutet, dass sie nicht unabhängig voneinander beurteilt werden sollen. Die Ausprägung aller Merk-

189 RFH, Urteil v. 23.02.1934, V A 480/93, RStBl. 1934, 623; RFH, Urteil v. 23.02.1935, V A 145/33, RStBl. 1934, 831.

190 Juristische Person heißt hier die Vertretungsberechtigten.

191 Vgl. hierzu *Klenk,* in: Sölch/Ringleb, UStG, 2010, § 2 UStG, Rz. 85.

192 Vgl. *Reiß,* in: Reiß/Kraeusel/Langer, UStG, 2010, § 2 UStG, Rz. 98.

193 Vgl. *Klenk,* in: Sölch/Ringleb, UStG, 2010, § 2 UStG, Rz. 140.

194 BFH, Urteil v. 07.07.1966, V 20/94, BStBl. III 1966, 613; BFH, Urteil v. 31.08.1987, V B 53/87, BFH/NV 1988, 201.

195 Z. B. frühes Urteil zur Unternehmereinheit: BFH, Urteil v. 15.06.1951, II 36/50 U, BeckRS 1951, 21005436; aktuelles Urteil: BFH, Urteil v. 29.10.2008, XI R 74/07, DStRE 2009, 29.

196 R 21 UStR.

male zusammen muss der Organschaft genügen. Ist ein Merkmal weniger stark ausgeprägt, dann kann die stärkere Ausprägung eines oder der beiden anderen Merkmale die Organschaft herbeiführen.[197] In gewissem Grad muss aber jedes der Merkmale vorhanden sein. Es ist eine Gesamtwürdigung des Sachverhalts vorzunehmen, damit die juristische Person ihre Selbständigkeit verliert und Organgesellschaft wird.

Die Organschaft tritt, wenn alle Merkmale erfüllt sind, zwingend ein. Hier besteht kein Wahlrecht für die beteiligten Gesellschaften. Der BFH hat im Jahr 2008 nochmals bestätigt, das sich ein Wahlrecht weder aus den nationalen Vorschriften noch dem Gemeinschaftsrecht ergibt.[198] In diesem Zwang sieht *Stadie* in mehrfacher Hinsicht einen Verstoß gegen das Verfassungsrecht[199] gegeben sowie eine mangelnde Deckung mit Art. 11 MwStSystRL.[200]

2.2.3.4.3 Mehrwertsteuersystemrichtlinie

Die Organschaft im EG-Recht ist in Art. 11 MwStSystRL manifestiert. Zu beachten ist, dass es sich hierbei um eine „Kannbestimmung" handelt. Die Mitgliedstaaten haben somit das Wahlrecht, eine nationale Regelung für ein Organschaftsverhältnis einzuführen. Wie bereits oben beschrieben, hat die deutsche Rechtsprechung grundsätzlich von diesem Wahlrecht Gebrauch gemacht und die Voraussetzungen für eine Organschaft geschaffen. Inwiefern die Umsetzung genau der Richtlinienvorgabe entspricht, wird nachfolgend dargestellt.

Der Art. 11 MwStSystRL besagt, „dass jeder Mitgliedstaat in seinem Gebiet ansässige Personen, die zwar rechtlich unabhängig, aber durch gegenseitige finanzielle, wirtschaftliche und organisatorische Beziehungen eng miteinander verbunden sind, zusammen als ein Steuerpflichtiger behandeln kann". Hieraus ergibt sich erst einmal, dass der Richtliniengeber von der ursprünglichen Selbständigkeit dieser ansässigen Personen ausgeht, denn Steuerpflichtiger kann gem. Art 9 Abs. 1 MwStSystRL nur sein, wer „selbständig" ist. Fraglich ist, wer alles unter den Begriff „Personen" fällt. Die Personen müssen rechtlich unabhängig sein. Die natürlichen und juristischen Personen fallen unstrittig unter diese Begrifflichkeit. Zum einen legt dies der reine Wortlaut nahe und zum anderen finden sich EuGH Urteile, die juristische und natürliche Personen in diesem Zu-

197 BFH, Urteil v. 23.07.1964, V 180/61, HFR 1965, 242; BFH, Urteil v. 27.08.1964, V 101/62 U, BStBl. III 1964, 539; BFH, Urteil v. 22.06.1967, V R 89/66, BStBl. III 1967, 175.

198 Vgl. z. B. BFH, Urteil v. 29.10.2008, XI R 74/07, DStRE 2009, 29; BFH, Urteil v. 28.11.2002, V B 12/02, BFH/NV 2003, 515.

199 Art. 3 Abs. 1, Art 9 Abs. 1 GG.

200 Vgl. *Stadie*, UStG, 2009, § 2 UStG, Rz. 194, 198 ff.

sammenhang bejahen.[201] Für Personenvereinigungen ist dies nicht so offensichtlich festzustellen. Wie aber bereits im Zusammenhang mit der Unternehmerfähigkeit in Kapitel 2.2.2 festgestellt worden ist, müssen mit „Personen“ in der Mehrwertsteuersystemrichtlinie grundsätzlich auch Personenzusammenschlüsse gemeint sein. In der Regelung zu Organschaft ergeben sich keine Anzeichen, warum von diesem Grundsatz abgewichen werden sollte. Der Nebensatz „die zwar rechtlich unabhängig [...] sind“ bedeutet nicht, dass die ansässige Person rechtsfähig sein muss. Sie muss lediglich unabhängig sein. Somit ist jede Personenvereinigung grundsätzlich auch eine Person im Sinne des Art. 11 MwStSystRL. Die deutsche Regelung zur Organschaft im § 2 Abs. 2 Nr. 2 UStG lässt hingegen nur juristische Personen als Organgesellschaften zu. Konkret ergibt sich daraus, dass nur juristische Personen des privaten Rechts als Organgesellschaften infrage kommen, da juristische Personen des öffentlichen Rechts mangels eines Grundkapitals nicht finanziell eingegliedert werden können.[202] Der Art. 11 MwStSystRL ist allerdings eine „Kann-Bestimmung“, sodass ein regelwidriger Verstoß durch das UStG gegen die Richtlinie in diesem Fall nicht gegeben ist. Den Mitgliedstaaten bleibt es freigestellt auch nur bestimmte „Personen“ in die Organschaftsregelung mit einzubeziehen. Allerdings verstößt eine Regelung, die nur juristische Personen als Organgesellschaft zulässt gegen die Rechtsformneutralität.[203] Der EuGH lässt grundsätzlich auch ein organschaftliches Verhältnis zu einer Personengesellschaft zu.[204]

Weiter ist die Ansässigkeit im Inland von Bedeutung. Daraus ergibt sich, dass eine grenzüberschreitende Organschaft nach der Mehrwertsteuersystemrichtlinie nicht möglich ist. Mit § 2 Abs. 2 Nr. 2 S. 2 UStG ist diese Vorgabe umgesetzt. *Hamacher/Grund*[205] sehen in den EuGH Urteilen DFDS[206] aus dem Jahr 1997 und FCE[207] aus dem Jahr 2006 jedoch eine Rechtfertigung, dass die grenzüberschreitende Organschaft europaweit normiert werden sollte. Dieser Ansicht ist zuzustimmen, sodass eine grenzüberschreitende Organschaft normiert werden sollte.

---

201 Vgl. EuGH, Urteil v. 20.06.1991, C-60/90, *Polysar BV,* UR 1993, 119; EuGH, Urteil v. 27.01.2000, C-23/98, *Heerma*, EuGHE 2000, 419; vgl. auch *Blankenheim*, Steuerpflichtiger und Unternehmerbegriff im Umsatzsteuerrecht, 2005, 256.

202 Vgl. *Stadie,* in: Rau/Dürrwächter, UStG, 2010, § 2 UStG, Anm. 674.

203 Vgl. *Birkenfeld*, UStG, 2009, § 44, Rz. 82.

204 EuGH, Urteil v. 27.01.2000, C-23/98, *Heerma*, EuGHE 2000, 419, Rz. 20 ff.

205 *Hamacher/Grund*, DStR 2006, 2157.

206 EuGH, Urteil v. 20.02.1997, C-260/95, *Commissioners of Customs & Ex/DFDS A/S*, DStRE 1997, 342.

207 EuGH, Urteil v. 23.03.2006, C-210/04, *FCE Bank*, IStR 2006, 283.

Für die finanzielle, wirtschaftliche und organisatorische Eingliederung im Sinne der Mehrwertsteuersystemrichtlinie gibt es keine Legaldefinition. Weder der EuGH noch die Literatur haben sich hierzu vertiefend geäußert. *Blankenheim*[208] bietet für die Merkmale eine erste Definition an. Danach ist die finanzielle Verbundenheit gegeben, „wenn die Anteile an beiden Gesellschaften von den gleichen Personen gehalten werden und somit die gleichen Personen in der Lage sind, ihren Willen in den nebengeordneten Gesellschaften durchzusetzen. Die wirtschaftliche Verbundenheit bedeutet, dass die Gesellschaften sich in der Ausübung ihrer Tätigkeiten gegenseitig ergänzen. Zwischen den Tätigkeiten muss mithin ein Zusammenhang bestehen. Eine enge organisatorische Verbundenheit ist dann zu bejahen, wenn die Willensbildung beider Gesellschaften durch die gleichen Personen beherrscht wird, beide Gesellschaften also von den gleichen Personen geleitet werden". Die deutsche Definition der drei Merkmale[209] sollte in großen Teilen deckungsgleich mit der Richtlinie sein. Der Unterschied besteht in den Begriffen „eingegliedert" und „verbunden". Die Eingliederung wird als ein strengeres Kriterium angesehen als die Verbundenheit[210], wodurch die Organschaft in Deutschland nicht so schnell erreicht wird wie nach der Mehrwertsteuersystemrichtlinie.

2.2.4 Gewerbliche oder berufliche Tätigkeit / wirtschaftliche Tätigkeit

2.2.4.1 Einleitung

Unternehmer ist, wer eine gewerbliche oder berufliche Tätigkeit selbständig ausübt, § 2 Abs. 1 S. 1 UStG. Gewerblich oder beruflich ist jede nachhaltige Tätigkeit zur Erzielung von Einnahmen, auch wenn die Absicht, Gewinn zu erzielen, fehlt oder eine Personenvereinigung nur gegenüber ihren Mitgliedern tätig wird, § 2 Abs. 1 S. 3 UStG.

Das EG-Recht spricht in Art. 9 Abs. 1 MwStSystRL von wirtschaftlicher Tätigkeit anstatt von gewerblicher oder beruflicher Tätigkeit. Als Steuerpflichtiger gilt, wer eine wirtschaftliche Tätigkeit unabhängig vom Ort, Zweck und Ergebnis selbständig ausübt. Als wirtschaftliche Tätigkeit gelten alle Tätigkeiten eines Erzeugers, Händlers oder Dienstleistenden einschließlich der Tätigkeiten der Urproduzenten, der Landwirte sowie der freien Berufe und der diesen gleichgestellten Berufen, Art. 9 Abs. 1 S. 2 MwStSystRL. Als wirtschaftliche Tätigkeit

208 Vgl. *Blankenheim*, Steuerpflichtiger und Unternehmerbegriff im Umsatzsteuerrecht, 2005, 260 ff.
209 Vgl. R 21 Abs. 4, 5, 6 UStR.
210 Vgl. *Heidner*, in: Bunjes/Geist, UStG, 2009, § 2 UStG, Rz. 111.

gilt insbesondere die Nutzung von körperlichen oder nicht körperlichen Gegenständen zur nachhaltigen Erzielung von Einnahmen, Art. 9 Abs. 1 S. 3 MwStSystRL.

Herauszuarbeiten sind neben dem eigentlichen Begriff „gewerbliche oder berufliche Tätigkeit / wirtschaftliche Tätigkeit", die Merkmale „jede nachhaltige Tätigkeit", „Erzielung von Einnahmen", „keine Gewinnerzielungsabsicht / Ergebnis der Tätigkeit", „Nutzung von Gegenständen" sowie „Zweck der Tätigkeit".

Im Nachfolgenden werden die Merkmale nach deutschem Umsatzsteuergesetz sowie nach EG-Recht dargestellt und soweit notwendig die richtlinienkonforme Umsetzung / Auslegung des deutschen Umsatzsteuergesetzes überprüft.

2.2.4.2 Gewerbliche oder berufliche Tätigkeit / wirtschaftliche Tätigkeit (i. e. S.)

Das Hauptmerkmal der umsatzsteuerlichen Unternehmereigenschaft ist die gewerbliche oder berufliche bzw. wirtschaftliche Tätigkeit. Wenn diese vorliegt, sind im zweiten Schritt die weiteren Merkmale zu prüfen, um die Unternehmereigenschaft festzustellen. Nach dem Gesetzeswortlaut gehen die einzelnen Merkmale jedoch zum Teil ineinander über und sind miteinander verwoben. Insbesondere der § 2 Abs. 1 S. 3 UStG scheint die gewerbliche oder berufliche Tätigkeit über diese Merkmale definieren zu wollen. Dabei kommt den Begrifflichkeiten „gewerbliche oder berufliche Tätigkeit" und der „wirtschaftlichen Tätigkeit" eine eigene wertende Bedeutung zu.[211] „Gewerblich/beruflich" sowie „wirtschaftlich" sind keine abstrakten Begriffe, sondern Typusbegriffe.[212] Deutlich wird dies insbesondere in der Mehrwertsteuersystemrichtlinie, welche die wirtschaftliche Tätigkeit mit verschiedenen Berufstypen bzw. Gruppen umschreibt und diese durch den Zusatz „und der diesen gleichgestellten Berufe" ergänzt. Die Vorschrift enthält keine Legaldefinition. Der Begriff der wirtschaftlichen Tätigkeit ist daher weit auszulegen.[213] Hierbei sind verschiedenen Kriterien gegeneinander abzuwägen, eine abschließende Aufzählung von bestimmten Tatbestands-

---

211 Vgl. *Klenk,* in: Sölch/Ringleb, UStG, 2010, § 2 UStG, Rz. 169.

212 Vgl. *Stadie,* in: Rau/Dürrwächter, UStG, 2010, § 2 UStG, Anm. 270.

213 EuGH, Urteil v. 26.03.1987, *Notare und Gerichtsvollzieher*, C-235/85, EuGHE 1987, 1471; EuGH, Urteil v. 15.06.1989, C-348/87, *SUFA*, EuGHE 1989, 1737; EuGH, Urteil v. 04.12.1990, C-186/89, *W.M. Van Tiem*, EuGHE 1990, 4363; EuGH, Urteil v. 20.06.1991, C-60/90, *Polysar BV*, UR 1993, 119; EuGH, Urteil v. 12.09.2000, C-359/97, *Kommission/Verein Kgr. Großbritannien und Nordirland*, UR 2000, 518; EuGH, Urteil v. 26.06.2003, C-305/01, *MKG-Kraftfahrzeuge-Factoring GmbH*, UR 2003, 399.

merkmalen ist aber nicht möglich. Insbesondere kommt den nachfolgenden Kriterien Indizwirkung zu[214]:

- Geschäftliche Tätigkeit/Planmäßigkeit;
- Eignung zur Überschusserzielung/Gewinnerzielungsabsicht;
- Dauer;
- Angebotene Tätigkeit am Markt/Marktbeteiligung;
- Unterhalten eines Geschäftsbetriebes;
- Umfang, Intensität und Gewicht der Tätigkeit/Höhe des Entgelts
- Überschreiten der Vermögensverwaltung.

Davon sind die Planmäßigkeit und die Gewinnerzielungsabsicht die stärksten und wichtigsten Kriterien. Diese Merkmale machen im Schwerpunkt die bereits vom RFH im Jahre 1919[215] und vom BFH[216] geforderte geschäftsmäßige Tätigkeit „wie ein Händler" aus. Obwohl die Nachhaltigkeit in Art. 9 Abs. 1 S. 1 und 2 MwStSystRL im Rahmen der originären wirtschaftlichen Tätigkeit nicht genannt ist, sondern erst im Rahmen der „Nutzungsüberlassung"[217], ist aufgrund der genannten Kriterien davon auszugehen, dass eine gewisse Nachhaltigkeit bei einer gewerblichen/beruflichen bzw. wirtschaftlichen Tätigkeit immer gegeben sein muss.[218]

Eine nur gelegentlich ausgeübte Tätigkeit kann in der Regel nicht wirtschaftlich sein. Eine Ausnahme kann hier das Tätigwerden aufgrund der Höhe der Einnahmen oder anderer besonderer charakteristischer Umstände bilden.[219] Umgedreht ist nicht jede regelmäßige Tätigkeit eine wirtschaftliche Tätigkeit, wie z. B. der Verkauf von Hausrat in größerem Umfang und regelmäßigen Abständen.[220] Die Tätigkeit muss nicht bestimmten Berufsbildern entsprechen, sondern es genügt, dass die Tätigkeit mit den in der Vorschrift genannten vergleichbar ist.[221]

214 Vgl. *Klose*, Der Begriff des Unternehmers und des Steuerpflichtigen im deutschen und europäischen Umsatzsteuerrecht, 2000, 103.

215 RFH, Urteil v. 07.02.1919, II D 1/19, RFHE I 1919, B 12, 16.

216 BFH, Urteil v. 10.05.1961, V 50/59, HFR 1962, 45; BFH, Urteil v. 13.12.1984, V R 32/74, UR 1985, 65; BFH, Urteil v. 20.12.1984, V R 25/76, BStBl. II 1985, 176.

217 Siehe Kapitel 2.2.4.3 (Nutzung von Gegenständen).

218 Vgl. *Langer,* in: Reiß/Kraeusel/Langer, UStG, 2010, Art. 4 6. EG-RL, Rz. 7.

219 Vgl. *Stadie,* in: Rau/Dürrwächter, UStG, 2010, § 2 UStG, Anm. 297, 283, 297.

220 Vgl. BFH, Urteil v. 29.06.1987, X R 23/82, BStBl. II 1987, 521; *Goertzen*, DStR 1996, 164.

221 Vgl. *Blankenheim*, „Steuerpflichtiger und Unternehmerbegriff im Umsatzsteuerrecht", 2005, 118.

2.2.4.3 Nutzung von Gegenständen

In Art. 9 Abs. 1 S. 3 MwStSystRL wird darüber hinaus als wirtschaftliche Tätigkeit „die Nutzung von körperlichen und nicht körperlichen Gegenständen zur nachhaltigen Erzielung von Einnahmen" fingiert („... als wirtschaftliche Tätigkeit „gilt" ..."). Dieser Tatbestand ist in der deutschen Umsetzung des § 2 Abs. 1 UStG nicht explizit niedergelegt. Diese Nutzung von Gegenständen ist in der vorliegenden Arbeit insbesondere von Interesse. Denn es stellt sich die Frage, inwiefern das Halten von Beteiligungen eine Nutzung von Gegenständen ist, die zur nachhaltigen Erzielung von Einnahmen führt.

Der Begriff der Nutzung bezieht sich auf alle Vorgänge ohne Rücksicht auf die Rechtsform, die darauf abzielen, aus dem betroffenen Gegenstand nachhaltig Einnahmen zu erzielen.[222] Mit der expliziten Erwähnung der Nutzungsüberlassung in dem Satz 3 der Norm wird insbesondere der nicht typisch wirtschaftlich Tätige mit in den Anwendungsbereich der Umsatzsteuer geholt. Denn die berufliche Nutzung von Gegenständen ist bereits im Rahmen des Satzes 2 erfasst. Der Satz 3 erfasst die nicht beruflichen Tätigkeiten, die aber unter den Begriff der „wirtschaftlichen Tätigkeit" fallen sollen. Deutlich wird dies anhand des Wortlautes „gilt" in der Vorschrift. Daraus geht hervor, dass der Satz 3 keinen klarstellenden Charakter hat, sondern den Anwendungsbereich erweitern möchte. Klassisches Beispiel ist die Vermietung eines Gegenstandes durch eine Privatperson, die als Nutzung anzusehen ist und eine wirtschaftliche Tätigkeit sein soll, wenn sie zur nachhaltigen Erzielung von Einnahmen vorgenommen wird.[223] Die Einräumung eines Erbbaurechts soll ebenfalls eine wirtschaftliche Tätigkeit sein, wenn der Eigentümer einer unbeweglichen Sache einem anderen dergestalt ein Erbbaurecht an der Sache einräumt, dass dieser andere für einen bestimmten Zeitraum gegen Zahlung einer Vergütung ein Nutzungsrecht an der unbeweglichen Sache erhält.[224]

Unter anderem aus dem EuGH Urteil „Floridienne"[225] sowie „Régie dauphinoise"[226] geht hervor, dass die Überlassung von Kapital gegen Zinsen grundsätzlich eine Nutzung im Sinne des Art. 9 Abs. 1 S. 3 MwStSystRL darstellt. Weiter ist die langfristige Anlage von Geld[227] auch vom allgemeinen Verständnis her eine „nachhaltige Erzielung von Einnahmen". Dies hätte zur Folge, dass je-

222 Vgl. EuGH, Urteil v. 04.12.1990, C-186/89, *W.M. Van Tiem*, EuGHE 1990, 4363.

223 Vgl. EuGH, Urteil v. 26.09.1996, C-230/94, *Enkler*, EuGHE 1996, 4517, 4545, Rdnr. 22.

224 Vgl. EuGH, Urteil v. 04.12.1990, C-186/89, *W.M. Van Tiem*, EuGHE 1990, 4363, 4387, Rdnr. 20.

225 Vgl. EuGH, Urteil v. 14.11.2000, C-142/99, *Floridienne SA / Berginvest SA*, DStRE 2000, 1268, Rdnr. 27 f.

226 Vgl. EuGH, Urteil v. 11.07.1996, C-306/94, *Régie dauphinoise,* EuGHE 1996, 3695.

227 Z. B. Festgeld, Wertpapieranlage.

der private Sparer ein umsatzsteuerlicher Unternehmer sein würde. Der private Sparer ist allerdings nach laufender Rechtsprechung[228] und dem Verständnis der Literatur[229] kein Unternehmer. Um den Sparer von der Umsatzsteuer fernzuhalten, muss man den Art. 9 Abs. 1 S. 3 MwStSystRL teleologisch reduzieren.[230] Die Bedeutung der Vorschrift ist die Erweiterung des Steuerpflichtigenbegriffs zur Erfassung aller Endverbraucherversorger. Der private Sparer versorgt mit der Überlassung des Kapitals den Darlehensnehmer (i. d. R. das Kreditinstitut). Trotzdem bringt das Unterhalten von Sparkonten keine Unternehmereigenschaft hervor, da diese Tätigkeit keine gewerbliche oder berufliche Tätigkeit im weiteren Sinne ist und daher nicht dem Typus des Unternehmers entspricht.[231]

Zentrale Frage für die vorliegende Arbeit ist, wie die „Nutzung" einer Beteiligung einzuordnen ist. Der Erwerb und das Halten von Beteiligungen ist nach EuGH Rechtsprechung[232] keine wirtschaftliche Tätigkeit, wenn die Beteiligung lediglich gehalten wird und – unbeschadet der Rechte als Aktionär oder Gesellschafter – nicht unmittelbar oder mittelbar in die Beteiligungsgesellschaft eingreift. Erst der „Eingriff in die Verwaltung"[233] soll die Unternehmereigenschaft begründen können. Fraglich ist, ob dieser Eingriff zwingend entgeltlich erfolgen muss oder nicht. In der Rechtssache „Polysar" war dies noch keine Voraussetzung, während in der nachfolgenden Rechtsprechung zu dieser Thematik eine Entgeltlichkeit gefordert wird. Die Tätigkeit gegenüber der Beteiligung soll eine Ausübung von Tätigkeiten i. S. d. Art. 2 MwStSystRL[234] sein. Dieser Thematik wird im Allgemeinen in Kapitel 3 und im speziellen in Kapitel 4.3 (Beteiligungen) ausführlich nachgegangen.

2.2.4.4 Nachhaltige Tätigkeit

Eine erbrachte Lieferung oder Leistung muss nachhaltig von einem Unternehmer erbracht worden sein. Eine isoliert betrachtete Tätigkeit lässt noch nicht zwingend erkennen, ob diese im Rahmen eines Unternehmens erbracht worden ist oder nicht. Zwei identische Tätigkeiten können entweder unternehmerisch bedingt oder nichtunternehmerisch bedingt sein. Der einmalige Verkauf z. B. eines

---

228 BFH, Urteil v. 01.02.1973, V R 2/70, BStBl 1973 II, 172; BFH, Urteil v. 11.10.1973, V R 14/73, BStBl 1974 II, 47.

229 Z. B. *Stöcker,* in: Peter/Burhoff/Stöcker, UStG, 2010, § 2 UStG, Rdnr. 207.

230 Vgl. Blankenheim, Steuerpflichtiger und Unternehmerbegriff im Umsatzsteuerrecht, 2005, 146 f.

231 Vgl. *Stadie,* in: Rau/Dürrwächter, UStG, 2010, § 2 UStG, Anm. 235.

232 Vgl. z. B. EuGH, Urteil v. 20.06.1991, C-60/90, *Polysar BV*, UR 1993, 119; EuGH, Urteil v. 14.11.2000, C-142/99, *Floridienne SA / Berginvest SA*, DStRE 2000, 1268.

233 Zur Auslegung des Begriffs siehe Kapitel 3.1.1.1 (EuGH).

234 In der Rechtsprechung noch der bis 31.12.2006 gültige Art. 2 der 6. EG-Richtlinie.

gebrauchten Gegenstandes aus Privatbesitz ist nicht unternehmerisch, während der Verkauf desselben gebrauchten Gegenstandes im Rahmen einer nachhaltigen Tätigkeit unternehmerisch ist.[235] Die Lieferung und Leistung muss von der Person nachhaltig erbracht worden sein. Tätigt eine Person die Leistung nur einmalig oder nur gelegentlich, dann ist diese nicht nachhaltig und somit nicht umsatzsteuerlich unternehmerisch. Unter Berücksichtigung des Grundsatzes, dass der Endverbraucher mit Umsatzsteuer belastet werden soll, erscheint es widersprüchlich, dass ein und dieselbe Tätigkeit einmal unternehmerisch und ein anderes Mal nicht unternehmerisch sein soll. Hier weicht der Grundsatz des Endverbraucherversorgers, dem Zwang der reinen Praktikabilität. Wer die Lieferung oder Leistung nur einmalig oder gelegentlich erbringt, soll aus dem Kreis der Steuereinsammler ausgeschlossen sein.[236] Der Nutzen der Erhebung einer indirekt erhobenen Verbrauchssteuer geht verloren, wenn jeder noch so kleine Leistungserbringer mit seinen geringen Umsätzen steuerlich erfasst und verwaltet würde. Darüber hinaus ist seit Einführung des Mehrwertsteuersystems im Jahre 1968[237] mit der Umsatzsteuerpflicht auch das Recht auf Vorsteuerabzug gegeben. Da deswegen die Unternehmereigenschaft nicht nur Vorteile für Staat und Verwaltung bringt, ist seit diesem Zeitpunkt der Unternehmerbegriff im Rahmen der Rechtsprechung[238] strenger ausgelegt worden. Vor dem Systemwechsel war die Nachhaltigkeit schon angenommen worden, wenn tatsächlich mehrere Handlungen unter Ausnutzung derselben Gelegenheit oder desselben dauernden Verhältnisses vorgenommen wurden[239], wenn einmalig eine Leistung in Wiederholungsabsicht ausgeführt wurde[240] oder, wenn ein auf Einnahmeerzielung gerichteter Dauerzustand hergestellt wurde[241].

---

235 Hier ergeben sich insbesondere im Rahmen von sog. Internetauktionen Probleme, da die Nachhaltigkeit nicht immer offensichtlich ist. Dadurch finden viele Auktionen in der Grauzone statt und werden nicht steuerlich erfasst. Dies gilt nicht nur umsatzsteuerlich, sondern auch ertragsteuerlich.

236 Vgl. *Reiß,* in: Reiß/Kraeusel/Langer, UStG, 2010, § 2 UStG, Rz. 49.

237 Mit Wirkung zum 01.01.1968: UStG 1967 v. 29.5.67, BGBl I 1967, 545.

238 Z. B. im Zusammenhang mit Kapitalanlagen, Freizeitbeschäftigungen und dem Verkauf von Jahreswagen; vgl. hierzu Klenk, in: Sölch/Ringleb, UStG, 2010, § 2, Rz. 7.

239 Vgl. RFH, Urteil v. 17.10.1941, V 121/41, RStBl.1942, 12; RFH, Urteil v. 22.01.1943, V 23/42, RStBl. 1943, 221; BFH, Urteil v. 03.06.1954, V 262/53 U, BStBl. III 1954, 238; BFH, Urteil v. 30.10.1962, V 90/60, HFR 1962, 188.

240 RFH, Urteil v. 17.10.1941, V 121/41, RStBl.1942, 12; RFH, Urteil v. 22.01.1943, V 23/42, RStBl. 1943, 221; BFH, Urteil v. 13.04.1961, V 94/59, HFR 1961, 262.

241 RFH, Urteil v. 27.04.1934, V A 90/34, RStBl. 1934, 796; RFH, Urteil v. 18.05.1934, V A 371/33, RStBl. 1934, 930; RFH, Urteil v. 12.05.1939, V 553/38, RStBl. 1939, 926; BFH, Urteil v. 13.04.1961, V 94/59, HFR 1961, 262; BFH, Urteil v. 25.11.1965, V 177/63, HFR 1966, 94; BFH, Urteil v. 16.12.1971, V R 41/68, BStBl. II 1972, 238.

Im Rahmen der Nettoallphasenumsatzbesteuerung[242] mit Vorsteuerabzug bedarf das Merkmal der Nachhaltigkeit einer besonderen Würdigung. Eine Gesamtbildbetrachtung der jeweils vorliegenden Verhältnisse ist notwendig, um ihn umsatzsteuerlich einschätzen zu können. Wie schon die Selbständigkeit[243] so ist auch die Nachhaltigkeit kein abstrakter Begriff, sondern ein Typusbegriff. Ein Typus lässt sich nicht definieren, sondern nur beschreiben.[244] Der BFH hat mit Urteil von 1991[245] Kriterien an die Hand gegeben, anhand derer gegeneinander abgewogen werden muss, ob eine Tätigkeit nachhaltig ist oder nicht:

- mehrjährige Tätigkeit;
- planmäßiges Handeln;
- auf Wiederholung angelegt Tätigkeit;
- die Ausführung mehr als nur eines Umsatzes;
- Vornahme mehrerer gleichartiger Handlungen unter Ausnutzung derselben Gelegenheit oder desselben dauernden Verhältnisses;
- langfristige Duldung eines Eingriffs in den eigenen Rechtskreis;
- Intensität des Tätigwerdens;
- Beteiligung am Markt;
- Auftreten wie ein Händler;
- Unterhalten eines Geschäftslokals;
- Auftreten nach außen, z. B. gegenüber Behörden.

Der genaue Wortlaut und die Systematik des § 2 Abs. 1 S. 1 i. V. m. S. 3 UStG erweckt den Anschein, dass die gewerbliche und berufliche Tätigkeit definiert wird, durch eine nachhaltige Tätigkeit zur Erzielung von Einnahmen. Gem. § 2 Abs. 1 S. 1 UStG ist Unternehmer, wer eine „gewerbliche oder berufliche Tätigkeit" selbständig ausübt. Nach Satz 3 ist dann gewerblich oder beruflich „jede nachhaltige Tätigkeit zur Erzielung von Einnahmen". Diese formal richtige

242 Allphasenbesteuerung bedeutet, dass auf allen Stufen des Wirtschaftsprozesses eine Besteuerung stattfindet. Netto bedeutet, dass die Vorsteuer in jeder Phase grundsätzlich geltend gemacht werden kann. Vgl. hierzu *Reiß,* in: Reiß/Kraeusel/Langer, UStG, 2010, Einführung, Rz. 16-22.

243 Vgl. Kapitel 2.2.3 (Selbständigkeit und Unabhängigkeit)

244 Vgl. *Stadie,* in: Rau/Dürrwächter, UStG, 2010, § 2 UStG, Anm. 271.

245 BFH, Urteil v. 18.07.1991, V R 86/87, BStBl. II 1991, 776; vgl. auch BFH, Urteil v. 30.07.1986, V R 41/76, BStBl. II 1986, 874; BFH, Urteil v. 13.02.1992, V R 112/87, BFH/NV 1993, 59; BFH, Urteil v. 24.11.1992, V R 8/89, BStBl. 1993, 379; BFH, Urteil v. 15.07.1993, V R 61/89, BStBl. II 1993, 810; BFH, Urteil v. 26.08.1993, V R 20/91, BStBl. II 1994, 54; BFH, Urteil v. 09.09.1993, V R 24/89, BStBl. II 1994, 57; BFH, Urteil v. 27.10.1993, XI R 86/90, BStBl. II 1994, 274; BFH, Urteil v. 16.06.1994, V R 98/92, BFH/NV 1995, 740; BFH, Urteil v. 12.12.1996, V R 23/93, BStBl. II 1997, 368; BFH, Urteil v. 15.03.2002, V B 137/01, BFH/NV 2002, 1503.

Schlussfolgerung wäre jedoch falsch.[246] Das Wort „nachhaltig“ bedeutet im Sprachgebrauch „sich auf längere Zeit stark auswirkend“ bzw. „auf längere Zeit anhaltend und wirkend“.[247] Hierdurch ist zusammen mit der „Erzielung von Einnahmen“ nicht die Bedeutung der „gewerblichen oder beruflichen“ Tätigkeit final beschrieben. Der Begriff der gewerblichen oder beruflichen Tätigkeit hat darüber hinaus – ebenso wie die „wirtschaftliche Tätigkeit gem. Art. 9 Abs. 1 S. 1 MwStSystRL – einen eigenen Wert, der zu beachten ist.[248] Das Begriffspaar „gewerblich oder beruflich“ wird fortlaufend im Umsatzsteuergesetz gebraucht.[249] Hierdurch wird der Unternehmerbegriff geprägt, ansonsten würde in diesen Passagen von „unternehmerischer Tätigkeit“ gesprochen werden. Unter Berücksichtigung der Vorgaben des EG-Rechts muss sich eine andere Schlussfolgerung aus der augenscheinlichen Definition ergeben. Gem. Art. 9 Abs. 1 S. 2 MwStSystRL gilt als wirtschaftliche Tätigkeit zum einen eine typologische Aufzählung aller Tätigkeiten bestimmter Berufe, zum anderen „diesen gleichgestellten Berufen“. Somit ist der § 2 Abs. 1 S. 3 UStG eher wie folgt zu verstehen: „Gewerblich oder beruflich ist auch jede andere vergleichbare nachhaltige Tätigkeit“.[250]

Vergleicht man die deutsche Umsetzung mit der Mehrwertsteuersystemrichtlinie, dann lässt sich eine weitere Abweichung feststellen. Gem. Art. 9 Abs. 1 S. 3 MwStSystRL gilt als wirtschaftliche Tätigkeit „insbesondere die Nutzung von körperlichen oder nicht körperlichen Gegenständen zur nachhaltigen Erzielung von Einnahmen“. In der deutschen Umsetzung führt jede nachhaltige Tätigkeit zur Erzielung von Einnahmen zu einer gewerblichen oder beruflichen Tätigkeit. Nach dem Wortlaut des § 2 Abs. 1 S. 3 UStG würde auch die private Vermögensverwaltung und die Vermögensumschichtung, soweit sie nachhaltig zur Erzielung von Einnahmen getätigt wird, zur umsatzsteuerlichen Unternehmereigenschaft führen. Die Mehrwertsteuersystemrichtlinie eröffnet mit ihrem Wortlaut nur die private Nutzung von Gegenständen, soweit diese zur nachhaltigen Erzielung von Einnahmen führt. Das Umsatzsteuergesetz erfasst somit alle privaten Tätigkeiten, die Richtlinienvorschrift nur die private Nutzungsüberlassung. Die deutsche Vorschrift ist weiter gefasst als die europäische Vorgabe. Daher ist der § 2 Abs. 1 S. 3 UStG ein weiters mal einzuschränken und teleologisch in den Grenzen der Richtlinie zu reduzieren. Er darf nur die private Nutzungsüberlassung erfassen und nicht alle privaten Tätigkeiten.[251]

---

246 Vgl. *Stadie,* in: Rau/Dürrwächter, UStG, 2010, § 2 UStG, Anm. 266.

247 Vgl. *Stadie,* in: Rau/Dürrwächter, UStG, 2010, § 2 UStG, Anm. 264.

248 Vgl. *Klenk,* in: Sölch/Ringleb, UStG, 2010, § 2 UStG, Rz. 169.

249 Z. B. §§ 2 Abs. 2, Abs. 3, 3a Abs. 4 Nr. 9a, 16 Abs. 3, 18 Abs. 2 S. 4, 19 Abs. 3 S. 3 UStG.

250 Vgl. *Stadie,* in: Rau/Dürrwächter, UStG, 2010, § 2 UStG, Anm. 267.

251 Vgl. *Blankenheim,* Steuerpflichtiger und Unternehmerbegriff im Umsatzsteuerrecht, 2005, 180 f.

2.2.4.5 Erzielung von Einnahmen

Die in § 2 Abs. 1 S. 3 UStG geforderte „Erzielung von Einnahmen" ist nach BFH[252] und EuGH[253] Rechtsprechung so zu verstehen, dass Umsätze im Sinne des § 1 Abs. 1 Nr. 1 UStG ausgeführt werden müssen. Daraus folgt, dass ein Entgelt gegeben sein muss, damit die Erzielung von Einnahmen und somit ein umsatzsteuerlicher Unternehmer angenommen werden kann. Nur im Rahmen eines Umsatzes kann der Unternehmer die Umsatzsteuer auf den Abnehmer – und in letzter Konsequenz auf den Endverbraucher – abwälzen. Fraglich ist jedoch, ob die Erzielung von Einahmen tatsächlich gegen *Entgelt* erfolgen muss. Der § 2 UStG bzw. Art. 9 MwStSystRL regeln die persönliche Steuerpflicht. Der § 1 UStG bzw. Art. 2 MwStSystRL regeln die sachliche Steuerpflicht. Nach allgemeinen Grundsätzen ist in allen Steuerarten die persönliche Steuerpflicht von der sachlichen Steuerpflicht zu trennen.[254] Somit auch im Umsatzsteuerrecht. Für die persönliche Steuerpflicht wird die „Erzielung von Einnahmen" vorausgesetzt bzw. nach EG-Recht nur im Rahmen einer Nutzungsüberlassung. Daraus ergibt sich, dass mit Erfüllung dieses Merkmales bzw. schon ohne dieses Merkmal (EG-Recht) ein Unternehmer bzw. Steuerpflichtiger angenommen werden kann. Erst in einem zweiten Schritt wird die sachliche Steuerpflicht überprüft. Hier lautet es, das ein Unternehmer bzw. Steuerpflichtiger eine Lieferung bzw. sonstige Leistung gegen Entgelt vornehmen muss, damit der Umsatz der Umsatzsteuer unterliegt. Die Entgeltlichkeit ist also nur ein Kriterium, damit ein steuerbarer Umsatz vorliegt und nicht damit ein Unternehmer bzw. Steuerpflichtiger gegeben ist. Zuerst muss die persönliche Steuerpflicht vorliegen und erst dann kann Entgelt die sachliche Steuerpflicht hervorbringen.[255] Aber selbst für die sachliche Steuerpflicht ist ein Entgelt nicht zwingend notwendig. Im Umsatzsteuergesetz selber gibt es einige Tatbestände, die ohne Entgelt einen Umsatz fingieren. Gem. § 3 Abs. 12 UStG kann das Entgelt im Rahmen eines Tausches auch aus einer Lieferung oder einer sonstigen Leistung bestehen. Darüber hinaus kann auch Umsatzsteuer anfallen, wenn einer Lieferung oder sonstigen Leistung gar keine Gegenleistung gegenübersteht. So ist z. B. das Verbringen eines Ge-

---

252 RFH, Urteil v. 07.02.1919, II D 1/19, RFHE I 1919, B 12, 16; BFH, Urteil v. 31.07.1969, V 94/65, BStBl. II 1969, 637; BFH, Urteil v. 17.07.1980, V R 5/72, BStBl. II 1980, 622; BFH, Urteil v. 04.11.1982, V R 4/77, BStBl. II 1983, 156; BFH, Urteil v. 20.12.1984, V R 25/76, BStBl. II 1985, 176; BFH, Urteil v. 20.01.1988, X R 48/81, BStBl. II 1988, 557; BFH, Urteil v. 19.05.1993, V R 45/88, BStBl. II 1993, 564.

253 EuGH, Urteil v. 01.04.1982, C-89/81, *Hong-Kong Trade*, EuGHE 1982, 1277; EuGH, Urteil v. 05.02.1981, C-154/80, *Aardappelenbewaarplaats*, EuGHE 1981, 445.

254 *Leicht,* in: Beck'sches Steuer- und Bilanzrechtslexikon, Edition 2/10, Rn 1-12.

255 Vgl. *Blankenheim*, Steuerpflichtiger und Unternehmerbegriff im Umsatzsteuerrecht, 2005, 86 ff.

genstandes des Unternehmens aus dem Inland in das übrige Gemeinschaftsgebiet durch einen Unternehmer zu seiner Verfügung als Lieferung gegen Entgelt anzusehen, § 3 Abs. 1a UStG. Ebenso wird die Entnahme, die unentgeltliche Zuwendung an Personal oder ein Geschenk einer Lieferung gegen Entgelt lediglich gleichgestellt, § 3 Abs. 1b UStG.

Die Erzielung von Einnahmen ist somit weiter auszulegen. Die „Einnahme" muss nicht in Form einer entgeltlichen Vergütung daherkommen. Der Unternehmer muss eine wirtschaftliche Leistung zur Erzielung von Gegenleistungen erbringen bzw. erbringen wollen. Eine Leistung muss dem Empfänger einen „verbrauchbaren" Nutzen bzw. Vorteil verschaffen.[256]

Weiter bedeutet Tätigkeit „zur" Erzielung von Einnahmen nicht, dass die Erzielung der Einnahmen primäre Motivation der Tätigkeit sein muss. Die Tätigkeit muss lediglich zur Erzielung von Einnahmen geführt haben, auch wenn diese nicht im Vordergrund des Handelnden gestanden hat, wie z. B. bei öffentlichrechtlichen, ideellen, karitativen und gemeinnützigen Tätigkeiten.[257]

Art. 9 Abs. 1 MwStSystRL gibt für die wirtschaftliche Tätigkeit nicht grundsätzlich vor, dass diese auf die Erzielung von Einnahmen gerichtet sein muss. Vielmehr ist die (nachhaltige) Erzielung von Einnahmen nur bei der Nutzung von körperlichen oder nichtkörperlichen Gegenständen gem. Art. 9 Abs. 1 S. 3 MwStSystRL notwendig. Wie bereits im Zusammenhang mit der „Nachhaltigkeit" dargestellt, betrifft diese Passage nur die private Nutzungsüberlassung. Die originäre wirtschaftliche Tätigkeit wird bereits in Satz 2 über die dort genannten Leistungsbilder erreicht. Dort ist die Erzielung von Einnahmen nicht explizit genannt, auch wenn man in der Regel davon ausgehen kann, dass Einnahmen erzielt werden. Für die deutsche Umsetzung bedeutet dies, dass die gewerbliche oder berufliche Tätigkeit grundsätzlich auch erstmal nicht die Erzielung von Einnahmen voraussetzt. Die Legaldefinition in § 2 Abs. 1 S. 3 UStG für die gewerbliche oder berufliche Tätigkeit über die nachhaltige Erzielung von Einnahmen ist wie oben dargestellt[258] nicht richtlinienkonform.

Zusammenfassend bleibt hier festzuhalten, dass:

- die Erzielung von Einnahmen weit auszulegen ist, insbesondere nicht zwingend ein Entgelt vorliegen muss,
- die Erzielung von Einnahmen nicht der primäre Beweggrund des Unternehmers sein muss und
- die Erzielung von Einahmen nicht notwendig ist, damit die persönliche Steuerpflicht (Unternehmer bzw. Steuerpflichtiger) angenommen werden kann.

---

256 Vgl. *Stadie,* in: Rau/Dürrwächter, UStG, 2010, § 2 UStG, Anm. 165 ff.

257 Vgl. FG Münster, Urteil v. 25.05.1994, 15 K 5247/87 U, EFG 1994, 810.

258 Vgl. Kapitel 2.2.4.4 (Nachhaltige Tätigkeit).

2.2.4.6 Fehlende Gewinnerzielungsabsicht / Ergebnis der Tätigkeit

Eine Absicht Gewinne zu Erzielen ist nach dem Wortlaut des § 2 Abs. 1 S. 3 UStG nicht notwendig, um eine gewerbliche oder berufliche Tätigkeit zu begründen. Auch gem. Art. 9 Abs. 1 S. 1 MwStSystRL ist die wirtschaftliche Tätigkeit unabhängig von dem Ergebnis. Der „wirtschaftliche Geschäftsbetrieb" i. S. d. § 14 AO erfordert ebenfalls gem. S. 2 keine Gewinnerzielungsabsicht. Dabei ist grundsätzlich für die gewerbliche und berufliche Tätigkeit die Gewinnerzielungsabsicht ein wesentliches Merkmal, wie in Kapitel 2.2.4.2 im Rahmen der Kriterien mit Indizwirkung dargestellt wurde.[259]

Die Umsatzsteuer ist als indirekte Verbrauchssteuer ausgelegt und soll den Endverbraucher belasten.[260] Für eine Steuer, bei der die Abwälzung auf den Endverbraucher im Vordergrund steht, kann es daher nicht maßgebend sein, welche subjektiven Merkmale der Endverbraucherversorger erfüllt oder nicht. Das Abstellen auf eine Gewinnerzielungsabsicht bei Unternehmer würde die Besteuerung des privaten Verbrauchs einschränken und einen Teil des Verbrauchs von der Besteuerung ausschließen.[261] Für den Verbraucher ist es unerheblich, welche Motive eine Person zur Erbringung der Leistung bewegt.[262] Daher ist grundsätzlich unerheblich, ob die Einnahmen, nur die Selbstkosten decken oder der Unternehmer sogar mit Verlust arbeitet. Hierdurch offenbart sich der grundlegende Unterschied zwischen der Einkommensteuer als direkte Steuer auf das vom Steuerpflichtigen selbst erwirtschaftete Einkommen und der Umsatzsteuer, die als indirekte Verbrauchssteuer die Aufwendungen des Endverbrauchers erfassen möchte.[263] Dazu hat bereits der RFH[264] ausgeführt, dass die Umsatzsteuer auf den Unternehmer nicht als Steuerträger abziele, sondern nur als Steuerzahler, der die Steuer auf den Leistungsempfänger abwälze.

---

259 BGH, Urteil v. 22.01.1976, VII ZR 280/75, BGHZ 1976, 48; BGH, Urteil v. 22.04.1982, VII ZR 191/81, BGHZ 1983, 382; BGH, Urteil v. 02.07.1985, X ZR 77/84, BGHZ 1985, 155; BAG, Urteil v. 17.02.1987, 3 AZR 197/85, NJW 1988, 22; vgl. auch *Stadie,* in: Rau/Dürrwächter, UStG, 2010, § 2 UStG, Anm. 374.

260 Vgl. Kapitel 3.2.3 (Endverbrauchertheorie).

261 Vgl. bereits RFH, Urteil v. 07.02.1919, II D 1/19, RFHE I 1919, 12, 15: „ Der Grund, das Umsatzsteuergesetz von dem Erfordernis dauernder Gewinnerzielungsabsicht absieht, ist der, dass das Gesetz es auf den Steuerpflichten überhaupt nicht als auf den eigentlichen Steuerträger abgesehen hat, sondern dass der Steuerpflichtige dem Staate gegenüber nur als Steuerzahler in Betracht kommen soll. Das Gesetz rechnet … nach der ganzen Natur der Steuer mit der Möglichkeit ihrer Abwälzung."; vgl. auch *Reiß,* in: Reiß/Kraeusel/Langer, UStG, 2010, § 2 UStG, Rz. 58.

262 Vgl. *Popitz,* in: Popitz/Kloß/Grabower, UStG, 1928, 323.

263 Vgl. *Reiß,* in: Reiß/Kraeusel/Langer, UStG, 2010, § 2 UStG, Rz. 58.

264 RFH, Urteil v. 07.02.1919, II D 1/19, RFHE I 1919, B 12, 15.

Unter Beachtung des oben genannten bleibt aber trotzdem die Frage, ob es tatsächlich immer ausreichend ist, wenn der (vermeintliche) Unternehmer bzw. Steuerpflichtige nur die Erzielung von Einnahmen vorweisen kann, ohne dabei Gewinn zu erzielen. Die umsatzsteuerliche Unternehmereigenschaft ist im Ganzen unter Beachtung des Gesamtbildes zu ermitteln. Wie in den vorhergehenden Ausführungen dargestellt, werden die einzelnen Merkmale der Unternehmereigenschaft fast alle typologisch hergeleitet. Das Merkmal „unabhängig vom Ergebnis" hingegen ist nicht typologisch, sondern schließt lediglich eine Eigenschaft aus, die eigentlich für eine unternehmerische Tätigkeit angenommen würde. Die fehlende Gewinnerzielung soll nicht *alleine* als Knock-out-Kriterium gegen die Unternehmereigenschaft wirken.[265] Eine Gewinnerzielung ist nicht zwingend für die Unternehmereigenschaft, aber wenn die anderen Merkmale (Selbständigkeit, Nachhaltigkeit, usw.) nicht ausgeprägt genug sind, dann sollte das Ergebnis der Tätigkeit im Rahmen einer Gesamtabwägung zur Beurteilung mit einfließen. Hierdurch wird die Bedeutung der Gewinnerzielungsabsicht, wie sie im Ertragsteuerrecht gegeben ist, abgeschwächt und nur noch als eines von vielen Entscheidungskriterien zugelassen.

Diese Ansicht wird u. a. gestützt von dem EuGH Urteil aus dem Jahre 1996 in der Sache „Enkler".[266] Im Fall Enkler fragte der vorlegende Bundesfinanzhof, ob eine selbständige Tätigkeit, die in der Vermietung eines körperlichen Gegenstandes besteht, eine „wirtschaftliche Tätigkeit" i. S. v. Art. 4 Abs. 2 S. 2 der 6. EG-Richtlinie (seit 01.01.2007 Art. 9 Abs. 1 S. 3 MwStSystRL). Hierbei ergab sich unter anderem das Problem, inwieweit das „Ergebnis der Tätigkeit" für die Beurteilung als „nachhaltig" relevant ist. Der EuGH führte dazu aus, dass grundsätzlich das Ergebnis der Tätigkeit unerheblich sei, dass aber dennoch die tatsächliche Dauer der Vermietung des Gegenstandes, die Zahl der Kunden und die Höhe der Einnahmen (also letztendlich auch der Gewinn) mit in die Beurteilung einfließen. Der Gewinn ist also im Rahmen einer Gesamtwürdigung zu berücksichtigen.[267] In der Literatur hat das Urteil des EuGH ebenfalls Zustimmung gefunden.[268]

Da die Gewinnerzielungsabsicht wie dargestellt aber nicht zwingend notwendig ist, wenn die übrigen Kriterien die Unternehmereigenschaft hervorbringen, schlussfolgert die Verwaltung daraus, dass die einkommensteuerrechtliche Lieb-

---

265 Vgl. *Blankenheim*, Steuerpflichtiger und Unternehmerbegriff im Umsatzsteuerrecht, 2005, 86.

266 EuGH, Urteil v. 26.09.1996, C-230/94, *Enkler*, EuGHE 1995, 4517.

267 Vgl. auch *Blankenheim*, Steuerpflichtiger und Unternehmerbegriff im Umsatzsteuerrecht, 2005, 61 f.

268 Vgl. *Widmann*, UR 1996, 421; *Haunold/Tumpel/Widhalm*, SWI 1997, 35, 38; *Klose*, Der Begriff des Unternehmers und des Steuerpflichtigen im deutschen und europäischen Umsatzsteuerrecht, 2000, 95, 105.

haberei einen umsatzsteuerlichen Unternehmer hervorbringen kann. Im BMF-Schreiben vom 14.07.2000[269] heißt es somit: „Wenn Nachhaltigkeit gegeben ist, kann nach geltendem Recht die Unternehmereigenschaft auch durch eine ertragsteuerlich als Liebhaberei eingestufte Tätigkeit erlangt werden“. Allerdings erscheint es schwierig eine nachhaltige Tätigkeit anzunehmen, wenn einkommenssteuerlich Liebhaberei vorliegt.

In Art. 9 Abs. 1 MwStSystRL wird die Unerheblichkeit der Gewinnerzielung schon im ersten Satz, im Rahmen der einleitenden Beschreibung einer wirtschaftlichen Tätigkeit angebracht. Die deutsche Umsetzung im § 2 Abs. 1 UStG weist darauf erst im dritten Satz hin. Wie oben[270] erarbeitet, ist der dritte Satz bei richtlinienkonformer Auslegung eine Vorschrift, welche die private Nutzungsüberlassung mit in den umsatzsteuerlichen Wirkungskreis holt. Demnach ist nur bei den beschriebenen privaten Vorgängen eine fehlende Gewinnerzielung unbedeutend. Für die originär gewerblichen oder beruflichen Tätigkeiten sollte zumindest eine Gewinnerzielungs*absicht* vorhanden sein. Dem widerspricht aber der Wortlaut des Art. 9 Abs. 1 S. 1 MwStSystRL. Auch eine reine wirtschaftliche Tätigkeit braucht kein bestimmtes Ergebnis vorweisen können. Hier sollte eine Einteilung vorgenommen werden. Die originäre gewerbliche oder berufliche bzw. wirtschaftliche Tätigkeit ist mit Gewinnerzielungsabsicht zu erbringen, die private Nutzungsüberlassung hingegen braucht die Gewinnerzielungsabsicht nicht zwingend vorweisen können.

In der Mehrwertsteuersystemrichtlinie und dem Umsatzsteuergesetz ist im Rahmen der Gewinnerzielungsabsicht ein weiterer Unterschied festzustellen. Der § 2 Abs. 1 S. 3 UStG schreibt „... auch wenn die *Absicht*, Gewinn zu erzielen, fehlt ...“. In dem Art. 9 Abs. 1 S. 1 MwStSystRL hingegen steht lediglich „... unabhängig von ihrem [...] Ergebnis ...“. Aus der Richtlinie und dem Unterschied zur deutschen Umsetzung lässt sich schließen, dass das EG-Recht eine Gewinnerzielungs*absicht* voraussetzt. Wenn sich dann das Ergebnis nicht als Gewinn darstellt, ist dies erst dann unerheblich. Die deutsche Umsetzung möchte aber auch die Fälle erfassen, bei denen die Gewinnerzielungsabsicht gar nicht gegeben ist, und eröffnet dadurch die Möglichkeit z. B. auch die Liebhaberei zumindest einer Prüfung zu unterziehen. Der deutsche Gesetzgeber hält sich dadurch anscheinend offen, den Kreis des Unternehmers auszuweiten, soweit dies in seinem Interesse[271] sein könnte.

---

269 BMF-Schreiben v. 14.07.2000, IV D 1 – S 7303a – 5/00, UR 2000, 399.

270 Vgl. Kapitel 2.2.4.4 (Nachhaltige Tätigkeit).

271 Interesse heißt hier Erhöhung der steuerlichen Einnahmen.

2.2.4.7 Zweck der Tätigkeit

Nach dem Wortlaut des Art. 9 Abs. 1 S. 1 MwStSystRL ist die wirtschaftliche Tätigkeit unabhängig von dem „Zweck". Das Umsatzsteuergesetz enthält keine vergleichbare Ausführung zu dem Zweck einer Tätigkeit. Die Abgabenordnung hält eine Vorschrift bereit, die gesetz- und sittenwidriges Handeln betrifft. Gem. § 40 AO ist es für die Besteuerung unerheblich, ob ein Verhalten, das den Tatbestand eines Steuergesetzes ganz oder zu Teil erfüllt, gegen ein gesetzliches Gebot oder Verbot oder gegen die guten Sitten verstößt. Gem. § 1 Abs. 1 S. 1 AO gelten die Vorschriften der Abgabenordnung für alle Steuern einschließlich der Steuervergütungen, die durch Bundesrecht oder Recht der Europäischen Gemeinschaft geregelt sind, soweit sie durch Bundesfinanzbehörden oder durch Landesfinanzbehörden verwaltet werden. Der § 40 AO ist somit im Umsatzsteuerrecht anwendbar.[272] Daraus folgt, dass es für die Bestimmung der persönlichen und auch sachlichen Umsatzsteuerpflicht unerheblich ist, ob und welchen Zweck die Tätigkeit verfolgt. Der Verstoß gegen ein gesetzliches Gebot oder Verbot oder gegen die guten Sitten ist kein Ausschlusskriterium aus dem Anwendungsbereich der Umsatzsteuer.[273]

Der EuGH hat bei der Auslegung des „Zwecks der Tätigkeit" Einschränkung vorgenommen. Nach EuGH Rechtsprechung[274] soll der Handel mit Betäubungsmitteln umsatzsteuerlich nicht relevant sein, da dieser bereits von dem in Art. 2 MwStSystRL festgelegten Anwendungsbereich der Mehrwertsteuer ausgenommen sei. Insbesondere entstehen für die Einfuhr kein Einfuhrzoll und keine Einfuhrumsatzsteuer. Die Literatur[275] hat diese Rechtsprechung überwiegend kritisiert und abgelehnt. Denn für die Frage der Unternehmereigenschaft ist der

---

272 Vgl. *Drüen,* in: Tipke/Kruse, AO, 2010, § 3 AO, Tz. 78; *Kruse,* in: Tipke/Kruse, AO, 2010, § 40 AO, Tz. 9;

273 Vgl. RFH, Urteil v. 31.01.1922, V D 1/21, RFHE 8, 100; RFH, Urteil v. 28.04.1922, V A 25/22, StuW 1922, 881; RFH, Urteil v. 07.02.1930, V A 785/29, RStBl. 1930, 386; BFH, Urteil v. 04.06.1987, V R 9/79, BStBl. II 1987, 653; *Schön,* in: Nieskens, UStKongrBer 2001/02, 2002, 17, 38; *Kruse,* in: Tipke/Kruse, AO, 2010, § 40 AO, Tz. 3; *Stadie,* in: Rau/Dürrwächter, UStG, 2010, § 2 UStG, Anm. 171; *Fischer,* in: Hübschmann/Hepp/Spitaler, AO, 2010, § 40 AO, Rz. 34.

274 EuGH, Urteil v. 05.02.1981, C-50/80, *Aardappelenbewaarplaats*, EuGHE 1981, 385; EuGH, Urteil v. 26.10.1982, C-221/81, *Wolf Rechtssache*, EuGHE 1982, 3681; EuGH, Urteil v. 28.02.1984, C-294/82, *Betäubungsmittel,* EuGHE 1984, 1177; EuGH, Urteil v. 05.07.1988, C-269/86, *W.J.R. Mol*, EuGHE 1988, 3627; EuGH, Urteil v. 05.07.1988, C-289/86, *Happy Family*, EuGHE 1988, 3655.

275 *Hesse*, ZfZ 1984, 194; *Schön*, in: Nieskens, UStKongrBer 2001/02, 2002, 17, 39; *Widmann*, UR 1989, 10; *Weiß*, UR 1989, 311; *Dziadkowski*, StVj 1989, 326; *Dziadkowski*, UVR 1990, 195; *Lohse/Spetzler*, StVj 1990, 274; *Fischer,* in: Hübschmann/Hepp/Spitaler, AO, 2010, § 40 AO, Rz. 47.

Zweck der wirtschaftlichen Tätigkeit unerheblich, wie dem Wortlaut der Richtlinie eindeutig entnehmen ist. Eine Eingrenzung des Begriffs ist unzulässig, sodass auch illegale und sittenwidrige Tätigkeiten eine wirtschaftliche Tätigkeit i. S. d. Art. 9 Abs. 1 S. 1 MwStSystRL auslösen können.[276]

276 Vgl. *Blankenheim*, „Steuerpflichtiger und Unternehmerbegriff im Umsatzsteuerrecht", 2005, 49 ff., 82f.

3. Theorien zur Unternehmereigenschaft der Holding

3.1 Vorbemerkung: Rechtsprechung, Finanzverwaltung und Diskussionsstand in der Literatur

Nachdem die umsatzsteuerliche Unternehmereigenschaft und der Begriff der Holding getrennt ausgewertet wurden, werden nachfolgend beide Bereiche zusammengeführt. Dabei sind im Kontext der umsatzsteuerlichen Unternehmereigenschaft einer Holding zahlreiche Fragen offen.[277] Ein zufriedenstellender Ansatz zu dieser Thematik kann bisher nicht geliefert werden. Zur Erarbeitung von Lösungsvorschlägen bedarf es einer vertiefenden Analyse über die Entwicklung der Rechtsprechung – sowohl des BFH als auch des EuGH – sowie einer Systematisierung der wissenschaftlichen Beiträge. Die Ansichten der Finanzverwaltung müssen ebenfalls kritisch aufgearbeitet werden. Hierdurch können die verschiedenen Theorien zur Unternehmereigenschaft einer Holding herausgefiltert und bewertet werden. Auf dieser Grundlage wird die Fortführung bestehender und die Entwicklung eigener Lösungsansätze ermöglicht. Da die Rechtsprechung ein Kernelement bei der Fortentwicklung der Rechtslage ist, konzentriert sich die Analyse insbesondere auf diese Entwicklung. Dabei wird jedes Urteil *unmittelbar* individuell gewürdigt, sodass in Kapitel 4 die Lösungen ausgewählter Sachverhalte anhand der Ergebnisse übersichtlich und kompakt gestaltet werden können.

Nach der Analyse der Rechtsprechung, Finanzverwaltung und Literatur wird die klassische Sphärentheorie der deutschen Rechtsprechung / Finanzverwaltung dargestellt. Diese lässt sich in eine richtlinienfreundlichere, modifizierte Sphärentheorie überleiten. Aus der Tatsache, dass nur ein Endverbraucher und nicht der Unternehmer final mit Umsatzsteuer belastet werden soll, ergibt sich die Endverbrauchertheorie. Dieser veränderte Blickwinkel ermöglicht neue Denkansätze. Abschließend wird die Mikrounternehmertheorie erarbeitet. Die Mikrounternehmertheorie bündelt richtige Ansätze der bestehenden Theorien und fügt neue Elemente mit ein.

277 Vgl. Kapitel 4 (Lösungs- und Gestaltungsansätze strittiger Sachverhalte anhand der Mikrounternehmertheorie).

3.1.1 Entwicklung in der Rechtsprechung

3.1.1.1. EuGH

Der Europäische Gerichtshof hat sich erstmals mit der Unternehmereigenschaft einer Holding und deren Vorsteuerabzug in dem „Polysar"[278] Urteil aus dem Jahre 1991 beschäftigt. Die EuGH Rechtsprechung liefert seitdem regelmäßig[279] neuen „Zündstoff" für die Diskussion zum Umfang der Unternehmereigenschaft einer Holding. Dabei bietet der EuGH zwar neue Erkenntnisse, die Diskussionen vermag er dadurch aber nicht abschließend zu beenden.

Die EuGH Rechtsprechung beschäftigt sich im Schwerpunkt mit drei hier relevanten Bereichen. Zum einen ergeht die Rechtsprechung zu der umsatzsteuerlichen Unternehmereigenschaft, d. h. der Frage, ob eine wirtschaftliche Tätigkeit vorliegt. Zum anderen äußert sich der EuGH zu dem Vorsteuerabzug und zu dem Vorsteuerschlüssel. Darüber hinaus sind weitere Urteile von Relevanz, z. B. bezüglich des „Entgelts" und dem Begriff der „Nutzung". Die Entwicklung in den drei Bereichen wird im Nachfolgenden aufgezeichnet und ausgewertet. Mit einem anschließenden Fazit ergibt sich eine für die nachfolgenden Analysen geeignete Gesamtschau.

Es bleibt darauf hinzuweisen, dass aus Gründen der Übersichtlichkeit bei den nachfolgenden Besprechungen der Urteile grundsätzlich die aktuellen Artikel der Mehrwertsteuersystemrichtlinie herangezogen werden, auch wenn in den Urteilen selber auf vorangegangene Richtlinien Bezug genommen wird. Da sich in der Regel nur die Nummerierung der Artikel geändert hat, wird diese Vorgehensweise angewendet.[280] Nur wenn ein alter Artikel nicht in der aktuellen Richtlinie aufgegangen ist oder sich inhaltlich geändert hat, wird auf diesen verwiesen.

---

278 EuGH, Urteil v. 20.06.1991, C-60/90, *Polysar BV*, UR 1993, 119.

279 EuGH, Urteil v. 20.06.1991, C-60/90, *Polysar BV*, UR 1993, 119; EuGH, Urteil v. 22.06.1993, C-333/91, *Sofitam*, DB 1994, 25; EuGH, Urteil v. 06.02.1997, C-80/95, *Harnas & Helm*, EuGHE 1997, 745; EuGH, Urteil v. 14.11.2000, C-142/99, *Floridienne SA/Berginvest SA*, DStRE 2000, 1268; EuGH, Urteil v. 27.07.2001, C-102/00, *Welthgrove BV*, DStRE 2001, 1180; EuGH, Urteil v. 27.09.2001, C-16/00, *Cibo Participations SA*, DStR 2001, 1795; EuGH, Urteil v. 29.04.2004, C-77/01, *EDM*, UR 2004, 292; EuGH, Urteil v. 13.03.2008, C-437/06, *Securenta*, DB 2008, 739.

280 Im Anhang XII der Mehrwertsteuersystemrichtlinie findet sich eine „Entsprechungstabelle", welche die Artikel aus Richtlinie 77/388/EWG („6. EG-Richtlinie) den neuen Artikel aus Richtlinie 2006/112/EG („Mehrwertsteuersystemrichtlinie") gegenüberstellt.

3.1.1.1.1 Urteile zur Unternehmereigenschaft

1) Polysar Investments Netherlands BV (1991)[281]

a) Kernaussagen

- Bloßer Erwerb von Beteiligungen ist keine wirtschaftliche Tätigkeit.
- Unmittelbares und mittelbares Eingreifen in die Verwaltung der Beteiligungen ist eine wirtschaftliche Tätigkeit.

b) Sachverhalt / Urteil

In der Rechtssache Polysar war unter anderem[282] die Frage zu beantworten, ob eine Holding-Gesellschaft, deren einziger Zweck der Erwerb von Beteiligungen an anderen Unternehmen ist, ohne dass diese Gesellschaft – unbeschadet ihrer Rechte als Aktionärin oder Gesellschafterin – unmittelbar oder mittelbar in die Verwaltung dieser Gesellschaften eingreift als Mehrwertsteuerpflichtiger anzusehen und damit zum Vorsteuerabzug gemäß Art. 167 MwStSystRL berechtigt ist. Diese Frage wurde verneint, sodass eine derart ausgestaltete Holding-Gesellschaft kein Mehrwertsteuerpflichtiger ist und somit auch nicht zum Vorsteuerabzug berechtigt ist. Weiter wurde die Fragestellung geklärt, dass die Zugehörigkeit zu einer unternehmerischen, ausländischen Mutter (Weltkonzern) nicht die Eigenschaft des Nichtsteuerpflichtigen nimmt. Die Organschaft über die Grenze ist danach somit nicht möglich.

c) Würdigung

Mit dem vorstehenden Urteil ist erstmals die Problematik der Unternehmereigenschaft einer Holding behandelt worden. Der bloße Erwerb ist hiernach keine unternehmerische Tätigkeit. Erst das unmittelbare oder mittelbare Eingreifen in die Verwaltung führt zur Unternehmereigenschaft und somit zum Vorsteuerabzug dem Grunde nach. Da hier lediglich vom Eingreifen in die Verwaltung gesprochen wird, ohne explizit auf das Entgelt einzugehen, kann angenommen werden, dass ein Entgelt nicht notwendig ist. Weiter bleibt zu konstatieren, dass eine unternehmerische Muttergesellschaft eine nichtunternehmerische Tochtergesellschaft nicht „infiziert", soweit sie nicht umsatzsteuerlicher Organträger ist.

---

281 EuGH, Urteil v. 20.06.1991, C-60/90, *Polysar BV*, UR 1993, 119.

282 Die Beantwortung der zweiten Frage war nach Beantwortung der ersten Frage nicht mehr relevant.

2) Wellcome Trust (1996)[283]

a) Kernaussage

- Erwerb und Veräußerung von Aktien / Wertpapieren im Rahmen der Verwaltung von Vermögen ist keine wirtschaftliche Tätigkeit.
- Das Volumen der Verwaltung ist unerheblich.

b) Sachverhalt / Urteil

Die Treuhänderin „Wellcome Trust Ltd." des Wellcome Trusts, eine gemeinnützige Foundation, hat im Rahmen des vermögensverwaltenden An- und Verkaufs von Aktien / Wertpapieren vorsteuerbelastete rechtliche Beratung in Anspruch genommen. Dieser Ankauf hatte einen erheblichen Umfang (2,18 Milliarden GBP), sodass der Trust über die sog. „Bookbuilding" Methode an den Markt treten musste. Hierdurch sind Beratungskosten entstanden. Die Finanzbehörde hat der Wellcome Trust Ltd. den Vorsteuerabzug auf diese Beratungsleistungen verwehrt, mit der Argumentation, dass diese Tätigkeit keine wirtschaftliche Tätigkeit im Sinne der Mehrwertsteuer sei. Vorlagefrage war somit, ob die wirtschaftliche Tätigkeit den Verkauf von Aktien und anderen Wertpapieren durch eine Person umfassen, die kein Aktien- und Wertpapierhändler ist und ob der Umfang / Volumen der Transaktion hierbei ausschlaggebend ist.

Der EuGH hat entschieden, dass keine wirtschaftliche Tätigkeit gegeben ist, da die beschriebene Anlagetätigkeit im Wesentlichen im Erwerb und in der Veräußerung von Aktien und anderen Wertpapieren zur Erzielung möglichst hoher Dividenden oder Kapitalerträge besteht. Ein Trust in beschriebener Weise verhält sich nicht anders als ein privater Anleger, der sein Vermögen verwaltet. Der Umstand, dass die Transaktionen ein hohes Volumen haben, ist dabei unerheblich, da ansonsten eine Ungleichbehandlung mit privaten Anlegern bestehen würde.

c) Würdigung

Festzuhalten bleibt, dass allein die Tätigkeit selber beurteilt werden muss, unabhängig vom Volumen. Die Tätigkeit des „Wellcome Trust" ist die risikolose und nicht spekulative Verwaltung von Vermögen zur Sicherung des Gesellschaftsziels (hier: Forschung auf den Gebieten der Tier- und der Humanmedizin sowie der Medizingeschichte). Erst ein gewerbsmäßiger Wertpapierhandel führt zu ei-

283 EuGH, Urteil v. 20.06.1996, C-155/94, *Wellcome Trust*, EuGHE 1996, 3013.

ner wirtschaftlichen Tätigkeit. Insbesondere der gewerbsmäßige Wertpapierhandel ist dem Trust allerdings laut Vorlagebeschluss untersagt.

3) Harnas & Helm CV (1997)[284]

a) Kernaussagen

- Erwerb und Besitz von Schuldverschreibungen ist keine wirtschaftliche Tätigkeit.
- Zufluss aus Schuldverschreibungen ist keine wirtschaftliche Tätigkeit.

b) Sachverhalt / Urteil

In der Rechtssache Harnas & Helm CV musste die Frage beantwortet werden, ob der bloße Eigentumserwerb und der Besitz von Schuldverschreibungen, die nicht einer anderen Unternehmertätigkeit dienen, und der Zufluss des Ertrages aus diesen als wirtschaftliche Tätigkeit anzusehen ist. Der EuGH hat diese Frage verneint. Das ausschließliche Innehaben von Schuldverschreibungen ist als bloße Vermögensverwaltung ansehen und der Zufluss daraus ergibt sich aus dem bloßen Besitz der Schuldverschreibungen. Eine wirtschaftliche Tätigkeit ist nicht gegeben.

c) Würdigung

Wie schon der Erwerb von Beteiligungen in der Rechtssache „Polysar" und „Wellcome Trust" sind auch der Erwerb und das Halten von Schuldverschreibungen keine originäre unternehmerische Tätigkeit. Der Zufluss aus den Schuldverschreibungen soll ebenso wie der Zufluss von Dividenden keine umsatzsteuerliche Gegenleistung und somit nicht steuerbar. Reine Vermögensverwaltung ist daher – so das Resümee aus den ersten drei Besprechungsurteilen – keine wirtschaftliche Tätigkeit.

4) Welthgrove BV (2001)[285]

a) Kernaussage

- Nur eine entgeltliche Leistung bewirkt die Unternehmereigenschaft einer Holding.

284 EuGH, Urteil v. 06.02.1997, C-80/95, *Harnas & Helm*, EuGHE 1997, 745.

285 EuGH, Urteil v. 27.07.2001, C-102/00, *Welthgrove BV*, DStRE 2001, 1180

b) Sachverhalt / Urteil

Es war die Frage zu bearbeiten, wann der Eingriff in die Verwaltung einer Beteiligung dazu führt, dass die Holding eine wirtschaftliche Tätigkeit im Sinne von Art. 9 MwStSystRL erbringt und somit Steuerpflichtige ist. Der EuGH antwortet, dass die Tätigkeit „Eingriff in die Verwaltung" eine Tätigkeit im Sinne von Art. 2 MwStSystRL einschließen muss. Daraus folgt insbesondere, dass die Tätigkeit gegen Entgelt erbracht werden muss.

c) Würdigung

Im vorliegenden Urteil sieht der EuGH nun die Notwendigkeit, dass für den Eingriff in die Verwaltung eine Tätigkeit gem. Art. 2 MwStSystRL vorliegen muss, d. h., es muss ein Entgelt als Gegenleistung für die Leistung angesetzt werden. Insofern konkretisiert der EuGH die Aussage aus dem Polysar Urteil, welches die Unentgeltlichkeit noch nicht explizit ausgeschlossen hatte. Zweifelhaft und kritisch zu bewerten ist, dass im vorliegenden Urteil Welthgrove BV die Unternehmereigenschaft, also die persönliche Steuerpflicht, über die sachliche Steuerpflicht definiert wird. Die persönliche Steuerpflicht setzt dem Wortlaut nach erstmal kein Entgelt voraus.[286]

5) Cibo Participation SA (2001)[287]

a) Kernaussagen

- Eingriffe in die Verwaltung von Beteiligungen ist eine wirtschaftliche Tätigkeit.
- Die Eingriffe müssen eine Tätigkeit gem. Art. 2 MwStSystRL sein und somit gegen Entgelt erbracht werden.
- Nebenkosten des Beteiligungserwerbs sind allgemeine Kosten und hängen deshalb mit der wirtschaftlichen Tätigkeit zusammen.
- Der Vorsteuerabzug bestimmt sich nach dem allgemeinen Vorsteuerschlüssel.
- Bezug von Dividenden ist kein Entgelt für eine wirtschaftliche Tätigkeit.

286 Vgl. zum „Entgelt" Kapitel 2.2.4.5 (Erzielung von Einnahmen), Kapitel 4.4 (Entgelt vs. Kapitalzufluss) sowie 4.5.2 (Mittelbarer Unternehmer).

287 EuGH, Urteil v. 27.09.2001, C-16/00, *Cibo Participations SA*, DStR 2001, 1795.

b) Sachverhalt / Urteil

Im vorliegenden Urteil hat der EuGH sich mit den Fragen beschäftigt, wie das Eingreifen in die Verwaltung von Beteiligungen zu definieren ist und ob hierfür insbesondere ein Entgelt notwendig ist. Weiter war zu beantworten, wie der Zufluss von Dividenden in diesem Kontext wirkt und welche Auswirkungen dies auf den Vorsteuerabzug hat. Der EuGH führt aus, dass der Eingriff in die Verwaltung eine wirtschaftliche Tätigkeit gem. Art. 9 MwStSystRL ist, wenn sie gem. Art. 2 MwStSystRL der Mehrwertsteuer unterliegen, wie etwa das entgeltliche Erbringen von administrativen, finanziellen, kaufmännischen und technischen Dienstleistungen. Nebenkosten, die im Zusammenhang mit dem Erwerb einer Beteiligung anfallen, gehören zu den allgemeinen Kosten. Die Vorsteuer kann dabei geltend gemacht werden, soweit die Holding steuerbare und steuerpflichtige Umsätze tätigt. Zu den Dividenden äußert sich der EuGH in der Form, dass der Bezug von Dividenden kein Entgelt ist und nicht in den Anwendungsbereich der Mehrwertsteuer fällt.

c) Würdigung

Wie bereits im Urteil Welthgrove BV muss für die Erbringungen einer wirtschaftlichen Tätigkeit als Gegenleistung ein Entgelt vorliegen. Dies ist – wie bereits dargestellt – kritisch zu beurteilen. Die Zuordnung der Nebenkosten zu den allgemeinen Kosten ermöglicht den Vorsteuerabzug dem Grunde nach auch dann, wenn die Beteiligung selber nicht dem umsatzsteuerlichen Vermögen zugeordnet wird. Die Nichtsteuerbarkeit des Erwerbs selber verhindert nicht den Vorsteuerabzug. Diese Systematik erinnert an die nichtsteuerbare Geschäftsveräußerung im Ganzen gem. § 1 Abs. 1a UStG bzw. Art. 19, 29 MwStSystRL. Auch hier ist nach laufender Rechtsprechung der Vorsteuerabzug für die entstandenen Aufwendungen dem Grunde nach möglich.[288]

Der Grundsatz, dass Dividenden nicht in den Anwendungsbereich der Mehrwertsteuer fallen, ergibt sich bereits aus vorangegangen Urteilen.[289] Grundsätzlich lassen sich Konstellationen aufzeigen, für die ein Teil des Dividendenzuflusses als Entgelt angesehen werden kann und somit der Anwendungsbereich der Mehrwertsteuer eröffnet wird.[290]

288 Vgl. Kapitel 4.3.3.2 (Geschäftsveräußerung im Ganzen).

289 Z. B. EuGH, Urteil v. 22.06.1993, C-333/91, *Sofitam*, DB 1994, 25.

290 Vgl. Kapitel 4.4 (Entgelt vs. Kapitalzufluss).

6) EDM (2004)[291]

a) Kernaussagen

- Der Beteiligungsverkauf ist keine wirtschaftliche Tätigkeit und fällt nicht in den Anwendungsbereich des Mehrwertsteuersystems.
- Anlagen in Investmentfonds sind keine Dienstleistung gegen Entgelt.
- Die jährliche Gewährung verzinslicher Darlehen an die Tochtergesellschaft stellt eine wirtschaftliche Tätigkeit dar; diese Umsätze sind jedoch steuerfrei.
- Geringe Umsätze aus der Gewährung von Darlehen sind Hilfsumsätze.
- Arbeiten im Rahmen eines Konsortiums sind nur umsatzsteuerliche Leistungen gem. Art. 2 MwStSystRL, soweit sie über den Konsortialvertrag hinausgehen.

b) Sachverhalt / Urteil

Die EDM ist eine Holdinggesellschaft des Bergbausektors, die für Eingangsleistungen Vorsteuer in voller Höhe geltend gemacht hat. Die portugiesische Finanzbehörde hat den Vorsteuerabzug zum Teil verwehrt, mit der Begründung, dass Dividenden, Darlehenszinsen, die Einnahmen aus kurzfristigen Geldgeschäften einschließlich Teilhabereffekten sowie der Erlös aus dem Verkauf von Aktien und sonstigen Wertpapieren als steuerbare Einkünfte anzusehen sind, die zugleich steuerfrei sind. Der EuGH hatte zu entscheiden, ob die jährliche Gewährung von Darlehen sowie Finanzgeschäfte als wirtschaftliche Tätigkeit anzusehen sind und ob diese evtl. Hilfsgeschäfte sind. Weiter war die Frage zu beantworten, ob die Durchführung von Arbeiten im Rahmen eines Konsortiums eine wirtschaftliche Tätigkeit ist.

Der EuGH hat entschieden, dass der bloße Verkauf von Aktien und sonstigen Wertpapieren keine wirtschaftliche Tätigkeit ist. Die jährliche Gewährung von Darlehen durch eine Holdinggesellschaft an ihre Beteiligungsgesellschaften und die Anlagen der Holdinggesellschaft in Form von Bankeinlagen oder in Titel wie Schatzanweisungen oder Zertifikate stellen hingegen eine wirtschaftliche Tätigkeit dar. Diese Leistung ist jedoch steuerfrei. Ferner ist die Anlage von Investmentfonds keine Dienstleistung gegen Entgelt und fällt deshalb nicht in den Anwendungsbereich der Mehrwertsteuer. Zu den Arbeiten im Rahmen eines Konsortiums führt der EuGH aus, dass diese keine Lieferung von Gegenständen oder Dienstleistung gegen Entgelt darstellen, soweit sie gemäß den Klauseln eines Konsortialvertrages entsprechend ausgeführt worden sind. Darüber hinaus ge-

291 EuGH, Urteil v. 29.04.2004, C-77/01, *EDM*, UR 2004, 292.

henden Leistungen, die nicht durch den Vertrag gedeckt sind, stellen eine Lieferung von Gegenständen oder Dienstleistung gem. Art. 2 MwStSystRL dar.

c) Würdigung

Betrachtet man die Aussage aus dem Cibo Urteil, dass Dividenden kein Entgelt sind im Kontext mit dem vorliegenden Urteil, dann wird folgender Unterschied deutlich:

Der EuGH beurteilt die Gewährung von Kapital in Form von Fremdkapital (Darlehensgewährung) und die Gewährung von Kapital in Form von Eigenkapital (Beteiligungen) umsatzsteuerlich unterschiedlich. Die Gewährung von Kapital gegen Erhalt von Zinsen ist eine unternehmerische Tätigkeit, während die Überlassung von Kapital in Form von Eigenkapital gegen Erhalt von Dividenden keine unternehmerische Tätigkeit ist.[292] Ausnahme bleibt hier der gewerbsmäßige An- und Verkauf von Beteiligungen. Nicht eindeutig beantwortet wird die Frage, ob der Vorsteuerabzug für Eingangsleistungen möglich ist, soweit diese offenkundig für unternehmensfremde Zwecke verwendet werden. Bei Eingangsleistungen im Zusammenhang mit Beteiligungen ist bereits seit der Rechtssache „Cibo" klar, dass für diese trotzdem der Vorsteuerabzug geltend gemacht werden kann. Der Beteiligungserwerb bzw. -verkauf ist zwar nicht steuerbar aber trotzdem ist der Vorsteuerabzug nach dem allgemeinen Vorsteuerschlüssel möglich.

7) BBL SA / SICAV (2004)[293]

a) Kernaussagen

- Die Tätigkeit, beim Publikum beschaffte Gelder gegen Entgelt in Wertpapieren anzulegen, die der nachhaltigen Erzielung von Einnahmen dient – also gewerbsmäßiger An- und Verkauf und somit eine wirtschaftliche Tätigkeit – ist ebenfalls eine wirtschaftliche Tätigkeit.
- Eine Investmentgesellschaft mit oben genannter Tätigkeit ist mehrwertsteuerpflichtig und der Ort der an sie erbrachten Tätigkeiten bestimmt sich nach dem Sitz ihrer wirtschaftlichen Tätigkeit.

b) Sachverhalt / Urteil

Im vorliegenden Fall hat eine Investmentgesellschaft mit variablem Grundkapital in Luxemburg (SICAV) beim Publikum beschaffte Gelder gegen Entgelt für ge-

---

292 Vgl. Kapitel 4.4 (Entgelt vs. Kapitalzufluss).

293 EuGH, Urteil v. 21. 10. 2004, C-8/03, *BBL SA / SICAV*, IStR 2004, 862.

meinsame Rechnung in Wertpapiere angelegt. Fraglich war, ob diese Tätigkeit eine wirtschaftliche Tätigkeit ist, d. h. ob die Tätigkeit über den bloßen Erwerb und den bloßen Verkauf von Wertpapieren hinaus geht und somit gewerblicher Wertpapierhandel gegeben ist. Im zweiten Schritt war zu beantworten, ob diese Gesellschaft dann mehrwertsteuerpflichtig ist, da die BBL aus Belgien Leistungen an sie erbracht hat. Der Ort der Tätigkeit ist dabei gem. Art. 56 Abs. 1 MwStSystRL davon abhängig, ob die SICAV mehrwertsteuerpflichtig ist oder nicht. Der EuGH hat die Tätigkeit als eine wirtschaftliche Tätigkeit angenommen und die Gesellschaft als mehrwertsteuerpflichtig eingestuft. Der Ort der Leistung, welche die BBL and die SICAV erbringt, bestimmt sich daher nach dem Ort der wirtschaftlichen Tätigkeit der SICAV.

c) Würdigung

In dem Urteil BBL / SICAV ist interessant zu sehen, dass die Bestimmung der Unternehmereigenschaft nicht nur für die Gesellschaft selber, sondern auch für fremde dritte Gesellschaften von Bedeutung ist. Der Ort der Tätigkeit und das damit zusammenhängende Recht, die Leistung in einem bestimmten Land zu versteuern oder im anderen Mitgliedstaat hängt von der Unternehmereigenschaft der beteiligten Personen ab.[294] Dass der gewerbsmäßige Handel mit Wertpapieren zu einer (steuerfreien) wirtschaftlichen Tätigkeit führt, ist im vorliegenden Urteil nochmals bestätigt worden.

3.1.1.1.2 Urteile zum Vorsteuerabzug

1) Sofitam SA (1993)[295]

a) Kernaussagen

- Dividenden sind kein Entgelt für eine wirtschaftliche Tätigkeit.
- Dividenden bleiben bei der Ermittlung des Vorsteuerschlüssels im Nenner unberücksichtigt.

b) Sachverhalt / Urteil

Im vorliegenden Fall hatte eine Holding die gesamte Vorsteuer geltend gemacht, die auf ihre Geschäfte über den Erwerb von Gegenständen und über Dienstleistungen lastete. Die französische Finanzverwaltung verwehrte den Vorsteuer-

294 Vgl. hierzu Kapitel 4.7 (Umgekehrte Steuerschuldnerschaft).

295 EuGH, Urteil v. 22.06.1993, C-333/91, *Sofitam*, DB 1994, 25.

abzug anteilig. Dabei berücksichtigte sie Dividenden bei der Berechnung der nicht abziehbaren Vorsteuern.

Vom EuGH war die Frage zu entscheiden, ob Dividenden bei der Ermittlung des Vorsteuerschlüssels durch den Pro-rata-Satz im Nenner berücksichtigt werden müssen oder nicht. Der EuGH hat entschieden, dass die Dividenden im Nenner unberücksichtigt bleiben, da es sich hierbei nicht um Entgelt handelt, das für eine wirtschaftliche Tätigkeit gezahlt wurde. Der Bezug von Dividenden liegt außerhalb des Systems der Vorsteuerabzugsberechtigung.

c) Würdigung

Der Bezug von Dividenden bewegt sich in der Regel[296] außerhalb des Mehrwertsteuersystems. Folglich ist der nichtsteuerbare Bezug auch nicht Teil des Nenners bei der Ermittlung des Vorsteuerschlüssels durch den Pro-rata-Satz. Die Eingangsleistungen werden – soweit nicht unmittelbar zuzuordnen – den allgemeinen Umsätzen der Holding zugeordnet. Es kommt daher darauf an, wie die zugeflossenen Dividenden beim Unternehmen verwendet werden und nicht, wie der Zufluss der Dividenden selber zu beurteilen ist.

2) Régie dauphinoise (1996)[297]

a) Kernaussagen

- Zinsen, die ein Unternehmen der Immobilienverwaltung für Geldanlagen erhält, die es auf eigene Rechnung mit von den Miteigentümern oder Mietern erhaltenen Mitteln vornimmt, sind Entgelt, da die Zinszahlungen nicht auf dem bloßen Eigentum eines Wirtschaftsguts beruhen, sondern auf der Überlassung von Kapital an einen Dritten.
- Dieser Zinsumsatz ist kein Hilfsgeschäft und somit bei der Ermittlung des Pro-rata-Satzes im Nenner zu berücksichtigen.

b) Sachverhalt / Urteil

Die Firma „Regie dauphinoise" hat überlassene Gelder von Miteigentümern oder Mietern bei Finanzinstituten angelegt. Ihre insgesamt angefallene Vorsteuer hat sie in vollem Umfang geltend gemacht. Dies wurde von der Finanzverwaltung teilweise abgelehnt, mit der Begründung, dass die Zinsen eine steuerfrei wirt-

296 Vgl. Kapitel 4.4 (Entgelt vs. Kapitalzufluss).

297 EuGH, Urteil v. 11.07.1996, C-306/94, *Régie dauphinoise,* EuGHE 1996, 3695.

schaftliche Tätigkeit sind, die im Nenner des Pro-rata-Satzes zu berücksichtigen sind. Regie dauphinoise hingegen sieht in den Geldanlagen ein Hilfsgeschäft, welches bei der Ermittlung des Pro-rata-Satzes nicht berücksichtigt werden darf.

Der EuGH hat entschieden, dass die Anlage von Geld im gegeben Fall eine wirtschaftliche Tätigkeit ist, da die Zinseinnahmen aus diesen Geldanlagen eine unmittelbare, dauerhafte und notwendige Erweiterung der steuerbaren Tätigkeit der Unternehmen der Immobilienverwaltung darstellen. Somit sind auch keine Hilfsumsätze gegeben, die bei der Ermittlung des Pro-rata-Satzes unberücksichtigt bleiben. Die Zinseinnahmen selber sind steuerfrei gem. Art. 135 Abs. 1 Buchst. d) MwStSystRL. Der Vorsteuerabzug ist dementsprechend zu kürzen.

c) Würdigung

Von Interesse ist hier insbesondere die Feststellung, wann die Geldanlage und der damit verbundene Zinszufluss, eine wirtschaftliche Tätigkeit darstellen und wann nicht. Im nachfolgenden Besprechungsurteil „Floridienne SA / Berginvest SA" werden die Zinsen als nicht wirtschaftliche Tätigkeit eingestuft, da sie nicht einem Unternehmensziel oder geschäftlichen Zweck dienen und nur gelegentlich eine Geldanlage (hier: Darlehensgewährung) erfolgt. In der Rechtssache Regie dauphinoise und der bereits besprochenen Rechtssache EDM hingegen dient die Anlage dem Unternehmensziel und wird permanent (jährlich) durchgeführt.

3) Floridienne SA / Berginvest SA (2000)[298]

a) Kernaussagen

- Dividenden und nicht wirtschaftliche Zinsen bleiben bei der Ermittlung des Vorsteuerschlüssels im Nenner unberücksichtigt.

b) Sachverhalt / Urteil

Fraglich war im vorliegenden Fall, ob zugeflossenen Dividenden sowie erhaltenen Zinsen im Nenner des Bruchs bei der Ermittlung des Vorsteuerschlüssels zu berücksichtigen sind oder nicht. Der EuGH hat für Dividenden entschieden, dass diese nicht Teil einer wirtschaftlichen Tätigkeit sind und somit im Nenner nicht berücksichtigt werden. Auch für die Zinsen im gegebenen Sachverhalt kann keine wirtschaftliche Tätigkeit festgestellt werden, da die Darlehenshingabe nur gelegentlich ausgeübt wird und sich wie die Verwaltung von Anlagen eines pri-

298 EuGH, Urteil v. 14.11.2000, C-142/99, *Floridienne SA/Berginvest SA*, DStRE 2000, 1268.

vaten Anlegers darstellt. Nur die beständige Gewährung von Darlehen im Rahmen eines Unternehmensziels oder zu einem geschäftlichen Zweck, der insbesondere durch das Interesse an der Rentabilisierung des investierten Kapitals geprägt ist, ist eine wirtschaftliche Tätigkeit. Bei der nicht wirtschaftlichen Gewährung von Darlehen sind die Zinsen kein Entgelt und bleiben im Nenner des Bruchs bei der Ermittlung des Vorsteuerschlüssels unberücksichtigt.

c) Würdigung

Wie schon in den Rechtssachen „Sofitam“ und „Cibo“ hat der EuGH bestätigt, dass Dividenden kein Entgelt für die Hingabe von Kapital sind und somit nicht bei der Ermittlung des Vorsteuerschlüssels berücksichtigt werden können. Jedoch lassen sich in der Tz. 20 Hinweise finden, dass der Bezug von Dividenden unter bestimmten Voraussetzungen Entgelt sein kann. Dort heißt es, dass Dividenden nur dann in den Anwendungsbereich fallen, wenn die Dividenden als Gegenleistung für die wirtschaftliche Tätigkeit angesehen werden können. Das erfordert einen unmittelbaren Zusammenhang zwischen der ausgeübten Tätigkeit und dem erhaltenen Gegenwert.[299]

Bei Zinsen muss im ersten Schritt die Hingabe des Darlehens / Geldanlage – wie schon in den vorstehenden Rechtssachen „Regie dauphinoise“ und „EDM“ – auf ihren wirtschaftlichen Gehalt hin geprüft werden. Insbesondere unter Beachtung der Beurteilung von Zinsen, stellt sich bei Dividenden die Frage, ob diese nicht auch zum Teil Entgelt sein können, also Teil einer wirtschaftlichen Tätigkeit. Wenn die Holding z. B. ansonsten unentgeltlich Leistungen gegenüber den Beteiligungsgesellschaften erbringt und somit indirekt den Gewinn (verhinderte Kosten bei den Beteiligungsgesellschaften) und somit die Dividende erhöht, sollte diese Differenz unter bestimmten Voraussetzungen als Entgelt angesehen werden können. Hierzu werden in Kapitel 4.4 nähere Ausführungen gemacht.

4) Abbey National (2001)[300]

a) Kernaussagen

- Vorsteuern für Eingangsleistungen i. Z. m. einer „Geschäftsveräußerung im Ganzen“ (nicht steuerbar) können dem Grunde nach geltend gemacht werden.

299 Vgl. hierzu auch EuGH, Urteil v. 05.02.1981, 154/80, *Aardappelenbewaarplaats*, EuGHE 1981, 445, Rdnr. 12; EuGH, Urteil v. 24.10.1996, C-288/94, *Argos Distributors*, EuGHE 1996, 5311, Rdnr. 16.

300 EuGH, Urteil v. 22.02.2001, C-408/98, *Abbey National plc*, EuGHE 2001, 1361.

- Die Höhe des Vorsteuerabzuges richtet sich nach dem Pro-rata-Satz der allgemeinen Umsätze, soweit die Eingangsleistungen den allgemeinen Kosten zuzuordnen sind.
- Die unmittelbare Zuordnung der Eingangsleistung zu einem bestimmten Ausgangsumsatz ist möglich; der Vorsteuerabzug richtet sich nach der Beurteilung des Ausgangsumsatzes.

b) Sachverhalt / Urteil

Die Tochtergesellschaft der Abbey National, die Scottish Mutual Assurance plc., hat eine Gewerbeimmobilie verkauft[301]. In diesem Zusammenhang sind vorsteuerbelastete Eingangsleistungen in Anspruch genommen worden. Die Veräußerung wurde als „Geschäftsveräußerung im Ganzen" und somit nicht steuerbar behandelt. Fraglich war, ob die Vorsteuer geltend gemacht werden kann.

Der EuGH hat entschieden, dass die Vorsteuer geltend gemacht werden kann, obwohl die Veräußerung nicht steuerbar ist. Die Eingangleistungen sind den allgemeinen Kosten oder soweit möglich einem konkreten Außenumsatz zuzuordnen und dementsprechend zu beurteilen.

c) Würdigung

In diesem Urteil hat der EuGH aufgezeigt, dass der Vorsteuerabzug durchaus möglich ist, auch wenn die Eingangleistung im Zusammenhang mit einem nicht steuerbaren Vorgang bezogen wird. Die Leistung wird dem wirtschaftlichen Außenumsatz zugerechnet, der durch diese Transaktion beeinflusst wird. Diese Erkenntnis ist wichtig für die Beurteilung von nicht steuerbaren Handlungen einer Holdinggesellschaft.

5) KapHag Renditefonds (2003)[302]

a) Kernaussagen

- Personengesellschaft erbringt bei der Aufnahme eines Gesellschafters gegen Zahlung einer Bareinlage an diesen keine Dienstleistung gegen Entgelt.
- Für in diesem Zusammenhang empfangene Leistungen kann die Vorsteuer dem Grunde nach geltend gemacht werden.

301 Verkauf heißt hier, dass die Scottish Mutual ein 125 Jahre laufendes Pachtrecht veräußert hat.
302 EuGH, Urteil v. 26.06.2003, C-442/01, *KapHag Renditefonds*, UR 2003, 443.

b) Sachverhalt / Urteil

Eine GbR hat einen neuen Gesellschafter gegen Bareinlage aufgenommen und in diesem Zusammenhang Beratungsleistungen von einem Rechtsanwalt in Anspruch genommen, die mit Vorsteuern belastet waren. Es war fraglich, ob diese Ausgaben von Gesellschaftsanteilen eine Dienstleistung gegen Entgelt darstellt. Weiter war die Behandlung der Vorsteuern fraglich. Der EuGH hat mit Verweis auf die bestehende Rechtsprechung[303] zu dem Erwerb und dem Halten von Beteiligungen ausgeführt, dass auch die Aufnahme eines Gesellschafters nicht steuerbar ist. Die Vorsteuer ist folglich nach den gleichen Grundsätzen wie in den vorstehenden Urteilen abziehbar, sodass der allgemeine Vorsteuerschlüssel zur Anwendung kommt.

c) Würdigung

Zum wiederholten Mal hat der EuGH Vorsteuern im Zusammenhang mit nicht steuerbaren Leistungen zum Abzug zugelassen, soweit dies nach dem allgemeinen Vorsteuerschlüssel möglich ist. Die nicht Steuerbarkeit eines Sachverhaltes führt nicht dazu, dass die empfangene Leistung unternehmensfremd ist. Die Leistung kann durchaus einen Bezug zum umsatzsteuerlichen Unternehmen haben. Nicht steuerbar ist somit nicht gleichzusetzen mit unternehmensfremd.

6) Faxworld (2004)[304]

a) Kernaussage

- Eine Vorgründungsgesellschaft ist zum Vorsteuerabzug berechtigt, auch wenn ihr einziger Umsatz eine „Geschäftsveräußerung im Ganzen" ist.

b) Sachverhalt / Urteil

Die Faxworld GbR – eine Vorgründungsgesellschaft der Faxworld AG – hat für die Vorbereitungshandlungen vorsteuerbelastete Eingangsleistungen in Anspruch genommen. Der einzige Außenumsatz war die Übertragung des gesamten Geschäftes auf die Faxworld AG (Zielgesellschaft), welcher nicht steuerbar als „Geschäftsveräußerung im Ganzen" behandelt wurde. Fraglich war, ob die Vorsteuer geltend gemacht werden kann.

303 EuGH, Urteil v. 20.06.1996, C-155/94, *Wellcome Trust*, EuGHE 1996, 3013.

304 EuGH, Urteil v. 29.04.2004, C-137/02, *Faxworld Vorgründungsgesellschaft GbR*, IStR 2004, 646.

Der EuGH hat – wie schon in der Rechtssache „Abbey National“ – den Vorsteuerabzug für die nicht steuerbare Geschäftsveräußerung im Ganzen zugelassen. Problematisch war hier, dass die GbR keine allgemeinen Umsätze vorweisen konnte, der die Eingangsleistungen zugerechnet werden konnten. Die Eingangsleistungen sind der wirtschaftlichen Tätigkeit der Faxworld AG zuzuordnen, da sie hierfür bezogen worden sind.

c) Würdigung

Dass eine nicht steuerbare Geschäftsveräußerung im Ganzen keine zwingende Versagung des Vorsteuerabzuges bewirkt, war bereits aus der Rechtssache „Abbey National“ bekannt. Neue Erkenntnisse bietet das Urteil bezüglich der Verwendungsabsicht von Eingangsleistungen. Der EuGH hat zugelassen, dass man Eingangsleistungen nach der wirtschaftlichen Tätigkeit eines aufnehmenden Unternehmens beurteilen kann, soweit die Absicht bestand, diese für die wirtschaftliche Tätigkeit des übernehmenden Unternehmens zu verwenden.

7) Kretztechnik (2005)[305]

a) Kernaussagen

- Die Ausgabe von Aktien ist nicht steuerbar.
- Kosten für die Ausgabe von Aktien sind allgemeine Kosten und berechtigen somit grundsätzlich zum Vorsteuerabzug.
- Die Übertragung von Aktien ist eine sonstige Leistung und keine Lieferung.

b) Sachverhalt / Urteil

Die österreichische Aktiengesellschaft Kretztechnik hat im Jahr 2000 an der Frankfurter Börse neue Aktien ausgegeben. Die Vorsteuer auf in diesem Zusammenhang empfangenen Leistungen hat Kretztechnik in vollen Umfang geltend gemacht. Das Finanzamt Linz hat den Vorsteuerabzug verwehrt, da es davon ausgeht, dass die Ausgabe von Aktien steuerbar, aber steuerfrei gem. Art. 135 Abs. 1 Buchst. f) MwStSystRL ist. Der EuGH hat entschieden, dass die Ausgabe von Aktien nicht in den Anwendungsbereich der Mehrwertsteuer fällt und somit nicht steuerbar ist. Die Ausgabe von Aktien ist darüber hinaus eine sonstige Leistung und keine Lieferung. Der Vorsteuerabzug ermittelt sich nach

305 EuGH, Urteil v. 26.05.2005, C-465/03, *Kretztechnik AG,* UR 2005, 382.

dem allgemeinen Vorsteuerschlüssel der Gesellschaft und ist somit grundsätzlich möglich.

c) Würdigung

Das EuGH Urteil Kretztechnik ist die Fortführung der Rechtssache „KapHag Renditefonds" und stellt klar, was aufgrund der Rechtsformneutralität vorher schon gelten musste. Auch die Ausgabe von Anteilen (Aktien) bei einer Kapitalgesellschaft ist nicht steuerbar. Dass der Vorsteuerabzug dem Grunde nach möglich ist, war insoweit keine neue Erkenntnis in diesem Urteil. Zum wiederholten Mal ist der Vorsteuerabzug im Zusammenhang mit einer nicht steuerbaren Leistung zugelassen worden.

Dass die Ausgabe von Aktien eine sonstige Leistung und keine Lieferung ist, kann bei der Beurteilung einer Geschäftsveräußerung im Ganzen von Bedeutung sein. Denn die Geschäftsveräußerung im Ganzen ist dem Wortlaut des Art. 19 MwStSystRL nach „die Übertragung eines Gesamt- oder Teilvermögens, die entgeltlich oder unentgeltlich oder durch Einbringung in eine Gesellschaft erfolgt". Insofern könnte die Übertragung einer 100%-Beteiligung keine Geschäftsveräußerung im Ganzen sein. Hierzu finden sich Ausführungen in Kapitel 4.3.3.2 (Geschäftsveräußerung im Ganzen).

8) Securenta (2008)[306]

a) Kernaussagen

- Nicht wirtschaftliche Tätigkeit beeinflusst Nenner des Vorsteuerschlüssels.
- Methoden und Kriterien zur Ermittlung des Vorsteuerschlüssels bei wirtschaftlichen und nichtwirtschaftlichen Tätigkeiten liegen im Ermessen der Mitgliedstaaten.

b) Sachverhalt / Urteil

Die Securenta Göttinger Immobilienanlagen und Vermögensmanagement AG tätigte wirtschaftliche Umsätze, die steuerpflichtig und steuerfrei sind, sowie nicht wirtschaftliche Umsätze. Das hierfür erforderliche Kapital erwarb sie durch Ausgabe von Aktien und atypisch stillen Beteiligungen. Die nicht wirtschaftlichen Umsätze waren insbesondere der Bezug von Dividenden aus Beteiligungen sowie die nicht gewerbliche Veräußerung von Wertpapieren / Beteiligungen.

306 EuGH, Urteil v. 13.03.2008, C-437/06, *Securenta*, DB 2008, 739.

Fraglich war, inwiefern die Vorsteuer auf Eingangsleistungen geltend gemacht werden kann. Weiter war die Frage gestellt worden, wie der Vorsteuerschlüssel unter Berücksichtigung von nicht wirtschaftlichen Tätigkeiten aussehen muss, z. B. ob ein Investitionsschlüssel, ein Umsatzschlüssel oder sonst ein Aufteilungsschlüssel verwendet werden muss.

Der EuGH hat zur ersten Frage geantwortet, dass die Vorsteuern auf Eingangsleistungen, die letztendlich nicht wirtschaftlichen Tätigkeiten dienen, nicht geltend gemacht werden können. Soweit Eingangsleistungen allgemein für das Unternehmen – d. h. inklusive der nicht wirtschaftlichen Tätigkeiten –bezogen sind, ist der abziehbare und nicht abziehbare Teil über einen objektiv richtigen Vorsteuerschlüssel zu ermitteln. Die Mehrwertsteuersystemrichtlinie gibt dabei allerdings keine konkrete Methode vor, soweit nicht wirtschaftliche Umsätze berücksichtigt werden müssen. Nur wenn steuerfreie und steuerpflichtige wirtschaftliche Tätigkeiten ins Verhältnis gesetzt werden, gibt die Mehrwertsteuersystemrichtlinie Vorgaben.

c) Würdigung

Das Ergebnis der vorliegenden Entscheidung hat zwei wesentliche neue Erkenntnisse bezüglich des Vorsteuerabzuges im Zusammenhang mit nicht wirtschaftlichen Tätigkeiten gebracht. Erstens wird die Eingangsleistung für die Beschaffung von Kapital und im Kontext mit Erträgen[307] aus Beteiligungen, nach der *Verwendung* der Erträge / des Kapitals im Rahmen des Unternehmens beurteilt. Zweitens werden jetzt die nicht steuerbaren „Umsätze" im Vorsteuerschlüssel beachtet.

Der EuGH hat den Fokus auf die letztendliche Mittelverwendung der aus den Beteiligungen / der Kapitalbeschaffung zufließenden Erträge gelegt. Dies ist ein Kernelement der „Mikrounternehmertheorie", die in Kapitel 3.4 (weiterführender Ansatz: Mikrounternehmertheorie) dargestellt wird. Die Ausgabe von Aktien und Aufnahme von atypisch stillen Beteiligungen ist nicht steuerbar und der Dividendenzufluss und die Beteiligungsveräußerungen werden ebenfalls nicht von dem Mehrwertsteuersystem erfasst. Aber soweit die *Erträge* dem umsatzsteuerlichen Unternehmen dienen, ist der Vorsteuerabzug dem Grunde nach zulässig. Fließen die Erträge aus der Kapitalbeschaffung bzw. den Beteiligungen dem nicht wirtschaftlichen, z. B. privaten Bereich zu, ist die Vorsteuer anteilig nicht abziehbar. Wird das Kapital für den allgemeinen Bereich bzw. das gesamte Unternehmen bezogen, ist der Vorsteuerschlüssel maßgebend. Der nicht abziehbare Anteil muss allerdings jetzt mit einem Vorsteuerschlüssel ermittelt werden, der

307 Erträge sind Gewinnausschüttungen sowie Erträge aus der Veräußerung von Beteiligungen.

in der Mehrwertsteuersystemrichtlinie nicht definiert ist. Dieser muss die nicht wirtschaftlichen / nicht steuerbaren Umsätze beinhalten. Die Mitgliedstaaten müssen hier individuell einen objektiv richtigen Aufteilungsschlüssel vorgeben, welcher der Intention des Mehrwertsteuersystems entspricht. Bis dato ermittelte sich der Vorsteuerschlüssel nur nach den steuerpflichtigen und steuerfreien wirtschaftlichen Umsätzen und die Eingangsleistungen wurden nur diesen zugeordnet. In diesem Fall war der Umsatzschlüssel maßgebend. Zum Vorsteuerschlüssel finden sich in Kapitel 4.2.2 (Vorsteuerabzug der Höhe nach) vertiefenden Ausführungen.

9) AB SKF (2009)[308]

a) Kernaussagen

- Die Veräußerung von Beteiligungen, denen die Muttergesellschaft mehrwertsteuerpflichtige Dienstleistungen erbracht hat, ist steuerbar und steuerfrei.
- Soweit die Veräußerung der Beteiligung eine Übertragung des Gesamtvermögens oder Teilvermögens eines Unternehmens darstellt und der Mitgliedstaat von dem Wahlrecht der „Geschäftsveräußerung im Ganzen"[309], ist die Veräußerung nicht steuerbar.
- Der Vorsteuerabzug auf Eingangsleistungen im Zusammenhang mit der Veräußerung von Beteiligungen muss sich grundsätzlich gleich gestalten, unabhängig davon, ob die Veräußerung steuerbar und steuerfrei oder nicht steuerbar ist.
- Der Umstand, dass die Aktienveräußerung sich in mehreren Schritten vollzieht, beeinflusst die vorstehenden Kernaussagen nicht.

b) Sachverhalt / Urteil

Die AB SKF aus Schweden hat eine 100%-Beteiligung sowie eine 26,5-%-Beteiligung veräußert und in diesem Zusammenhang vorsteuerbelastete Beratungsleistungen in Anspruch genommen. An beide Beteiligungen hat sie mehrwertsteuerpflichtige Dienstleistungen erbracht. Fraglich war zum einen ob die Veräußerung steuerbar und dann steuerfrei ist oder nicht steuerbar. Zum anderen war von Interesse, ob die Vorsteuer auf zusammenhängende Eingangsleistungen geltend gemacht werden kann.

308 EuGH, Urteil v. 29.10.2009, C-29/08, *AB SKF*, DStR 2009, 2311.

309 In Deutschland ist das Wahlrecht durch § 1 Abs. 1a UStG ausgeübt worden.

Der EuGH hat geantwortet, dass die Veräußerung steuerbar ist, da die Beteiligungen im umsatzsteuerlichen Unternehmensvermögen gehalten werden. Die Beteiligungen gehören zum Unternehmensvermögen, da an diese mehrwertsteuerpflichtige Dienstleistungen erbracht worden sind. Es liegt keine reine Holding vor. Im zweiten Schritt ist diese Veräußerung jedoch steuerfrei gem. Art. 135 Abs. 1 Buchst. f) MwStSystRL. Diese Regelung ist nicht nur auf den gewerbsmäßigen Wertpapierhandel beschränkt. Die Veräußerung ist allerdings nicht steuerbar, soweit eine „Geschäftsveräußerung im Ganzen“ gem. Art. 19 MwStSystRL nach nationalem Recht geregelt ist und die Voraussetzungen erfüllt sind. Dafür muss eine Übertragung des Gesamt- oder Teilvermögens eines Unternehmens vorliegen.

Für die Frage, wie die Vorsteuer auf zusammenhängende Eingangsleistungen zu behandeln ist, schaut der EuGH darauf, welche Ausgangsumsätze die Eingangsleistungen beeinflussen. Fließt der Wert der Eingangsleistung in die wirtschaftliche Tätigkeit des Unternehmens ein, gehören die Eingangsleistungen zu den allgemeinen Kosten des Unternehmens und die Vorsteuern sind dem Grunde nach abziehbar. Nur wenn die Eingangsleistung unmittelbar den Verkaufpreis der Beteiligungen beeinflusst, dann sind diese Leistungen der Veräußerung selber zuzurechnen. In diesem Fall sind die Vorsteuern nicht abziehbar, da entweder eine steuerbarer aber steuerfreier oder aber ein nicht steuerbarer Ausgangsumsatz vorliegt.

Abschließend hat der EuGH noch geklärt, dass die Veräußerung in mehreren zeitlich auseinanderfallenden Schritten, keine gewerbsmäßigen Wertpapierhandel hervorbringt. Jede Veräußerung muss isoliert bewertet werden, ob hier als Händler agiert wurde oder nicht.

c) Würdigung

Das Urteil AB SKF hat in Teilen die Rechtssache Securenta fortgeführt, im Detail jedoch eine Abweichung vorgenommen. Fortgeführt hat der EuGH, dass bei der Beurteilung des Vorsteuerabzuges geprüft werden muss, welchen Ausgangsumsatz eine Eingangsleistung konkret beeinflusst hat. Abweichend von der Rechtssache Securenta und damit Verwirrung stiftend, führt der EuGH in der Rechtssache AB SKF aus, dass die Eingangsleistungen in den *Preis* des Ausgangsumsatzes einfließen müssen. Er spricht jetzt nicht mehr davon, dass die Erträge aus der Veräußerung der Beteiligung für den wirtschaftlichen Außenumsatz verwendet werden müssen. Auf die Verwendung des Kapitals geht der EuGH im vorliegenden Urteil nicht ein. Daher ist nicht klar, wann genau der EuGH jetzt den Vorsteuerabzug zulassen möchte. Dann, wenn die Leistung in dem Preis des Außenumsatzes aufgeht, oder dann, wenn der Kapitalzufluss für eine wirtschaftliche Tätigkeit verwendet wird.[310] Das BMF hat bereits in seinem Schreiben vom 04.10.2006[311] als Reaktion auf die Rechtssache „Kretztechnik" ausgeführt, dass für den Vorsteuerabzug *beide* Voraussetzungen erfüllt sein müssen. Sinnvoll wäre es, hier eine Prüfung in zwei Stufen vorzunehmen. In der ersten Stufe wird überprüft, ob die Leistung unmittelbar in einen wirtschaftlichen Außenumsatz aufgeht. Dann ist der Vorsteuerabzug dem Grunde nach möglich. Lässt sich keine direkte Zuordnung vornehmen, muss auf die Verwendung des Kapitals abgestellt werden. Wird das Kapital unternehmerisch genutzt, dann ist der Vorsteuerabzug ebenfalls dem Grunde nach möglich. Diese Vorgehensweise wird im Rahmen der „Mikrounternehmertheorie" weiter ausgeführt.[312]

Weiter hat der EuGH ausgeführt, dass eine Beteiligung, an welche die Muttergesellschaft Dienstleistungen erbracht hat, dem unternehmerischen Vermögen zugeordnet wird. Daraus folgt, dass die Veräußerung steuerbar ist, aber steuerfrei gem. Art. 135 Abs. 1 Buchst. f) MwStSystRL. Dies überrascht in gewisser Hinsicht. Die Finanzverwaltung war zwar in ihrem Holding-Erlass[313] bereits davon ausgegangen, dass die Veräußerung aus dem „unternehmerischen Bereich" steuerbar aber steuerfrei ist. In großen Teilen der Literatur[314] ist man hingegen davon ausgegangen, dass die Veräußerung einer Beteiligung – abgesehen von dem gewerblichen Wertpapierhandel – immer nicht steuerbar ist. Insbesondere wegen der Rechtsfolgen für den Vorsteuerabzug, ist man von einem nicht steuerbaren Vorgang ausgegangen. Nur so konnte basierend auf der dargestellten EuGH Rechtsprechung die Vorsteuer geltend gemacht werden. Mit der Rechtssache AB SKF ist jedoch sichergestellt, dass auch die steuerbare und steuerfreie Veräußerung in gleicher Weise wie die nicht steuerbare Veräußerung eingestuft wird und somit grundsätzlich auch zum Vorsteuerabzug berechtigen kann.

Darüber hinaus hat der EuGH angeführt, dass die Veräußerung von Beteiligungen eine Geschäftsveräußerung im Ganzen darstellen kann. Diese Sichtweise wurde in der Literatur bisher in der Regel nicht geteilt[315], da die Veräußerung von Beteiligungen eigentlich eine Dienstleistung und keine Lieferung ist.[316] Dieser neue Gedanke bietet jedoch Gestaltungsspielräume, die in Kapitel 4.3.3.2 (Geschäftsveräußerung im Ganzen) dargestellt werden.

---

310 Vgl. *Behrens*, UVR 2010, 174.

311 Vgl. Kapitel 3.1.2, Besprechung 2), Erlass zur Ausgabe von gesellschaftsrechtlichen Anteilen.

312 Vgl. Kapitel 3.4 (Weiterführender Ansatz: Mikrounternehmertheorie).

313 Vgl. Kapitel 3.1.2, Besprechung 3), Holding-Erlass.

314 Vgl. *Eggers/Korf*, DB 2008, 719, 724; *Feldt*, UR 2007, 161, 169; *Englisch*, UR 2007, 290, 299; *Mühleisen/Trapp*, UR 2007, 633, 637; a. M. aber *Birkenfeld*, NWB 2008, 1665, 1667; *Schmidt*, UVR 2006, 269, 271; *Wäger*, in: Festschrift für Wolfram Reiß, 2008, 229, 242.

315 Vgl. *Husmann*, in: Rau/Dürrwächter, UStG, 2010, § 1 UStG, Anm. 1123.

316 Vgl. *Korf*, UVR 2010, 74; *Wäger*, DStR 2009, 2292, 2293.

3.1.1.1.3 Weitere Urteile

1) Cooeperatieve Aardappelenbewaarplaats (1981)[317]

a) Kernaussage

- Ein Gegenwert i. S. d. Art. 8 Buchst. a) der 2. Richtlinie[318] kann nicht vorliegen, wenn nicht in unmittelbarem Zusammenhang ein Entgelt erhoben wird.

b) Sachverhalt / Urteil

Der EuGH hat im Jahr 1981 in der Rechtssache „Cooeperatieve Aardappelenbewaarplaats" zur gemeinschaftsrechtlichen Definition des Entgeltsbegriffs Stellung genommen. Klägerin ist eine Genossenschaft, welche ein Kühlhaus betreibt, in dem sie Kartoffeln bei konstanter Temperatur für Rechnung ihrer Mitglieder lagert. Die Genossenschaft war bereits als Unternehmerin im Sinne des niederländischen Umsatzsteuergesetzes anerkannt. Jedes Mitglied, das Anteilsscheine besitzt, hat gegen Zahlung eines Lagergeldes, das durch die Genossenschaft festgesetzt wird und nach Ablauf des Geschäftsjahres zu bezahlen ist, für jeden Anteilschein einen Anspruch auf Aufbewahrung von 1000 kg Kartoffeln jährlich. Für die Jahre 1975 und 1976 hat die Genossenschaft aus finanziellen Erwägungen kein Lagergeld in Rechnung gestellt und auch nicht erhalten. Ebenso hat sie in der Umsatzsteuererklärung auch keine Umsätze erklärt, da sie der Auffassung war, ihrer Leistungen seien unentgeltlich erbracht und daher nicht steuerpflichtig erbracht worden. Die Finanzbehörden hat die Verringerung des Wertes der Anteilsscheine infolge der Nichterhebung von Lagergeldern als Gegenleistung für die Lagerung angesehen. Als Wert setzte die Finanzbehörde das übliche Lagergeld an und unterstellte, dass in dieser Höhe der Wert der Anteilscheine verringert wurde. Dem EuGH wurde somit die Frage vorgelegt, wie weit der Begriff des Entgeltes zu fassen ist. Er führt dazu aus, dass eine Dienstleistung steuerpflichtig im Sinne der Richtlinie (damals 2. Richtlinie) ist, wenn sie gegen Entgelt ausgeführt wird, wobei die Besteuerungsgrundlage für eine solche Leistung alles ist, was als Gegenleistung für die Dienstleistung erhalten wird. Es muss ein *unmittelbarer Zusammenhang* zwischen der Dienstleistung und der Gegenleistung bestehen. Der EuGH hat in einer nicht näher bestimmten Wertminde-

317 EuGH, Urteil v. 05.02.1981, 154/80, *Aardappelenbewaarplaats*, EuGHE 1981, 445.

318 2. Richtlinie zur Harmonisierung der Rechtsvorschriften der Mitgliedstaaten über die Umsatzsteuer vom 11.04.1967, RL 67/228/EWG, ABl. 1967, 1303.

rung der Anteilsscheine der Genossenschaftsmitglieder keine Gegenleistung gesehen, da ein solcher Wertverlust nicht als Entgelt angesehen werden kann.

c) Würdigung

Ein Entgelt muss immer im unmittelbaren Zusammenhang (innere Verknüpfung)[319] zu einer Leistung stehen. Eine indirekte Wertermittlung des Entgelts durch die Wertminderung des Anteilsscheins ist nicht möglich. Diese Aussagen sind für die spätere Fragestellung „Dividenden als Entgelt?“ von Bedeutung.[320] Fraglich ist, ob der Zufluss von Dividenden in Höhe einer unentgeltlichen Leistungserbringung als Entgelt gesehen werden sollte.

2) W.M. Van Tiem (1990)[321]

a) Kernaussagen

- Einräumen eines Erbbaurechts an einer unbeweglichen Sache gegen Zahlung einer Vergütung ist auch für einen Privatmann eine wirtschaftliche Tätigkeit.
- Begriff der „Nutzung“ wird im Mehrwertsteuerrecht weit ausgelegt.

b) Sachverhalt / Urteil

In der Rechtssache Van Tiem aus dem Jahre 1990 wurde das langfristige (18 Jahre) und nachhaltige (jährliche Zahlung) Einräumen eines Erbbaurechts an einer unbeweglichen Sache (Grundstück) gegen Entgelt als wirtschaftliche Tätigkeit bejaht. Der Art. 9 Abs. S. 3 MwStSystRL legt einen sehr weiten Anwendungsbereich fest.[322] Der Gerichtshof hat u.a.[323] in diesem Urteil festgestellt, dass sich der Begriff der „Nutzung“ im Sinne des Art. 9 Abs. 1 S. 3 MwStSystRL entsprechend den Erfordernissen des Grundsatzes der Neutralität des gemeinsamen Mehrwertsteuersystems auf alle Vorgänge ohne Rücksicht auf deren Rechtsform bezieht, die darauf abzielen, mit dem betreffenden Gegenstand nachhaltig Einnahmen zu erzielen.[324]

---

319 Vgl. *Weiss*, UStR 1981, 103.

320 Vgl. Kapitel 4.4 (Entgelt vs. Kapitalzufluss).

321 EuGH, Urteil v. 04.12.1990, C-186/89, *W.M. Van Tiem*, EuGHE 1990, 4363.

322 EuGH, Urteil v. 26.03.1987, 235/85, *Notare und Gerichtsvollzieher*, EuGHE 1987, 1471, Rdnr. 7; EuGH, Urteil v. 15.06.1989, 348/87, *SUFA*, EuGHE 1989, 1737, Rdnr. 10.

323 Die weiteren Vorlagefragen sind hier nicht von Relevanz.

324 EuGH, Urteil v. 20.06.1991, C-60/90, *Polysar BV*, UR 1993, 119, Rz. 12.

c) Würdigung

Wie in Kapitel 2.2.4.3 bereits dargestellt, wird mit Art. 9 Abs. 1 S. 3 MwStSystRL der Kreis der Mehrwertsteuerpflichtigen erweitert. Während Satz 2 die originär wirtschaftlich bzw. beruflich Tätigen umschreibt, eröffnet S. 3 die Möglichkeit die Nutzung von körperlichen und nicht körperlichen Gegenständen zur nachhaltigen Erzielung von Einnahmen von nicht beruflich Tätigen zu erfassen. Dies ist in dem vorliegenden Urteil geschehen, indem der Privatmann Van Tiem mit der langfristigen und nachhaltigen Nutzungsüberlassung eines Baugrundstückes als umsatzsteuerlicher Steuerpflichtiger qualifiziert wurde. Hier stellt sich insbesondere die Frage zur Abgrenzung mit der langfristigen und nachhaltigen Überlassung von Kapital in Form einer Beteiligung. Hält man langfristig eine Beteiligung und erzielt hieraus jährlich eine Dividende, ist dies nach Verständnis der Rechtsprechung[325] keine wirtschaftliche Tätigkeit, weil keine Nutzung eines Gegenstandes zur nachhaltigen Erzielung von Einnahmen vorliegt. Obwohl diese Rechtsprechung gefestigt ist und in der Literatur größtenteils Zustimmung findet, bleibt doch ein letzter Zweifel, wo genau der Unterschied zu der vorliegenden Rechtssache „Van Tiem" ist. Ausschlaggebend dürfte hier sein, dass der Dividendenzufluss variiert und kein unmittelbarer Zusammenhang – wie in der Rechtssache „Cooeperatieve Aardappelenbewaarplaats" dargestellt – besteht. Bei der Überlassung eines Erbbaurechts ist die Zahlung der Erbpacht per Vertrag / Vereinbarung sowohl zeitliche als auch in der Höhe fixiert.

3) Enkler (1996)[326]

a) Kernaussagen

- Die Vermietung eines körperlichen Gegenstandes kann eine wirtschaftliche Tätigkeit sein, wenn sich aus der Gesamtheit der Gegebenheiten ergibt, dass eine nachhaltige Erzielung von Einahmen vorliegt.

b) Sachverhalt / Urteil

Renate Enkler hat ein Wohnmobil zum Teil an fremde Dritte und an ihren Ehemann vermietet. Darüber hinaus stand es für private Zwecke zur Verfügung. Fraglich war, ob die Vermietung eine nachhaltige Tätigkeit zu Erzielung von

325 Z. B. EuGH, Urteil v. 20.06.1991, C-60/90, *Polysar BV*, UR 1993, 119; EuGH, Urteil v. 20.06.1996, C-155/94, *Wellcome Trust*, EuGHE 1996, 3013.

326 EuGH, Urteil v. 26.09.1996, C-230/94, *Enkler*, EuGHE 1996, 4517.

Einnahmen war und somit der Vorsteuerabzug anteilig geltend gemacht werden kann. Der EuGH führt aus, dass die Nutzungsüberlassung eines Gegenstandes eine wirtschaftliche Tätigkeit ist, wenn die Gesamtheit der Gegebenheiten eine nachhaltige Erzielung von Einnahmen nachweist. Ob dies im konkreten Fall vorliegt, konnte der EuGH nicht entscheiden und hat dies zurück an den BFH verwiesen.

c) Würdigung

Grundsätzlich ist es zu begrüßen, dass der EuGH die Nutzungsüberlassung durch Privatpersonen als umsatzsteuerpflichtige Tätigkeit ansehen kann, da somit der Vorsteuerabzug eröffnet wird. Der Verweis auf die „Gesamtheit der Gegebenheiten" führt jedoch dazu, dass im Vorfeld nicht abschließend geklärt werden kann, ob die Unternehmereigenschaft vorliegt oder nicht. Es bleibt das Risiko (oder auch die Chance), dass die Unternehmereigenschaft (nicht) anerkannt wird. Wie schon in der Rechtssache „Van Tiem" dargestellt muss aber der Begriff der Nutzung weit ausgelegt werden. Auch eine geringfügige Nutzungsüberlassung führt zur Unternehmereigenschaft. Das geringe Volumen ist unerheblich, ebenso wie umgedreht das hohe Volumen in der Rechtssache „Wellcome Trust" kein Indiz für die Unternehmereigenschaft war.

4) Seeling (2003)[327]

a) Kernaussagen

- Die Vorsteuer auf den Erwerb eines Gebäudes kann auch für den nicht unternehmerischen Teil geltend gemacht werden.
- Für die nicht unternehmerische Nutzung ist dann eine steuerbare und steuerpflichtige unentgeltliche Wertabgabe anzusetzen.

b) Sachverhalt / Urteil

Herr Seeling hat in einer Auseinandersetzung mit dem Finanzamt Starnberg dem EuGH die Frage vorgelegt, ob er die Vorsteuer beim Erwerb eines ansonsten unternehmerischen genutzten Gebäudes voll geltend machen kann, auch wenn er dieses Gebäude zum Teil privat nutzt. Damit zusammenhängend war die Frage zu beantworten, ob die private Nutzung des Gebäudes eine steuerfreie oder steuerpflichtige Wertabgabe darstellt.

327 EuGH, Urteil v. 08.05.2003, C-269/00, *Seeling*, IStR 2003, 384.

Der EuGH hat dahin gehend entschieden, dass die Wertabgabe steuerpflichtig sei, da der Sondertatbestand der Steuerfreiheit gem. Art 135 Abs. 1 MwStSystRL nicht greift. Daraus folgt unmittelbar, dass der volle Vorsteuerabzug beim Erwerb des Gebäudes geltend gemacht werden kann.

c) Würdigung

Dieses EuGH Urteil wird hier angeführt, da es das Wechselspiel zwischen privater / nicht unternehmerischer und unternehmerischer Nutzung offenbart. Die nicht unternehmerische Nutzung eines Gegenstandes oder auch sonstigen Leistung führt dann nicht zur Verwehrung des Vorsteuerabzuges, wenn die Versteuerung der unentgeltlichen Wertabgabe sichergestellt ist. Im Rahmen diverser Anpassungen der Mehrwertsteuersystemrichtlinie[328] gültig ab 01.01.2011 ist jedoch ein Art. 168a MwStSystRL eingefügt worden. Dieser als „Anti-Seeling-Regelung"[329] kommentierte Artikel sieht vor, dass für Grundstücke kein Zuordnungswahlrecht mehr besteht, sondern nur noch für den unternehmerisch genutzten Teil die Vorsteuer geltend gemacht werden kann. Darüber hinaus besteht gem. Art. 168a Abs. 2 MwStSystRL ein Wahlrecht, diese Regelung auf sonstige Gegenstände anzuwenden, die dem Unternehmen zugeordnet werden. Eine spätere Nutzungsänderung soll über eine Vorsteuerkorrektur gem. der Art. 184 bis 192 MwStSystRL (im deutschen Umsatzsteuergesetz: § 15a UStG) erfolgen. Vertiefende Ausführungen zu der unentgeltlichen Wertabgabe im Zusammenhang mit der Holdingproblematik finden sich in Kapitel 4.6.

5) Charles Tijmens (2005)[330]

a) Kernaussagen

- Die private Verwendung eines Ferienbungalows schließt nicht aus, dass die Vorsteuer für den Erwerb des Bungalows ausgeschlossen werden kann.
- Die anteilige private Nutzung ist als steuerbare und steuerpflichtige Nutzungsentnahme zu versteuern.

---

328 Richtlinie 2009/162/EU des Rates vom 22.12.2009 zur Änderung verschiedener Bestimmungen der Richtlinie 2006/112/EG über das gemeinsame Mehrwertsteuersystem", EUABl L 20/14 v. 15.01.2010.

329 Vgl. *Redaktion FD-DStR*, FD-DStR 2010, 297250; *Streit/Zugmaier*, DStR 2010, 524.

330 EuGH, Urteil v. 14.07.2005, C-434/03, *Charles-Tijmens*, EuGHE 2005, 7037.

b) Sachverhalt / Urteil

Die Eheleute Tijmens haben gemeinsam einen Ferienbungalow mehrwertsteuerpflichtig erworben. Den Bungalow haben sie zu 87,5% der Nutzungszeit an wechselnde Feriengäste vermietet und zu 12,5% für den privaten Zweck verwendet. Die Finanzbehörden haben den Vorsteuerabzug zu 100% verweigert, gestützt auf eine nationale Regelung, die noch vor der 6. EG-Richtlinie erlassen worden ist. Fraglich war, ob diese Regelung zur Anwendung kommen darf.

Der EuGH hat entschieden, dass die Tijmens den Vorsteuerabzug zu 100% geltend machen können. Allerdings müssen die 12,5% private Nutzung als unentgeltliche Wertabgabe versteuert werden.

c) Würdigung

Mit dem vorliegenden Urteil war nochmals die Seeling Rechtsprechung bestätigt worden, diesmal für die Vermietung durch Privatpersonen und zeitgleich private Nutzung eines Gebäudes. Der Seeling Rechtsprechung lag ein beruflich genutztes Gebäude mit zeitgleich privater Nutzung zugrunde. Die Einschränkungen[331] ab 01.01.2011 durch den neuen Art. 168a MwStSystRL geltend hier entsprechend.

6) TRR Trygghetsrädet (2008)[332]

a) Kernaussage

- Die umgedrehte Steuerschuldnerschaft gilt auch für teilweise unternehmerisch und nicht unternehmerische Steuerpflichtige, wenn die Tätigkeit für den nichtunternehmerischen Bereich erbracht wurde.

b) Sachverhalt / Urteil

In der Rechtssache Trygghetsrädet beschäftigte sich der EuGH mit der Frage, wann der Ort der Dienstleistung der Sitzort des Leistungsempfängers gem. Art. 59 S. 1 Buchst. c) MwStSystRL ist und ob die Steuerschuldnerschaft auf den Leistungsempfänger gem. Art. 196 MwStSystRL übergeht. Problematisch war hierbei, dass der Leistungsempfänger sowohl unternehmerisch als auch nicht unternehmerisch tätig war und die empfangene Leistung für den nicht unterneh-

331 Vgl. Kapitel 3.1.1.1.3, Besprechung 4), Seeling.
332 EuGH, Urteil v. 06.11.2008, C-291/07, *TRR Trygghetsrädet*, UR 2008, 925.

merischen Bereich erbracht worden ist. Der EuGH hat ausgeführt, dass auch wenn die Leistung für den nicht unternehmerischen Bereich erbracht wird, die umgedrehte Steuerschuldnerschaft trotzdem gilt, da der Leistungserbringer lediglich prüfen muss, ob der Empfänger umsatzsteuerlich als Unternehmer erfasst ist. Ist der Leistungsempfänger erfasst, braucht der Leistungserbringer nicht mehr prüfen, ob die Leistung auch für den unternehmerischen Bereich erbracht wird. Insoweit handelt es sich um eine Vereinfachungs- und Missbrauchsvermeidungsregel.

c) Würdigung

Insbesondere für eine Holdinggesellschaft, die in der Regel einen nicht unternehmerischen Bereich aufweist und für diese Leistungen empfängt, ist das vorliegende Urteil von Bedeutung. Denn auch für diese Leistungen schuldet die Holding, wenn sie über andere Tätigkeiten unternehmerische tätig ist, die Umsatzsteuer für empfangene Leistungen (umgekehrte Steuerschuldnerschaft). Daher ist es für eine Holding auch in diesem Zusammenhang wichtig zu wissen, ob sie zumindest in geringem Maße unternehmerisch tätig ist. Ob im gleichen Schritt auch die Vorsteuer für diese empfangene Leistung geltend gemacht werden kann, muss anhand der vorliegenden Kriterien geprüft werden. In Kapitel 4.7 findet sich eine ausführliche Darstellung zu der „umgekehrten Steuerschuldnerschaft“.

7) VNLTO (2009)[333]

a) Kernaussage

- Kein Vorsteuerabzug für zum Teil unternehmerische und nicht unternehmerische Verwendung von Dienstleistungen und Gegenständen bei Körperschaften.

b) Sachverhalt / Urteil

In der Rechtssache VNLTO (*Vereniging Noordelijke Land- en Tuinbouw Organisatie*) wurde die vollständige Zuordnung von Gegenständen und Dienstleistungen zum Unternehmen abgelehnt, wenn diese für Zwecke außerhalb des Unternehmens verwendet werden. Ein Zuordnungswahlrecht zum Unternehmen mit

333 EuGH, Urteil v. 12.02.2009, C-515/07, *VNLTO*, IStR 2009, 207.

anschließender unentgeltlicher Wertabgabe für den unternehmensfremden Zweck wird Körperschaften nicht zugelassen.

c) Würdigung

Anders als noch in den Rechtssache „Seeling" und „Charles Tijmens" ist im vorliegenden Fall die Zuordnung zum Unternehmen und somit der volle Vorsteuerabzug nicht möglich. Der EuGH unterscheidet somit in natürliche Personen und Körperschaften. Natürliche Personen haben naturgemäß einen privaten Bereich während Körperschaften diesen nicht haben. Eine unentgeltliche Wertabgabe kann nur für das Personal oder für „unternehmensfremde" Zwecke vorliegen. Der Begriff unternehmensfremd wird dabei nicht – wie zu vermuten wäre – anhand des umsatzsteuerlichen Begriffs „Unternehmen" bzw. „Steuerpflichtiger" ausgelegt, sondern nach dem tatsächlichen unternehmerischen Zweck. Das bedeutet im vorliegenden Fall, dass der Unternehmenszweck der VNLTO die gewerkschaftlichen Aufgaben sind. Da die bezogenen Leistungen für diesen Unternehmenszweck verwendet wurden, liegt keine unternehmensfremde Verwendung vor und somit kann auch keine unentgeltliche Wertabgabe versteuert werden. Daher ist auch die Vorsteuer der Eingangsleistung für diesen Teil nicht abzugsfähig.

Diese Vorgehensweise des EuGH ist nicht nachvollziehbar, da sie nicht systematisch ist. Den Begriff „unternehmensfremd" außerhalb des Mehrwertsteuerrechts zu definieren, entzieht sich der Logik des Mehrwertsteuersystems.[334] Grundsätzlich scheint der EuGH hier aber die geänderte Rechtslage vorweg berücksichtigen zu wollen, die sich aus dem Art. 168a MwStSystRL ergibt. Der nichtunternehmerische / private Nutzungsanteil kann nicht mehr dem Unternehmen zugeordnet werden und somit ist der Vorsteuerabzug hierfür auch nicht mehr möglich.

3.1.1.1.4 Fazit aus EuGH Rechtsprechung

Die vorliegende historische Übersicht zu den hier relevanten EuGH Entscheidungen zeigt auf, dass sich die Rechtsprechung über die Jahre einen weiten Weg gegangen ist. Der EuGH hat über die Zeit eine Fülle an Fragestellungen vorgelegt bekommen, die immer tiefer ins Detail gehen mussten. Aufbauend auf bestehender Rechtsprechung konnten die nationalen Finanzbehörden und Finanzgerichte sowie der Steuerpflichtige ihre Streitigkeiten immer weiter klären, doch für verbleibende spezifische Fragen musste der Weg zum EuGH gegangen wer-

334 Vgl. *Spiegel/Heidler*, DStR 2009, 1507.

den. So ist über die Zeit ein Katalog an Erkenntnisse zusammengekommen, der – ausgehend von der Rechtssache Polysar – viele Fragen geklärt hat und systematische Vorgehensweisen hervorgebracht hat. Die Fragen zur reinen Unternehmereigenschaft sind mit den Entscheidungen EDM und BBL im Jahr 2004 im Großen und Ganzen abgeschlossen. Zum Vorsteuerabzug – insbesondere im Zusammenhang mit nicht steuerbaren Vorgängen – hat der EuGH in der Rechtssache Securenta (2008) und AB SKL (2009) „Meilensteine" gesetzt und die Diskussion in eine neue Richtung geführt. Die aktuelle Rechtssache VNLTO zum Zuordnungswahlrecht von gemischt genutzten Gegenständen hingegen stiftet zum Teil Verwirrung und kann nicht überzeugen.

Zusammenfassend lassen sich folgende Erkenntnisse aufzeigen:

- Zur wirtschaftlichen Tätigkeit
  - Vermögensverwaltung ist keine wirtschaftliche Tätigkeit.
  - Der Erwerb, das Halten und der Verkauf von Beteiligungen ist in der Regel Vermögensverwaltung.
  - Der Verkauf einer Beteiligung kann eine wirtschaftliche Tätigkeit sein, wenn an diese Beteiligung durch die Muttergesellschaft Leistungen im Rahmen des Unternehmens erbracht worden sind.
  - Gewerblicher Wertpapierhandel ist immer eine wirtschaftliche Tätigkeit.
  - Die Hingabe von Kapital gegen Zinsen ist keine wirtschaftliche Tätigkeit, wenn diese nicht dem Unternehmenszweck dient.
  - Die Hingabe von Kapital gegen Zinsen ist eine wirtschaftliche Tätigkeit, wenn dieses dem Unternehmenszweck dient.
  - Eine wirtschaftliche Tätigkeit liegt nur vor, wenn eine Leistung gegen Entgelt erbracht wurde.
- Zum Entgelt
  - Eine Leistung muss gegen Entgelt erbracht werden.
  - Der Bezug von Dividenden / Gewinnausschüttungen ist in der Regel kein Entgelt.
  - Der Bezug von Zinsen kann Entgelt sein, wenn die Hingabe von Kapital eine wirtschaftliche Tätigkeit ist.
  - Entgelt muss unmittelbar mit der Leistung zusammenhängen und konkret bestimmbar sein.
- Zum Vorsteuerschlüssel
  - Dividenden werden bei der Ermittlung des Pro-rata-Satzes nicht berücksichtigt / sind nicht Teil des Nenners.
  - Nicht wirtschaftliche „Umsätze" können Teil des Vorsteuerschlüssels sein.
  - Vorsteuerschlüssel ohne nicht wirtschaftliche Umsätze wird anhand eines Umsatzschlüssels ermittelt.

- Vorsteuerschlüssel mit nicht wirtschaftlichen Umsätzen kann sachgerecht von den Mitgliedstaaten vorgegeben werden.

– Zum Vorsteuerabzug
  - Nicht wirtschaftliche Vorgänge können trotzdem zum Vorsteuerabzug führen, z. B. Geschäftsveräußerung im Ganzen, Beteiligungsveräußerung, Aufnahme von Gesellschafter, Ausgabe von Aktien.
  - Kapital / Erträge aus nicht wirtschaftlichen Vorgängen müssen dem wirtschaftlichen Bereich dienen, damit Vorsteuerabzug möglich ist.
  - Steuerfreie Veräußerung von Beteiligung kann zum Vorsteuerabzug führen, wenn die Erträge dem wirtschaftlichen Bereich dienen.
  - Vorsteuerabzug für gemischt genutzte Wirtschaftsgüter wird in Zukunft nur noch eingeschränkt möglich sein.

– Zur Nutzung
  - Der Begriff der Nutzung muss weit ausgelegt werden.
  - Nutzungsüberlassung im geringen Umfang kann zu einer wirtschaftlichen Tätigkeit führen.

– Sonstiges
  - Die Übertragung von Aktien ist eine sonstige Leistung und keine Lieferung.
  - Die Veräußerung von Beteiligungen, insbesondere einer 100%-Beteiligung, kann eine Geschäftsveräußerung im Ganzen sein.
  - Vorgründungsgesellschaft kann Leistungen für Zielgesellschaft empfangen und Vorsteuer geltend machen.
  - Unternehmereigenschaft ist wichtig für den Ort der Leistung und die umgedrehte Steuerschuldnerschaft.

Folgende Fragestellung hingegen bleibt offen bzw. sind im Detail noch unklar:

– Art des Vorsteuerschlüssels bei Berücksichtigung von nicht steuerbaren Umsätzen.
– Umfang und Wirkung der unternehmerischen und nicht unternehmerischen Sphäre.
– Vorsteuerabzug im Zusammenhang mit dem Halten von Beteiligungen / Bezug von Dividenden.
– Zulässigkeit der mittelbaren Unternehmereigenschaft.
– Voraussetzungen für Teil einer Dividende als Entgelt.
– Umfang des Zuordnungswahlrechts zum Unternehmen heute und ab 2011.
– Abgrenzung des „unternehmensfremden“ Bereichs, des „privaten“ Bereichs und des „nicht unternehmerischen“ Bereichs.

3.1.1.2 Nationale Finanzgerichte

Ausgangspunkt der Analysen zur Unternehmereigenschaft einer Holding ist in Deutschland in der Regel ein BFH Urteil aus dem Jahre 1984[335], das sogenannte Sphärenurteil. Dieses Urteil bildet das Herzstück der bis heute viel diskutierten Sphärentheorie.

Die ersten Spuren zur Bildung von Sphären lassen sich allerdings schon in zwei Urteilen des Reichsfinanzhofes aus dem Jahr 1931[336] zur Geschäftsveräußerung im Ganzen finden. Hier konnten die sogenannten Erwerbsgesellschaften (juristische Personen des privaten Rechts wie Aktiengesellschaften, Gesellschaften mit beschränkter Haftung und Personenhandelsgesellschaften) keine Umsätze tätigen, die nicht im Zusammenhang mit ihrer gewerblichen Tätigkeit stehen. Diese Erwerbsgesellschaften sind danach mangels eines anderen Daseinszwecks immer umsatzsteuerliche Unternehmer.[337] Zu dieser Zeit hat das oberste Finanzgericht somit noch keine nichtunternehmerische Sphäre für Kapitalgesellschaften angenommen. Zu beachten ist aber, dass die Systematik des Umsatzsteuerrechtes zu dieser Zeit noch eine andere war. Das System der „Netto-Allphasenbesteuerung", welches zum 01.01.1968 als Umsetzung von Gemeinschaftsrecht eingeführt wurde[338], hat den Vorsteuerabzug für umsatzsteuerliche Unternehmer hervorgebracht. Der Vorsteuerabzug hat dazu geführt, dass die persönliche Steuerpflicht oftmals – im Gegensatz zu anderen Steuerarten – angestrebt wird.

---

335 BFH, Urteil v. 20.12.1984, V R 25/76, BStBl. II 1985, 176.

336 RFH, Urteil v. 30.01.1931, V A 1030/29, RFHE 28, 100; RFH, Urteil v. 24.04.1931, V A 410/31, RFHE 29, 22.

337 RFH, Urteil v. 07.06.1929, V A 472/28, Mrozek-Kartei 1926 § 1 Ziff. 1 R. 116; RFH, Urteil v. 28.10.1929, V A 706/29, RStBl. 1930, 125

338 Das am 26.04.1967 verabschiedete und am 29.05.1967 verkündete Gesetz (BGBl. I 1967, 545) trat am 01.01.1968 mit der Bezeichnung „Umsatzsteuergesetz (Mehrwertsteuer)" in Kraft. Zuvor hatte der Rat der EWG am 11.04.1967 zwei Richtlinien (RL v. 11.04.1967, ABl. EG Nr. L 71/1967, 1301 und RL v. 11.04.1967, ABl. EG Nr. L 71/1967, 1303) zur Einführung eines gemeinsamen Mehrwertsteuersystems mit Vorsteuerabzug verabschiedet. Vgl. hierzu *Klenk,* in: Sölch/Ringleb, UStG, 2010, vor § 1 UStG, Rn. 3; *Fischer/Kleineidam/Warneke*, Internationale Betriebswirtschaftliche Steuerlehre, 2005, 18.

3.1.1.2.1 Urteile des Bundesfinanzhofes

1) Sphärenurteil (1984)[339]

a) Kernaussagen

- Jedes Unternehmen kann neben seinem unternehmerischen Bereich auch einen nichtunternehmerischen Bereich haben.
- Der Vorsteuerabzug für Leistungsbezüge des nichtunternehmerischen Bereichs ist nicht möglich.
- Hilfsgeschäfte, die der Betrieb des nichtunternehmerischen Bereichs mit sich bringt, sind nicht steuerbar.

b) Sachverhalt / Urteil

Im Sphärenurteil klagte ein Verein, der sich in erster Linie aus Mitgliederbeiträgen finanziert. Darüber hinaus ist er Mitveranstalter von Fachmessen, aus denen dem Verein (unstrittig) umsatzsteuerbare und umsatzsteuerpflichtige Erlöse zufließen. Diese Messen werden zum Teil durch die Mitgliederbeiträge finanziert. Die Klage richtete sich gegen die teilweise Verwehrung des Vorsteuerabzuges, der im Zusammenhang mit den Fachmessen angefallen ist. Ferner ist der Verkauf von Gegenständen aus dem nichtunternehmerischen Bereich der Umsatzsteuer unterworfen worden. Diese Vorgehensweise hat einem BMF-Schreiben aus dem Jahr 1971[340] entsprochen.

Der BFH hat in seiner Entscheidung die von der Finanzverwaltung entwikkelte Sphärentheorie vom Grundsatz her übernommen, die einseitige Anwendung der Sphärentheorie jedoch abgelehnt und die Umsatzbesteuerung aus dem nichtunternehmerischen Bereich nicht zugelassen. Die Sphärentheorie an sich ist vom BFH allerdings anerkannt worden und systematisch begründet worden. Der BFH führt aus, dass das Nebeneinander von zwei Sphären nach den Vorstellungen des Gesetzgebers grundsätzlich möglich ist. Denn gem. § 15 Abs. 1 Nr. 1 UStG 1967 hängt die Berechtigung zum Vorsteuerabzug davon ab, dass die Leistung an einen Unternehmer *für sein Unternehmen* ausgeführt wird. Der Hauptbesteuerungstatbestand § 1 Abs. 1 Nr. 1 UStG 1967 bestimmt, dass Leistungen eines Unternehmers nur *im Rahmen seines Unternehmens* steuerbar sind. Aus beiden Vorschriften geht hervor, dass ein Unternehmer auch Leistungen empfangen und leisten kann, die nicht sein Unternehmen betreffen. Ebenfalls

339 BFH, Urteil v. 20.12.1984, V R 25/76, BStBl. II 1985, 176.
340 BMF-Schreiben v. 15.03.1971, IV A/2 – S 7104 – 5/70, BStBl. I 1971, 189.

ist der Ergänzungstatbestand des Eigenverbrauchs systematisch nicht erklärbar, wenn es nur den einen unternehmerischen Bereich geben würde.

Anhand der möglichen Grundformen eines Unternehmers, der natürlichen Person, der juristischen Person des öffentlichen Rechts, der juristischen Person des privaten Rechts sowie den Vereinen stellt der BFH die Grenzen der Unternehmereigenschaft dar:

Danach wurde für die natürlichen Personen von Anbeginn ein Nebeneinander von umsatzsteuerrechtlich relevanter und irrelevanter Sphäre gesehen. Allerdings muss bei einer natürlichen Person zwischen der reinen Privatsphäre und einer nichtunternehmerischen Sphäre unterschieden werden. Die natürliche Person hat naturbedingt vor jeder unternehmerischen Tätigkeit eine private Existenz, welche sie durch die Aufnahme einer unternehmerischen Tätigkeit auch nie verlieren kann.[341] Im Rahmen einer unternehmerischen Tätigkeit kann jedoch eine nichtunternehmerische – aber auch nicht private – Sphäre vorliegen. Hierbei handelt es sich z. B. um einen praktizierenden Kassenarzt, der in den Vorstand einer Kassenärztlichen Vereinigung berufen wird. Innerhalb seiner kassenärztlichen Tätigkeit ist die Wahrnehmung von Organverwalteraufgaben der selbstverwaltenden Sozialverwaltung eine nichtunternehmerische Bestätigung, die zwar die ärztliche Tätigkeit zur Voraussetzung hat, aber von ihr geschieden werden muss.

Für juristische Personen des öffentlichen Rechts ist mit dem Sondertatbestand „Betriebe gewerblicher Art" gem. § 2 Abs. 3 UStG 1967 eine unternehmerische Sphäre geschaffen worden, die als Abgrenzung zu der Wahrnehmung staatlicher Funktionen dient. Die hoheitlichen Aufgaben sind dem nichtunternehmerischen Bereich zuzuordnen.

Bei juristischen Personen des privaten Rechts ist weder eine naturbedingte Privatexistenz noch die dargestellte Besonderheit der juristischen Personen des öffentlichen Rechts anzutreffen. Diese Gesellschaften entstehen erst durch Gründung oder Errichtung und betätigen sich kraft der ihnen gegebenen Satzung oder gemäß ihrem gesetzlichen Auftrag. Ein Nebeneinander von umsatzsteuerlich relevantem und irrelevantem Bereich ist nur innerhalb dieses vorgegebenen Rahmens möglich. Die vom RFH aus den Jahren 1931 entwickelte These, dass Erwerbsgesellschaften keine nichtunternehmerische Tätigkeit nachgehen können, hat der BFH mit Hinweis auf ein Urteil aus dem Jahr 1983[342] für hinfällig erklärt.

Für Vereine ergibt sich aus der Verwirklichung des Satzungszweckes unter Einsatz des Beitragsaufkommens keine unternehmerische Tätigkeit. Erst die

---

341 Zwar ist es möglich, sein überwiegend privat genutztes Haus dem unternehmerischen Vermögen zuzuordnen. Genauso führt auch eingespeister Strom aus einer privaten Fotovoltaikanlage zur unternehmerischen Betätigung. Eine private Existenz bleibt jedoch immer bestehen.

342 BFH, Urteil v. 03.11.1983, V R 4/73, BStBl. II 1984, 109.

darüber hinaus gehenden entgeltlichen Leistungen an Mitglieder oder Nichtmitglieder erzeugen einen wirtschaftlichen Geschäftsbetrieb, der als unternehmerische Sphäre gegen die nichtunternehmerische Sphäre des internen Vereinslebens abzugrenzen ist.

c) Würdigung

Ein Rechtssubjekt kann neben einer unternehmerischen Sphäre ohne Weiteres eine weitere – wie auch immer bezeichnete – Sphäre besitzen. Dies ist durch das deutsche Umsatzsteuergesetz gedeckt. Für natürliche Personen ergeben sich letztendlich sogar 3 Sphären, die rein private, die nichtunternehmerische und die unternehmerische Sphäre. Die Ausführungen des BFH zu den juristischen Personen des privaten Rechts betreffen insbesondere Holdinggesellschaften, da auch für diese die Möglichkeit eines nichtunternehmerischen Bereichs angenommen wird. Welchen Nutzen und welche Folgen das Bilden von Sphären jedoch haben kann, ist streitbar und eine zentrale Frage der vorliegenden Arbeit.[343]

2) Jagdgesellschaft (1987)[344]

a) Kernaussage

- Eine Jagdpächterei in Form einer GbR kann einen unternehmerischen sowie einen nichtunternehmerischen Bereich haben.

b) Sachverhalt / Urteil

Mit dem Jagdgesellschaftsurteil hat der BFH sich der unternehmerischen Tätigkeit einer GbR aus zusammengeschlossenen Jagdpächtern angenommen. Die Jagdpächter habe über die GbR nicht benötigtes Wildbret auf Wochenmärkten verkauft. Strittig war, ob die GbR im Ganzen oder nur mit dem Verkauf des Wildbrets Unternehmer im Sinne des Umsatzsteuergesetzes ist. Schon in der Vorinstanz hat das Finanzgericht ebenso wie später der BFH die Trennung in eine unternehmerische und nichtunternehmerische Sphäre vorgenommen. Die GbR ist nur insoweit unternehmerisch tätig, wie sie sich dem Verkauf des überschüssigen Wildbrets widmet. Die mit Vorsteuer belasteten Eingangsumsätze können somit nur in Höhe des unternehmerischen Anteils geltend gemacht werden.

343 Vgl. u.a. Kapitel 3.4.7 (Umfang und Wirkung von Sphären) und Kapitel 4.3.3 (Die Veräußerung der Beteiligung).

344 BFH, Urteil v. 21.05.1987, V R 109/77, BStBl. II 1987, 735.

Durch diese Beurteilung war aus einer Umsatzsteuererstattung eine Umsatzsteuerzahllast hervorgegangen, da die Ausgangsumsätze höher waren als die anteiligen Eingangsumsätze. Die Kleinunternehmerregelung ist im Vorfeld nicht beansprucht worden, obwohl dies zur Vermeidung einer Umsatzsteuernachzahlung möglich gewesen wäre. Da es den Tatbestand der Liebhaberei im Umsatzsteuerrecht nicht gibt[345], ist die fehlende Gewinnerzielungsabsicht unerheblich.

c) Würdigung

Auch in diesem Urteil wurde der unternehmerische Teil von dem ansonsten überwiegend privaten Teil getrennt. Interessant an dem Urteil ist, dass die Gesamtheit der „Jagdtätigkeit" in zwei Sphären geteilt worden ist. Die Beurteilung des BFH beruht dabei auf dem Gesellschaftszweck der Jagdgesellschaft, welcher aus den Statuten und der Ausgestaltung der GbR hervorgeht. Denn die Gesellschaft wurde zur Verwirklichung der privaten Jagdinteressen ihrer Mitglieder gegründet und auch dementsprechend geführt. Trotzdem konnte der Verkauf des überschüssigen Wildbrets als eine unternehmerische Tätigkeit eingestuft werden, weil der Verkauf regelmäßig und nachhaltig erfolgt ist.

3) Kartoffelgemeinschaftsbrennerei (1990)[346]

a) Kernaussagen

- Der verteilte Gewinn einer GbR kann Entgelt für die Lieferung von Waren (hier: Kartoffeln) sein.

b) Sachverhalt / Urteil

Die Kartoffelgemeinschaftsbrennerei GbR erhält von ihren Anteilseignern Kartoffeln geliefert. Aus diesen Kartoffeln wird Alkohol gebrannt und verkauft. Der Gewinn aus dieser Tätigkeit wird an die Gesellschafter verteilt. Verteilungsschlüssel ist der Stärkegehalt der gelieferten Kartoffeln. Fraglich war, ob der Gewinn als Entgelt für die Lieferung der Kartoffeln angesehen werden kann.

Der BFH hat ausgeführt, dass der Gewinn ein Entgelt für die Lieferung der Kartoffeln ist, da sich der Gewinn konkret an der Lieferung der Qualität der gelieferten Kartoffeln (Stärkegehalt) orientiert. Somit ist ein unmittelbarer Zusammenhang gegeben.

345 Vgl. Kapitel 2.2.4.6 (Fehlende Gewinnerzielungsabsicht / Ergebnis der Tätigkeit).
346 BFH, Urteil v. 10.05.1990, V R 47/86, BStBl. II 1990, 757.

c) Würdigung

Wie in der Rechtssache „Cooeperatieve Aardappelenbewaarplaats" ging es im vorliegenden Urteil um Kartoffeln und um die Frage des Entgelts. Allerdings konnte der BFH hier die Entgeltlichkeit feststellen, da ein unmittelbarer Zusammenhang mit der Leistung vorliegt und der Wert zu spezifizieren ist. Anders z. B. als der Dividendenzufluss bei einer Holding ist die vorliegende Gewinnverteilung ein Entgelt. Bei einer Holding steht der Dividendenzahlung in der Regel keine unmittelbare Leistung gegenüber. Allerdings eröffnet dieses Urteil die Chance, dass auch die ansonsten unentgeltliche Erbringung von Leistungen an die Beteiligungsgesellschaften (z. B. Eingriff in die Verwaltung oder sonst. Dienstleistungen) dazu führen kann, dass zumindest ein Teil der Dividende als Entgelt angesehen wird. Soweit die Leistung den Gewinn unmittelbar erhöht hat und zu spezifizieren ist, sollte dieser Teil der Dividende ein Entgelt darstellen. Zwar ist im vorliegenden Urteil eine Gewinn*verteilung* durch eine GbR gegeben, eine Gewinn*ausschüttung* bei einer Kapitalgesellschaft darf aufgrund der Rechtsformneutralität jedoch nicht anders beurteilt werden.[347]

4) Kunstsammlung (1992)[348]

a) Kernaussage

- Der private Verkauf einer geerbten Kunstsammlung über mehrere Jahre mit erheblichen Erlösen *kann* zur Unternehmereigenschaft führen.

b) Sachverhalt / Urteil

Ein BFH Urteil aus dem Jahre 1992 beschäftigte sich mit der Unternehmereigenschaft bei der Veräußerung einer geerbten Kunstsammlung. Der Kläger hatte eine geerbte Kunstsammlung für die 1976 bis 1978 mit Erlösen in der Höhe von rd. 228.000 DM verkauft. Das Finanzamt hat den Verkauf der Kunstsammlung als eine unternehmerische Tätigkeit eingestuft. Hiergegen hatte der Erbe geklagt und in erstere Instanz durch das Finanzgericht Recht bekommen. Das Finanzamt ist in Revision gegangen. Der BFH hat die Revision für begründet angesehen, allerdings nur insoweit, dass er die Sache an das FG zurückverwiesen hat zur anderweitigen Verhandlung und Entscheidung. Denn das Kriterium der Nachhal-

347 Vgl. Kapitel 4.4 (Entgelt vs. Kapitalzufluss).
348 BFH, Urteil v. 24.11.1992, V R 8/89, BStBl 1993 II, 379.

tigkeit dieser Tätigkeit sei nicht ausreichend geprüft worden. Die unternehmerische Tätigkeit braucht nicht aus einer hauptberuflichen Tätigkeit hervorgehen.

c) Würdigung

Auch eine einmalige Verkaufsaktion kann die Unternehmereigenschaft hervorbringen, soweit diese nachhaltig erfolgt ist. Denn einer Tätigkeit muss nicht hauptberuflich nachgegangen werden, damit sie umsatzsteuerliche unternehmerisch ist. Insbesondere offenbart dieser Sachverhalt jedoch, dass eine natürliche Person aus der privaten Handlung heraus in die unternehmerische Tätigkeit „rutschen“ kann. Die Übergänge von der einen in die andere Sphäre sind offensichtlich nicht klar abgegrenzt und verlaufen fließend.

5) Appartementeigentümer (2002)[349]

a) Kernaussagen

- Die Überlassung von Appartements an eine Vermietergemeinschaft zum Zwecke der gemeinschaftlichen Vermietung begründet die Unternehmereigenschaft der Appartementeigentümer nur bei besonderen Vereinbarungen über die Entgeltlichkeit der Überlassung.
- Haben die Eigentümer lediglich Anspruch auf einen ihrem Miteigentumsanteil entsprechenden Teil am Jahresergebnis der Vermietungsgemeinschaft, wird dadurch eine Unternehmereigenschaft nicht begründet.

b) Sachverhalt / Urteil

Der Kläger hat einen umsatzsteuerbelasteten Miteigentumsanteil an einem Appartementhaus erworben. Diese Umsatzsteuer hat der Kläger als Vorsteuer geltend machen wollen. Das Finanzamt sowie das Finanzgericht verwehrten den Vorsteuerabzug, mit der Begründung, der Kläger sei kein Unternehmer. Der Kläger erhält jährlich seinen Anteil am Jahresüberschuss aus der Appartementgemeinschaft. Dies ist nicht als Entgelt anzusehen.

Der BFH bestätigte diese Auffassung, da ein variabler Jahresüberschuss kein Entgelt ist. Nur die konkrete Vermietung gegen eine feste Pacht bringt die Unternehmereigenschaft hervor. Das Halten des Anteils an dem Gemeinschaftseigentum ist keine unternehmerische Tätigkeit.

349 BFH, Urteil v. 16.05.2002, V R 4/01, DStRE 2002, 1253.

c) Würdigung

Ähnlich wie in der EuGH Rechtsprechung zu den Holdinggesellschaften[350] hat der BFH zwei Feststellungen gemacht. Zum einen ist das reine Halten einer Beteiligung (hier: an der Appartementgemeinschaft) keine unternehmerische Tätigkeit. Zweitens ist der Jahresüberschuss kein Entgelt im Sinne der Umsatzsteuer und führt ebenfalls nicht zur Unternehmereigenschaft. Hier hat der BFH anders als in seiner Entscheidung „Kartoffelgemeinschaftsbrennerei“ die Gewinnverteilung nicht als Entgelt angesehen, da diesem keine unmittelbare und konkrete Leistung gegenübersteht.

6) Einlage in GbR (2004)[351]

a) Kernaussagen

- Aufnahme eines Gesellschafters gegen Bareinlage ist nicht steuerbar.
- Die Vorsteuer i. Z. m. der rechtlichen Beratung der Aufnahme eines Gesellschafter kann grundsätzlich geltend gemacht werden.
- Dividenden sind kein Entgelt.

b) Sachverhalt / Urteil

Klägerin dieses Urteils ist eine Gesellschaft bürgerlichen Rechts, an der 2 GmbHs sowie 3 natürliche Personen beteiligt sind. Eine der natürlichen Personen erhöhte mit einer Einlage i. H. v. rund 38 Millionen DM seine Beteiligung an der GbR, damit diese ein Erbbaurecht an einem Grundstück in einem Einkaufszentrum erwerben kann. Dafür, sowie für die zusammenhängende Änderung des Gesellschaftsvertrages, hat die GbR Rechtberatung in Anspruch genommen. Für diese ist ein Betrag i. H. v. 75.000 DM zuzüglich 10.500 DM Umsatzsteuer in Rechnung gestellt worden. Die Klägerin machte diese Steuer in ihrer Umsatzsteuererklärung als Vorsteuer geltend. Das Finanzamt gewährte diesen Vorsteuerabzug mit Verweis auf den § 15 Abs. 2 UStG und des § 4 Nr. 8 Buchst. f) UStG nicht. Hiernach ist die Ausgabe von Gesellschaftsanteilen ein steuerbarer aber steuerfreier Leistungsaustausch, sodass die Vorsteuer nicht geltend gemacht werden könne.

350 EuGH, Urteil v. 20.06.1991, C-60/90, *Polysar BV*, UR 1993, 119; EuGH, Urteil v. 14.11.2000, C-142/99, *Floridienne SA/Berginvest SA*, DStRE 2000, 1268; EuGH, Urteil v. 27.09.2001, C-16/00, *Cibo Participations SA*, DStR 2001, 1795.

351 BFH, Urteil v. 01.07.2004, V R 32/00, UR 2004, 537.

Basierend auf der Rechtsprechung des EuGH in der Rechtssache „KapHag Renditefonds“[352] hat der BFH ausgeführt, dass die Aufnahme eines Gesellschafters gegen Zahlung einer Bareinlage keine Leistung gegen Entgelt ist. Weiter heißt es, dass eine Personengesellschaft, deren alleiniger Zweck es ist, ein Gebäude zu errichten und zu vermieten und die im Zusammenhang mit ihrer Gründung und der Aufnahme von Gesellschaftern rechtlich beraten wird, diese Beratungsleistungen für ihr Unternehmen bezieht. Die Beratungsleistung sind allgemeine Kosten des gesamten unternehmerischen Betriebs, sodass die Aufteilung der Vorsteuer nach dem allgemeinen Vorsteuerschlüssel des Unternehmens vorgenommen werden muss. Da die GbR ausschließlich steuerbare und steuerpflichtige Ausgangsumsätze ausführt – die GbR hat für ihre Vermietung auf die Steuerbefreiung nach § 4 Nr. 12 UStG verzichtet –, ist die Vorsteuer für die Beratungsleistung vollumfänglich geltend zu machen.

Der BFH äußert sich im vorliegenden Urteil noch über Rechtsberatungskosten einer Holding für den Erwerb einer Beteiligung an einer Tochtergesellschaft. Ausgehend von der EuGH Rechtsprechung „Cibo Participations“[353] bestätigt der BFH, dass Dividenden aus Beteiligungen zwar kein Entgelt für eine wirtschaftliche Tätigkeit sind, nicht in den Anwendungsbereich der Mehrwertsteuer fallen und kein Recht auf Vorsteuerabzug eröffnen, aber gleichwohl eine Holding Dienstleitungen, die im Zusammenhang mit der Beteiligung anfallen, den Vorsteuerabzug beanspruchen kann. Die Kosten gehören zu den allgemeinen Kosten der Holding und sind nach dem allgemeinen Vorsteuerschlüssel dieser zu beurteilen. Die Kosten werden nicht der Dividendenzahlung, sondern den weiteren Ausgangsumsätzen der Holding zugeordnet.

c) Würdigung

Im vorliegenden Urteil lässt der BFH in weiten Teilen den Einfluss des EuGH zu. Die Ausgabe von gesellschaftsrechtlichen Anteilen ist keine Leistung gegen Entgelt, somit ein nicht steuerbarer Vorgang. Trotzdem ist der Vorsteuerabzug für Eingangsleistungen möglich in den Grenzen des allgemeinen Vorsteuerschlüssels. Bei dem Empfang von Eingangsleistungen muss sich demnach immer die Frage stellen, für welche Ausgangsumsätze werden diese letztendlich benötigt und verwendet. Die Frage lautet nicht, welchen Wirtschaftsgütern oder sonstigen Vorgängen – hier die Aufnahme eines Gesellschafters – die Leistung zugeordnet werden kann. Da die Aufnahme des Gesellschafters kein Ausgangsumsatz der GbR ist, kann diese den Vorsteuerabzug nicht beeinflussen. Ebenso ist

352 Vgl. Kapitel 3.1.1.1.2, Besprechung 5), KapHag Renditefonds.
353 Vgl. Kapitel 3.1.1.1.1, Besprechung 5), Cibo Participations.

eine Leistung, die mit dem Erwerb eines Wirtschaftsgutes, z. B. einer Beteiligung, nur anhand der Ausgangsumsätze einzustufen, in welche die Leistung final einfließt. Der Erwerb einer Beteiligung ist kein Ausgangsumsatz, sondern nur eine Vorbereitungs- oder Ergänzungshandlung um Ausgangsumsätze zu generieren. Der Zufluss einer Dividende ist in der Regel kein Ausgangsumsatz, da das Entgelt „Dividende" für keine Gegenleistung geflossen ist. Die Dividende wird lediglich für das gesellschaftsrechtliche Halten der Beteiligung gezahlt. Wird die Dividendenzahlung durch die ansonsten unentgeltliche Erbringung von Dienstleistungen oder Lieferungen indirekt erhöht, kann die Mehrzahlung als umsatzsteuerliches Entgelt gegen Leistung/Lieferung angesehen werden und steuerbar werden.[354]

7) V-AG (2004)[355]

a) Kernaussagen

- Aufnahme eines atypisch stillen Gesellschafters gegen Bareinlage ist nicht steuerbar.
- Vorsteuer auf Leistungen i. Z. m. der Aufnahme eines stillen Gesellschafter sind grundsätzlich abziehbar.
- Vorsteueraufteilung nach Investitionsschlüssel ist nicht statthaft.

b) Sachverhalt / Urteil

Ein weiteres Urteil des BFH aus dem Jahre 2004 beschäftige sich mit der Aufnahme eines atypisch stillen Gesellschafters in eine Gesellschaft gegen Zahlung einer Bareinlage. In seinem Urteil hat der BFH das bereits besprochene EuGH Urteil „KapHag Renditefonds"[356] zu dieser Thematik berücksichtigt. Die Klägerin (V-AG), eine Publikumsgesellschaft in Form einer AG, hatte im Zusammenhang mit der Ausgabe von stillen Beteiligungen verschiedene Leistungen empfangen, für die sie im Streitjahr die Vorsteuer geltend gemacht hat. Zum einen ging es um die Streitfrage, ob die Ausgabe von gesellschaftsrechtlichen Anteilen (hier: stille Gesellschafter) eine steuerbare und steuerfreie oder eine nichtsteuerbare Leistung ist. Im Anschluss musste entschieden werden, ob vorsteuerbelastete Leistungen, die um Zusammenhang mit nichtsteuerbaren Vorgängen – Ausgabe von atypisch stillen Gesellschafteranteilen – angefallen sind, dem un-

354 Vgl. Kapitel 4.4 (Entgelt vs. Kapitalzufluss).
355 BFH, Urteil v. 18.11.2004, V R 16/03, UR 2005, 340.
356 Vgl. Kapitel 3.1.1.1.2, Besprechung 5), KapHag Renditefonds..

ternehmerischen Bereich zugeordnet werden können. Zum anderen war der Aufteilungsschlüssel für die Vorsteuer strittig, insbesondere ob der Investitionsschlüssel zur Anwendung kommen kann.

Basierend auf dem EuGH Urteil KapHag Renditefonds und somit auf Gemeinschaftsrecht hat der BFH die Aufnahme der stillen Gesellschafter als nichtsteuerbaren Vorgang eingestuft. Denn eine Gesellschaft erbringt bei der Aufnahme eines Gesellschafter gegen Zahlung einer Bareinlage an diesen keine Dienstleistung gegen Entgelt im Sinne des Art. 2 Nr. 2 der 6. EG Richtlinie und deshalb auf keinen steuerbaren Umsatz im Sinne des § 1 Abs. 1 Nr. 1 Satz 1 UStG. Die Frage, in welchem Umfang der Vorsteuerabzug für die mit der Aufnahme der stillen Gesellschafter zusammenhängenden Leistungen – also einer nichtsteuerbaren Leistung – in Anspruch genommen werden kann, hat der BFH nicht abschließend klären wollen und zur weiteren Sachverhaltsaufklärung an das Finanzgericht zurückgewiesen. Dem BFH war unklar, inwiefern die Leistungen für das Unternehmen oder für den nichtunternehmerischen Bereich der V-AG empfangen worden sind und inwieweit die Leistungen für die besteuerten Ausgangsumsätze verwendet worden sind. Da das Betätigungsfeld der V-AG der Erwerb, die Verwaltung und die Verwertung von Immobilien, Wertpapieren, Beteiligungen sowie Vermögensanlagen jeglicher Art ist, war es für den BFH fraglich, ob eine wirtschaftliche Tätigkeit im Sinne der 6.EG-Richtlinie (jetzt Mehrwertsteuersystemrichtlinie) überhaupt vorliegt. Dabei greift der BFH die Gedanken der EuGH Urteile „BBL SA“[357] sowie „Polysar“[358] auf, aus welchen hervorgeht, dass der bloße Erwerb, das bloße Halten und die Veräußerung von Gesellschaftsanteilen sowie der bloße Erwerb und der bloße Verkauf von sonstigen Wertpapieren nicht als wirtschaftliche Tätigkeit angesehen werden können. Vielmehr muss ein unmittelbarer oder mittelbarer Eingriff in die Verwaltung der Beteiligungsgesellschaften vorliegen. Ferner kommt nur mit der nachhaltigen Erzielung von Einnahmen durch Wertpapiergeschäfte im Rahmen einer gewerblichen Tätigkeit eine unternehmerische Tätigkeit zustande.[359] Für den BFH kommt somit in Betracht, dass die V-AG einen nichtunternehmerischen Bereich haben könnte. Diese Frage muss nach Ansicht des BFH für die Frage der Höhe des Vorsteuerabzuges geklärt werden. Denn es bestünden Zweifel an der Reichweite der EuGH Rechtsprechung zur Berechnung des Pro-rata-Satzes. Bei der Berechnung des Pro-rata-Satzes bleiben im Nenner die nichtsteuerbaren Umsätze außen vor. Nur die steuerbaren steuerpflichtigen und steuerfreien Umsätze wer-

357 Vgl. Kapitel 3.1.1.1.1, Besprechung 7), BBL SA / SICAV..

358 Vgl. Kapitel 3.1.1.1.1, Besprechung 1), Polysar Investments Netherlands BV.

359 EuGH, Urteil v 29.04.2004, C-77/01, *EDM*, UR 2004, 292, mit Anm. *Wäger*, UR 2004, 301.

den bei der Berechnung des Pro-rata-Satzes berücksichtigt.[360] Der BFH hat bereits in dem vorstehend diskutierten Urteil vom 01.07.2004[361] festgestellt, das eine Personengesellschaft, die ausschließlich unternehmerisch tätig ist, den Vorsteuerabzug aus Beratungsleistungen im Zusammenhang mit ihrer Gründung und der nicht steuerbaren Aufnahme von Gesellschaftern in vollem Umfang vornehmen kann. Im vorliegenden Sachverhalt bestehen aber Zweifel, inwiefern diese Erkenntnisse reichen, denn die V-AG hat – möglicherweise – einen nichtunternehmerischen Bereich. Der Vorsteuerabzug für Leistungen, die für einen nichtsteuerbaren Vorgang empfangen wurde, kann zwar voll geltend gemacht werden, aber nur zweifelsfrei, wenn das Unternehmen ansonsten einer unternehmerischen Tätigkeit nachgeht.

Für die Frage des Vorsteuerschlüssels hat der BFH den Investitionsschlüssel abgelehnt. Vielmehr ist das Verhältnis der von der V-AG ausgeführten steuerfreien Ausgangsumsätze zu ihren steuerpflichtigen Ausgangsumsätzen, der sog. Umsatzschlüssel, maßgebend. Der Investitionsschlüssel bleibt ohne gemeinschaftsrechtliche Grundlage, da Art. 17 Abs. 5 und Art. 19 der 6. EG-Richtlinie diesen nicht vorsieht. Vielmehr ist in der Richtlinie und somit bei richtlinienkonformer Auslegung des § 15 Abs. 4 S. 2 UStG als Regel-Aufteilungsmaßstab von einem Umsatzschlüssel auszugehen.[362]

c) Würdigung

Relevanteste Schlussfolgerung aus dem Urteil ist, dass der BFH grundsätzlich den Vorsteuerabzug aus Leistungen für den nichtunternehmerischen Bereich anerkennt. Die Methode der Aufteilung ist ebenfalls richtlinienkonform bestätigt worden. Offen bleiben die Fragen, ob bei Bestehen eines nichtunternehmerischen Bereiches der Pro-rata-Satz beeinflusst wird und wenn ja, in welchem Umfang und mit welcher Methode. In der Rechtssache „Securenta“[363] – die dem BFH zu dieser Zeit noch nicht vorgelegen hat – ist diese Frage nunmehr im Ansatz dahin gehend beantwortet worden, dass Vorsteuer für Leistungen, die nicht wirtschaftlichen Tätigkeiten dienen, den Vorsteuerabzug beeinflussen. Eine konkrete Methode gibt der EuGH dabei nicht vor.

Eine weitere Problematik, die in dem Urteil durchscheint, ist die Zuordnung von Beteiligungen zum unternehmerischen Bereich oder nicht. Der BFH hat die-

360 Vgl. EuGH, Urteil v. 22.06.1993, C-333/91, *Sofitam*, DB 1994, 25; EuGH, Urteil v. 27.09.2001, C-16/00, *Cibo Participations SA*, DStR 2001, 1795; EuGH, Urteil v. 29.04.2004, C-77/01, *EDM*, UR. 2004, 292.

361 BFH, Urteil 01.07.2004, V R 32/00, UR 2004, 537.

362 Vgl. auch BFH, Urteil v. 01.07.2004, V R 32/00, UR 2004, 537.

363 Vgl. Kapitel 3.1.1.1.2, Besprechung 8), Securenta AG.

se Frage mit dem Verweis auf die entsprechende EuGH Rechtsprechung an das Finanzgericht zurückgewiesen.

8) Neugründung von GmbHs (2005)[364]

a) Kernaussagen

- Einbringung von Sachanlagevermögen in mehrere neu gegründete Gesellschaften gegen Gewährung von Gesellschaftsanteilen kann eine nachhaltige selbständige Tätigkeit sein und somit unternehmerisch.

b) Sachverhalt / Urteil

Im vorliegenden Urteil äußerte sich der BFH zur Unternehmereigenschaft bei Neugründung von Gesellschaften. Die Klägerin, eine in 1998 gegründete GmbH, hat in 6 verschiedenen Städten Sachanlagevermögen erworben. Diese Sachanlagevermögen hat sie in neu gegründete GmbH eingebracht an denen sie zu 75% bzw. 100% beteiligt war. In der Umsatzsteuererklärung machte sie die Vorsteuer für den Erwerb des Anlagevermögens geltend. Das Finanzamt verwehrte den Vorsteuerabzug im Rahmen einer Umsatzsteuersonderprüfung, da dieses die Unternehmereigenschaft der GmbH nicht gesehen hat. Der BFH hat die Revision der Klägerin für begründet gehalten und die Unternehmereigenschaft der GmbH anerkannt. Die Einbringung des Sachanlagevermögens in sechs neugegründete GmbHs gegen Gewährung von Gesellschaftsrechten führt dazu, dass die Klägerin Unternehmerin im Sinne des § 2 Abs. 1 UStG ist. Eine weitere unternehmerische Tätigkeit – die im Streitfall erst zu einem späteren Zeitpunkt aufgenommen wurde – ist nicht notwendig, da die Einbringung von erworbenen Sachanlagevermögen in sechs neugegründete Gesellschaften eine nachhaltige Leistung gegen Entgelt ist. Der Vorgang vollzieht sich im Rahmen eines steuerbaren Leistungsaustausches.[365] Die Nachhaltigkeit ist gegeben, weil das Sachanlagevermögen in insgesamt sechs Gesellschaften eingebracht worden ist und zudem eine erhebliche wirtschaftliche Bedeutung hat. Diese Beurteilung steht nicht im Widerspruch zu einem Urteil aus dem Jahr 1987[366], da es sich in diesem Verfahren zwar um mehrere Verfügungsgeschäfte, aber nur um einen einzigen Einbringungsvorgang gehandelt hat.

364 BFH, Urteil v. 06.10.2005, V R 07/04, DStRE 2006, 545.
365 Vgl. auch BFH, Urteil v. 13.11.2003, V R 79/01, DStR 2004, 629.
366 BFH, Urteil v. 15.01.1987, V R 3/77, DStR 1987, 467.

c) Würdigung

Die Einbringung von Sachvermögen gegen Gesellschaftsrechte ist an sich keine unternehmerische Tätigkeit. Treten jedoch mehrere Einbringungen mit hohem Transaktionswert zusammen auf, dann kann dieses „Gesamtpaket" eine nachhaltige Tätigkeit und somit die Unternehmereigenschaft hervorbringen. Problematisch ist hierbei, dass eine genaue Grenzziehung nicht möglich ist, wann die Schwelle zur Unternehmereigenschaft erreicht ist. Es muss somit bei einer Einzelfallbetrachtung bleiben, was jedoch eine unbefriedigende Lösung ist. Andererseits eröffnet diese flexible Sichtweise Gestaltungsspielraum für den Steuerpflichtigen.

3.1.1.2.2 Urteile des Finanzgerichtes

1) Neugründung von GmbHs (2003)[367]

a) Kernaussagen

- Eine Holding ist nur Unternehmer, wenn sie die geschäftsleitende Dienstleistung gegen Entgelt erbringt.
- Soweit ein Entgelt nur geplant ist, liegt noch keine Unternehmereigenschaft vor.

b) Sachverhalt / Urteil

Vorliegend ist der Sachverhalt „Neugründung von GmbHs", der im Jahr 2005 vom BFH behandelt wurde, aus Sicht des FG Saarland dargestellt. Diese Sichtweise eröffnet andere Schlussfolgerungen, als das BFH Urteil ohne dabei widersprüchlich zu sein.

Eine Kapitalgesellschaft hat vorsteuerbelastetes Sachanlagevermögen erworben. Dieses Anlagevermögen brachte die Kapitalgesellschaft im Wege der Sacheinlage gegen die Gewährung von Gesellschaftsrechten in insgesamt sechs neu gegründete GmbHs ein, an denen sie zu 75 % bzw. 100 % beteiligt war. Hierfür stellte sie den GmbH Rechnungen inklusive Umsatzsteuer aus. Gegenüber diesen GmbHs hat die Kapitalgesellschaft unentgeltliche geschäftsführende Dienstleistungen erbracht mit der Planung, diese in Zukunft entgeltlich zu erbringen. In der Umsatzsteuererklärung hat die Kapitalgesellschaft die Vorsteuer für den Erwerb des Sachanlagevermögens geltend gemacht sowie die geschul-

367 FG Saarland, Urteil v. 15.07.2003, 1 K 230/01, EFG 2003, 1502.

dete Umsatzsteuer für die Einbringung angegeben. Die Umsatzsteuersonderprüfung lehnte den Vorsteuerabzug ab, da die Kapitalgesellschaft keine Unternehmerin sei. Darüber hinaus schulde sie aber die ausgewiesene Umsatzsteuer für die Einbringung gem. § 14 Abs. 3 UStG.

Das FG Saarland hat entschieden, dass die Kapitalgesellschaft keine Unternehmerin ist und sich dabei auf bestehende EuGH Rechtsprechung stützt. Das Halten von Beteiligungen und das lediglich unentgeltliche Erbringen von Dienstleistungen bringt die Unternehmereigenschaft nicht hervor. Die für die Zukunft geplante entgeltliche Erbringung führt erst ab diesem Zeitpunkt zur Unternehmereigenschaft. Der Erwerb des streitigen Anlagevermögens erscheint nicht als „erster Schritt" im Zuge der späteren entgeltlichen Tätigkeit, sodass hier keine geplante Unternehmereigenschaft vorliegt. Ein höherer Gewinn der Tochtergesellschaften durch die unentgeltliche Erbringung von Dienstleistungen ist ebenfalls nicht als Entgelt anzusehen, da diese nicht quantifiziert werden kann.

c) Würdigung

Das Finanzgericht Saarland hebt in diesem Urteil nochmals hervor, dass die unentgeltliche Erbringung von Dienstleistungen keine Unternehmereigenschaft hervorbringt. Auch bei einer späteren Aufnahme einer entgeltlichen Tätigkeit kann nicht unmittelbar die vorangegangene Tätigkeit als Vorbereitungshandlung angesehen werden. Dafür müssen konkrete Anhaltspunkte vorliegen. Somit ist bei der Aufnahme einer Tätigkeit darauf zu achten, dass eine geplante entgeltliche Tätigkeit nachgewiesen werden kann. Der BFH hat später in seinem Urteil aus dem Jahr 2005 (Neugründung von GmbHs) die Unternehmereigenschaft aus anderen Gründen – der nachhaltigen Einlage Sachanlagevermögen in die GmbHs – angenommen.

2) Finanzholding (2007)[368]

a) Kernaussagen

- Finanzholding ist kein Unternehmer.
- Unentgeltliche Leistung bewirkt keine Unternehmereigenschaft.
- Gewährung von verzinslichen Darlehen an Mutter- und Schwestergesellschaft begründet keine Unternehmereigenschaft.
- Sphärentheorie gilt auch nach aktueller EuGH Rechtsprechung weiter.

368 FG Hessen, Urteil v. 15.03.2007, 6 K 1476/02, EFG 2007, 1381.

b) Sachverhalt / Urteil

Im Nachfolgenden wird ein Urteil des Finanzgerichts Hessen vom 15.03.2007 analysiert, welches zur Frage der Unternehmereigenschaft einer Finanzholding, des Vorsteuerabzugs aus Aufwendungen für den Erwerb einer Beteiligung und der Fortgeltung der sog. Sphärentheorie ergangen ist. Die Finanzholding, eine KG, hat die Aktienmehrheit an einem Konzern erworben und damit zusammenhängend Beraterleistungen empfangen. Die Vorsteuer aus den Beraterleistungen wurde geltend gemacht, welches vom Finanzamt nicht anerkannt wurde. Das FG hat hier entschieden, dass der Vorsteuerabzug nicht zu gewähren sei, da die Finanzholding nicht unternehmerisch tätig sei. Das Betätigungsfeld der Finanzholding besteht aus dem Erwerb und der Verwaltung von Beteiligungen an anderen Unternehmen sowie von Immobilien oder sonstigen Vermögensgegenständen im Inland und Ausland. Die KG führt weiter aus, dass ein Dienstleistungsvertrag besteht, nachdem sie Einnahmen zzgl. Umsatzsteuer erziele, das FG konnte jedoch keine tatsächliche Leistung feststellen und auch nicht den Willen diese in Zukunft zu erbringen. Bestehende Darlehensverträge der KG mit ihrer Muttergesellschaft führen ebenfalls nicht zu Leistungen und der Unternehmereigenschaft. Die zeitweise Überlassung von Kapital zur Nutzung erfolgt zivilrechtlich im Rahmen eines Darlehensvertrages (§ 608 BGB) und stellt daher eine sonstige Leistung im Rechtssinne. Im wirtschaftlichen Sinne liegt jedoch keine sonstige Leistung vor, da die Ansammlung von Kapital nicht über die Vermögensverwaltung hinausgeht.[369] Die Darlehensgewährung geht nicht über eine private Vermögensverwaltung eines Endverbrauchers hinaus.[370] In dem EuGH Urteil „EDM“[371] ist die Gewährung von verzinslichen Darlehen eine wirtschaftliche Tätigkeit, aber nur insoweit eine Holdinggesellschaft an ihre Beteiligungsgesellschaften diese Leistung erbringt und die Holdinggesellschaft bereits ein Steuerpflichtiger ist. Eine ansonsten umsatzlose Holdinggesellschaft wird durch Darlehensgewährung nicht unternehmerisch tätig. Die Darlehensgewährung muss mit einer ansonsten steuerbaren Tätigkeit zusammenhängen, um wirtschaftlich zu sein.

c) Würdigung

Das vorliegende Urteil offenbart den „Klassiker“ der Probleme zur Holding und Umsatzsteuer. Die KG ist nicht originär unternehmerisch tätig mit eigenem Ge-

369 BFH, Urteil v. 01.02.1973, V R 2/70, BStBl II 1973, 127; BFH, Urteil v. 11.10.1973, V R 14/73, BStBl II 1974, 47.

370 EuGH, Urteil v. 06.02.1997, C-85/95, *Harnas & Helm*, EuGHE 1997, 745.

371 EuGH, Urteil v. 29.04.2004, C-77/01, *EDM*, UR 2004, 292.

schäft. Das Handeln besteht lediglich in der Verwaltung von Vermögensgegenständen, insbesondere von Beteiligungen. Dies wurde vom FG Hessen mit Berufung auf EuGH Rechtsprechung[372] und den Holding Erlass[373] als nichtunternehmerisches Handeln eingestuft. Die Zahlung von Zinsen wird nur als Vermögensverwaltung bzw. Nutzung von Kapital angesehen, da ein Bezug zu einer wirtschaftlichen Tätigkeit nicht gegeben ist.

3.1.1.2.3 Fazit aus nationaler Rechtsprechung

Die deutsche Rechtsprechung hat mit dem Sphärenurteil einen Stein der Diskussion ins Rollen gebracht, der bis heute nicht gestoppt ist. Der Grundsatz der Sphärentheorie ist nachvollziehbar und entspricht insbesondere der Rechtsformneutralität. Geht es jedoch darum, Schlussfolgerungen aus der Bildung von Sphären zu ziehen, dann führt dies unmittelbar zu Auslegungsschwierigkeiten. Die Möglichkeit des Vorsteuerabzugs ist für den Unternehmer ein existenzieller Bestandteil, sodass eine Verwehrung zu finanziellen Schwierigkeiten führen kann. Daher ist es wichtig, bei der Bildung von Sphären den Unternehmer nicht mit Vorsteuer zu belasten, die er letztendlich für sein Unternehmen bezogen hat.

Mit zunehmender EuGH Rechtsprechung zu der Thematik bleibt der deutschen Rechtsprechung oft nur die Möglichkeit, dem EuGH das Thema vorzulegen oder sich an die bestehende EuGH Rechtsprechung anzulehnen.[374] Insoweit finden sich insbesondere in der aktuellen BFH und FG Rechtsprechung Querverweise auf die EuGH Rechtsprechung. Neue Denkanstöße liefern jedoch die Urteile „Kartoffelgemeinschaftsbrennerei" und „Appartementeigentümer" bezüglich des Zusammenhangs zwischen Entgelt und Dividenden / Gewinnausschüttungen. Hier muss man die Erkenntnisse aus der Rechtssache „Floridienne" beachten. Das BFH Urteil „Neugründung von GmbHs" hat gezeigt, dass auch die Gründung von vielen GmbHs gegen Einlage von Sachanlagevermögen eine unternehmerische Tätigkeit sein kann. Hier hat die Vielzahl der Einlagen zur Nachhaltigkeit geführt. Insoweit werden die EuGH Urteile „KapHag Renditefonds" sowie „Kretztechnik" erweitert, die in der Aufnahme von Gesellschafter bzw. der Ausgabe von Aktien keinen steuerbaren Vorgang sehen. Auch das BFH Urteil „Kunstsammlung" hat gezeigt, dass eine ansonsten nicht steuerbare Tätigkeit, eine unternehmerische Tätigkeit werden kann, wenn die Vielzahl an Verkäufen zur

372 EuGH, Urteil v. 20.06.1991, C-60/90, *Polysar BV*, UR 1993, 119; EuGH, Urteil v. 27.09.2001, C-16/00, *Cibo Participations SA*, DStR 2001, 1795; EuGH, Urteil v. 12.07.2001, C-102/00, *Welthgrove BV*, DStRE 2001, 1180.

373 BMF-Schreiben v. 26.01.2007, IV A 5 – S 7300 – 10/07, DB 2007, 315.

374 Vgl. z. B. Besprechungen der BFH Urteile „Appartementeigentümer", „Einlage GbR" und „V-AG" in Kapitel 3.1.1.2.1 (Urteile des BFH).

Nachhaltigkeit führt. Zusammenfassend lässt sich für die deutsche Rechtsprechung feststellen, dass diese sich für das Europarecht geöffnet hat und eine richtlinienkonforme Auslegung des Umsatzsteuergesetzes anstrebt.

3.1.2 Vorgaben der Finanzverwaltung

Naturgemäß legt die Finanzverwaltung die Gesetzestexte sowie die Rechtsprechung restriktiv aus. Zur Sicherung des Steuersubstrats wird der Vorsteuerabzug nur in zweifelsfreien Fällen gewährt.[375] Insbesondere drei BMF-Schreiben sind hier von Bedeutung. Erstens der Erlass aus dem Jahr 1971, der als Grundlage der Sphärentheorie gilt, zweitens ein Erlass aus dem Jahr 2006 zur Ausgabe von gesellschaftsrechtlichen Anteilen sowie drittens und insbesondere der Erlass aus dem Jahr 2007, welcher sich mit der Unternehmereigenschaft einer Holdinggesellschaft befasst.

1) Erlass zur Sphärentheorie (1971)[376]

Das Bundesfinanzministerium hat mit einem Schreiben aus dem Jahr 1971 zur Unternehmereigenschaft von Vereinen, Forschungsbetrieben und ähnlichen Einrichtungen Stellung bezogen. Dabei führt das BMF auch zu Kapitalgesellschaften und Personengesellschaften aus, dass diese einen nichtunternehmerischen Bereich besitzen. Der umsatzsteuerliche Unternehmerbegriff in § 2 Abs. UStG stellt nicht auf die Rechtsform ab. Allerdings spricht bei diesen Erwerbsgesellschaften eine große Wahrscheinlichkeit für die Unternehmereigenschaft.[377] Mit diesem Schreiben ist die Sphärentheorie entwickelt worden, die im Jahr 1984 durch das Sphärenurteil des BFH bestätigt worden ist.

Weiter äußert sich die Verwaltung unter Punkt I (4) in dem Schreiben zu den Hilfsgeschäften. Danach unterliegt eine Tätigkeit, die nicht nachhaltig ausgeübt wird, dann der Umsatzsteuer, wenn sie einem schon vorhandenen unternehmerischen Bereich zuzuordnen ist. Dies sind Tätigkeiten, die die Haupttätigkeit mit sich bringt, wie z. B. die Veräußerung von Gegenständen aus dem unternehmerischen Vermögen (Anlagevermögen). Die Veräußerung von Umlaufvermögen hingegen ist bereits originär eine unternehmerische Tätigkeit, weil diese nach-

---

375 Die Umsatzsteuer gehört zu den fiskalisch wichtigsten Steuerarten; vgl. *Reiß*, in: Reiß/Kraeusel/Langer, UStG, 2010, Einf., Rz. 1 ff.

376 BMF-Schreiben v. 15.03.1971, IV A/2 – S 7104 – 5/70, BStBl. I 1971, 189.

377 So auch RFH, Urteil v. 06.10.1939, V 312/38, RStBl 1939, 1109.

haltig ist. Die Veräußerung von Gegenständen aus dem nichtunternehmerischen Vermögen ist hingegen nicht steuerbar.

2) Erlass zur Ausgabe von gesellschaftsrechtlichen Anteilen (2006)[378]

Mit Erlass vom 04. Oktober 2006 hat die Finanzverwaltung auf die Rechtsprechung des EuGH in der Rechtssache „Kretztechnik“ sowie auf ein BFH Urteil[379], welches sich auf die Rechtssache KapHag Renditefonds stützt, reagiert. Danach ist die Aufnahme eines Gesellschafters gegen Bareinlage in eine Personengesellschaft kein steuerbarer Umsatz und somit auch nicht steuerfrei gem. § 4 Nr. 8 Buchst. f) UStG. Auch in der Gründung einer Gesellschaft durch die ursprünglichen Gesellschafter kann kein steuerbarer Umsatz der Gesellschaft an die Gesellschafter gesehen werden. Weiter ist bei einer Kapitalgesellschaft die Ausgabe neuer Aktien zur Aufbringung von Kapital keinen Umsatz, der in den Anwendungsbereich von Art. 2 Nr. 1 der 6. EG-Richtlinie[380] fällt. In den genannten Fällen ist der Vorsteuerabzug aber trotzdem möglich, wenn:

- die Aufnahme des Gesellschafters oder die Ausgabe neuer Aktien erfolgte, um das Kapital des Unternehmers zugunsten seiner wirtschaftlichen Tätigkeit im Allgemeinen zu stärken, *und*
- die Kosten der Leistungen, die der Unternehmer in diesem Zusammenhang bezogen hat, Teil seiner allgemeinen Kosten sind und somit zu den Preiselementen seiner Produkte gehören.

Denn – so argumentiert die Verwaltung – „die unternehmerische Tätigkeit beginnt mit dem ersten nach außen erkennbaren, auf eine Unternehmertätigkeit gerichteten Tätigwerden, wenn die spätere Ausführung entgeltlicher Leistungen beabsichtigt ist (vgl. Abschn. 19 Abs. 1 Satz 1 UStR). Demzufolge können unter den vorgenannten Voraussetzungen auch Beratungsleistungen im Zusammenhang mit der Gründung einer Gesellschaft und der Aufnahme von Gesellschaftern für das Unternehmen der Gesellschaft bezogen werden.“

Die Höhe des Vorsteuerabzuges richtet sich nach den Verwendungsumsätzen. Wenn das Kapital dem Unternehmen im Ganzen dient, dann ist der allgemeine Vorsteuerschlüssel maßgebend. Wenn das Kapital hingegen einen bestimmten Geschäftsbereich dient, ist der Vorsteuerschlüssel nur dieses Geschäftsbereiches maßgebend. Soweit das Kapital für nicht unternehmerische Zwecke verwendet wird, ist kein Vorsteuerabzug möglich.

378 BMF-Schreiben v. 04.10.2006, IV A 5 – S 7300 – 69/06, DStR 2006, 1841.

379 BFH, Urteil v. 01.07.2004, V R 32/00, UR 2004, 537.

380 Jetzt: Art. 2 Abs. 1 Buchst. a) u. c) MwStSystRL.

Den Ausführungen des BMF ist grundsätzlich zuzustimmen und setzt die EuGH Rechtsprechung folgerichtig um. Hier werden noch mal die Grundsätze offenbart, dass eine Eingangsleistung nicht dem unmittelbaren „augenscheinlichen“ Vorgang zugeordnet werden darf, sondern den Umsätzen, denen sie letztendlich dienen. Lediglich die Formulierung, dass sowohl das Kapital dem Unternehmen dienen muss *und* die Leistung im Preis des Außenumsatzes aufgehen muss, lässt sich in der EuGH Rechtsprechung so nicht konkret finden. Allerdings werden in der Regel beide Voraussetzungen gleichzeitig erfüllt sein, da in eine Preiskalkulation alle Kosten eines Unternehmens einfließen werden, die für das Unternehmen bezogen worden sind. Wird das Kapital für das Unternehmen aufgenommen, dann fließt die Eingangsleistung auch in die Preisfindung mit ein. In Zweifelsfällen sollte eine Prüfung in zwei Stufen vorgenommen werden.[381]

3) Holding-Erlass (2007)[382]

Als Reaktion auf die bis dato ergangene EuGH Rechtsprechung hat die Finanzverwaltung am 26. Januar 2007 einen Erlass mit dem Titel „Umsatzsteuerliche Fragen im Zusammenhang mit dem Halten von Beteiligungen“ formuliert. Dieser Erlass ist mittlerweile im Rahmen der Umsatzsteuerrichtlinie 2008 in R 18 UStR aufgegangen.

Ausgehend von diesem Holding-Erlass ergeben sich nachfolgende „verwaltungssichere“ Möglichkeiten, nach denen eine Beteiligung im Unternehmensvermögen gehalten wird:

- Gewerblicher Wertpapierhandel
- Förderung einer bestehenden oder beabsichtigten unternehmerischen Tätigkeit
- Unmittelbares entgeltliches Eingreifen in die Verwaltung

Darüber hinaus werden in dem Holding-Erlass die Sonderfälle der Finanzinvestoren sowie die mittelbare finanzielle Eingliederung bei einer Organschaft (Klammerorganschaft) behandelt. [383]

a) gewerblicher Wertpapierhandel

Der gewerbliche Wertpapierhandel ist eine eigene Tätigkeit, welche die umsatzsteuerliche Unternehmereigenschaft zur Folge hat. Die Zuordnung zum umsatz-

381 Vgl. Kapitel 3.1.1.1.2, Besprechung 9), AB SKF.

382 BMF-Schreiben v. 26.01.2007, IV A 5 – S 7300 – 10/07, DB 2007, 315.

383 Vgl. zur umsatzsteuerlichen Organschaft im Holding-Erlass, *Mühleisen/Trapp*, UR 2007, 633, 638; zur umsatzsteuerlichen Organschaft und Gemeinschaftsrecht z. B. *Birkenfeld*, UR 2008, 2.

steuerlichen Unternehmensvermögen ist für diese Beteiligungen gegeben. Da die Veräußerung der Beteiligung jedoch steuerfrei gem. § 4 Nr. 8 e), f) UStG ist, können Vorsteuern auf Eingangsleistungen nicht geltend gemacht werden, § 15 Abs. 2 S. 1 Nr. 1 UStG. Die umsatzsteuerliche Behandlung des Erwerbs und der Veräußerung im gewerblichen Wertpapierhandel wirft daher keine kritischen Fragen auf.[384]

b) Förderung einer unternehmerischen Tätigkeit

Nach Tz. 7 des Holding-Erlasses ist eine Beteiligung unternehmerisch, wenn sie eine bestehende oder beabsichtigte unternehmerische Tätigkeit fördert. Beispielhaft wird dort als unternehmerische Tätigkeit die Sicherung günstiger Einkaufskonditionen, die Verschaffung von Einfluss bei potenziellen Konkurrenten sowie die Sicherung günstiger Absatzkonditionen genannt. Insbesondere ein operativ tätiges Stammhaus wird diese Voraussetzungen bei der Zuordnung seiner Beteiligungen erfüllen. Auch eine gemischte Holding kann die Bedingungen grundsätzlich erfüllen. Beim Erwerben, Halten und Veräußern von Beteiligungen handelt es sich dann um ein Hilfsgeschäft zu dem unternehmerischen Grundgeschäft (die operative Tätigkeit).

Die Management- bzw. Führungsholding erbringt keine operative Tätigkeit. Als Grundgeschäft sollte aber das strategische Zusammenhalten und Führen des Beteiligungskonzerns angesehen werden. Unabhängig von der Frage der Entgeltlichkeit hätte nach Verwaltungsansicht so eine Zuordnung der Beteiligungen zum umsatzsteuerlichen Unternehmen zu erfolgen.

In Tz. 8 des Holdingerlasses wird zusätzlich zwischen der gesellschaftsrechtlichen Beteiligung und der unternehmerischen Haupttätigkeit das Bestehen eines erkennbaren und objektiven wirtschaftlichen Zusammenhangs gefordert. Das soll dann der Fall sein, wenn die Aufwendungen für die gesellschaftsrechtliche Beteiligung zu den Kostenelementen der Umsätze aus der Haupttätigkeit gehören. Diese Argumentation ist im Rahmen der klassischen Sphärentheorie nicht nachvollziehbar und in dieser bewegt sich die Verwaltung mit dem vorliegenden Schreiben. In diesem Kontext liegt eine Zirkelvoraussetzung vor, da die Aufwendungen nur zu den Kostenelementen der Umsätze aus der Haupttätigkeit gehören können, wenn die Beteiligung zum umsatzsteuerlichen Unternehmensvermögen gehört, was wiederum – laut Holding-Erlass – nur möglich ist, wenn ein Zusammenhang mit der Haupttätigkeit besteht. Dieser Zusammenhang soll nun dadurch bewiesen werden, dass die Aufwendungen zu den Kostenelementen der

384 Anders aber z. B. die „bankmäßige Vermögensverwaltung"; vgl. BFH, Urteil v. 11.10.2007, V R 22/04, UR 2008, 215 m. Anm. *Englisch*, 219; *Hahne*, 222; *Philipowski*, 225; *Sedlmaier*, 227.

Umsätze aus der Haupttätigkeit gehören. Aber erst wenn die Beteiligung zum Unternehmen gehört, können die Aufwendungen (d. h. hier die Vorsteuer) für die Beteiligung den Kostenelementen der Haupttätigkeit zugeordnet werden. Dass dies hier Voraussetzung für den wirtschaftlichen Zusammenhang sein soll, macht wenig Sinn. Streng genommen würde somit keine Beteiligung mehr Unternehmensvermögen darstellen. Zumindest lässt die klassische Sphärentheorie, die der Finanzverwaltung als Grundlage dient, keine anderen Schlüsse zu.

Im Rahmen der modifizierten Sphärentheorie ist die Zuordnung der Kostenelemente jedoch auch für nichtunternehmerische Beteiligungen möglich. Denn auch für Aufwendungen im Zusammenhang mit einer Beteiligung, die im nicht unternehmerischen Vermögen gehalten wird, ist die Vorsteuer abziehbar, soweit die Kosten in einem Außenumsatz aufgehen.[385] Hintergrund dieser unglücklichen Formulierung im Holding Erlass ist offenbar, dass verhindert werden sollte, dass geringfügige Ausgangsumsätze gegenüber der Beteiligungsgesellschaft schon die Zuordnung in die unternehmerische Sphäre ermöglichen können.[386] Denn ein Hilfsgeschäft ist eigentlich jede Tätigkeit, die die Haupttätigkeit mit sich bringt.[387] Ohne diesen Zusammenhang hätte die Holding lediglich irgendeine Dienstleistung gegenüber der Beteiligungsgesellschaft erbringen müssen und die Beteiligung wäre als Unternehmensvermögen eingestuft worden. Der Finanzverwaltung bleibt nunmehr ein Spielraum, die erbrachten Dienstleistungen einzuordnen. Für den Steuerpflichtigen hingegen stellt sich die Frage, wann die Schwelle zum „erkennbaren und objektiven wirtschaftlichen Zusammenhang" überschritten ist. Diese Wertung ist allerdings nicht mit der EuGH Rechtsprechung[388] in Einklang zu bringen. In der Rechtssache „Cibo"[389] werden keine Schwellenwerte genannt oder ein besonderer Zusammenhang zu irgendeiner Hauptleistung gefordert. Die Tätigkeiten müssen lediglich dem Art. 2 MwStSystRL[390] unterliegen.[391]

c) Eingreifen in die Verwaltung

Der EuGH und mit ihm das BMF verwenden die Begrifflichkeit „Eingreifen in die Verwaltung". Das „Eingreifen in die Verwaltung" soll dabei zwingend eine unternehmerische Leistung im Sinne des § 1 Abs. 1 Nr. 1 und § 2 Abs. 1 UStG

385 Vgl. z. B. EuGH, Urteil v. 27.09.2001, C-16/00, *Cibo Participations SA*, DStR 2001, 1795.
386 Vgl. hierzu ausführlicher *Eggers/Korf*, DB 2008, 719, 724.
387 A 20 Abs. 2 S. 2 UStR.
388 EuGH, Urteil v. 27.09.2001, C-16/00, *Cibo Participations SA*, DStR 2001, 1795.
389 Vgl. Kapitel 3.1.1.1.1, Besprechung 5), Cibo Participations.
390 Im Rahmen der Entscheidung noch Art. 2 der 6. MwSt-RL.
391 Vgl. EuGH, Urteil v. 27.09.2001, C-16/00, *Cibo Participations SA*, DStR 2001, 1795, Tz. 22.

sein, z. B. in der Form von entgeltlichem Erbringen von administrativen, finanziellen, kaufmännischen und technischen Dienstleistungen an die jeweilige Beteiligungsgesellschaft. Damit umschreiben der EuGH und das BMF solche Dienstleistungen, die nach vorliegender Definition[392] eine Dienstleistungsholding ausmachen. Denn es handelt sich um Tätigkeiten, die auch von einem fremden Dritten für die Beteiligungsgesellschaften erbracht werden könnten. Demgegenüber würde ein Eingreifen in die Geschäftsführung eine Führungsholding ausmachen. Mit Verwaltung ist daher anscheinend nicht die Verwaltung der eigentlichen Geschäfte, das sog. Management der Beteiligungsgesellschaften gemeint. Vielmehr wird damit der interne Verwaltungsapparat einer Holding, wie z. B. die Buchführung angenommen. Diese Interpretation des Begriffes „Eingreifen in die Verwaltung" durch den EuGH und das BMF weicht von der in der Literatur[393] vertretenen Auffassung ab, dass es sich dabei um Managementfunktionen handeln muss. Aber auch das BMF scheint sich nicht einig zu sein, welche Tätigkeiten zur Unternehmereigenschaft führen sollen. Denn das BMF verwendet im Holding-Erlass in der Tz. 6 die Umschreibungen „geschäftsleitenden Tätigkeiten" sowie „Eingreifen in das laufende Tagesgeschäft". Diesen Begriffen lassen sich nur in Richtung einer Managementfunktion der Holding auslegen und nicht in den einfachen Dienstleistungsbereich. Da das BMF in Tz. 7 aber eine *abschließende*[394] Aufzählung vornimmt, wann das Erwerben, Halten und Veräußern von gesellschaftsrechtlichen Beteiligungen eine unternehmerische Tätigkeit darstellt und hier als dritte Alternative nur das „Eingreifen in die Verwaltung" in der eingangs beschriebenen Art und Weise aufzählt, kommt es zu einem Widerspruch. Es entsteht Unklarheit, da zwischen den Begrifflichkeiten nicht ausreichend differenziert wird.

Die Tz. 8 des Holding-Erlasses führt zu weiteren Schwierigkeiten. Denn hiernach stellt das Innehaben einer gesellschaftsrechtlichen Beteiligung, abgesehen von den Fällen des gewerblichen Wertpapierhandels, *nur dann* eine unternehmerische Tätigkeit da, wenn die Beteiligung im Zusammenhang mit einem unternehmerischen Grundgeschäft erworben, gehalten oder veräußert wird, es sich hierbei also um ein Hilfsgeschäft handelt. Die Holding muss somit immer erst ein Grundgeschäft ausüben, um überhaupt eine Beteiligung im umsatzsteuerlichen Unternehmensvermögen halten zu können. Eine Management-Holding, die gegen Entgelt in die Geschäftsführung der Beteiligungsgesellschaft eingreift, erbringt mit dieser Leistung ihr Grundgeschäft. Die reinen Dienstleistungen sind

---

392 Vgl. Kapitel 2.1.5.1 (Funktionale Differenzierung).

393 Vgl. z. B. *Hasbach*, SteuStud 2008, 87, 90; *Feil/Roscher*, BB 2007, 1079, 1080; *Mühleisen/Trapp*, UR 2007, 633.

394 „Das Erwerben, Halten und Veräußern einer gesellschaftsrechtlichen Beteiligung stellt ***nur dann*** eine unternehmerische Tätigkeit dar, ..."

hingegen immer ein Hilfsgeschäft, da eine Holding wohl kaum die Beteiligungen erwerben wird, um die Dienstleistungen als Grundgeschäft zu erbringen. Die Dienstleistungen sind ein notwendiges Übel zu einem sonstigen Unternehmenszweck. Somit kann nach der Tz. 8 das „Eingreifen in die Verwaltung" im Sinne der Auslegung der Finanzverwaltung nicht dazu führen, dass die Beteiligung in der unternehmerischen Sphäre gehalten wird. Dabei ist dies nach Tz. 7 gerade ein Merkmal, das eine unternehmerische Beteiligung hervorbringen soll.

d) Finanzinvestoren

Unter Finanzinvestoren sind in dem Holding-Erlass Gesellschaften gemeint, die andere (sanierungsreife) Gesellschaften erwerben, um sie nach erfolgter Sanierung gewinnbringend zu veräußern. Diese Finanzinvestoren sollen insoweit umsatzsteuerliche Unternehmer sein, da der Erwerb und das Halten der gesellschaftsrechtlichen Beteiligungen unabdingbare Voraussetzung für die Ausübung der unternehmerischen Tätigkeit ist. Die Beteiligungen sollen dann dem unternehmerischen Bereich zugeordnet werden.

Hier liegt eine Ungleichbehandlung mit dem „gewöhnlichen" Anteilseigner vor, der seine Beteiligungen nicht dem unternehmerischen Bereich zuordnen kann.[395] Ein Finanzinvestor kann unentgeltlich in die Geschäfte und Strukturen der erworbenen Gesellschaften eingreifen, diese gewinnmaximal optimieren und dann verkaufen. Eine „normale" Holdinggesellschaft hingegen, die unentgeltlich in ihre Beteiligungen eingreift und somit ihren Gewinn maximiert – entweder durch erhöhte Dividenden oder aber auch durch einen späteren Verkauf – muss ihre Beteiligungen dem nichtunternehmerischen Bereich zuordnen. Die unterschiedliche Beurteilung von Finanzinvestoren und einer Holdinggesellschaft lässt sich darüber hinaus allenfalls über die Abgrenzung des gewerblichen Wertpapierhandels rechtfertigen. Ein Finanzinvestor, der regelmäßig sanierungsreife Gesellschaften erwirbt und verkauft, entfaltet dadurch eine nachhaltige, auf Einnahmeerzielungsabsicht gerichtete Tätigkeit. Insofern lassen sich die meisten Finanzinvestoren bereits unter diesem Gesichtspunkt subsumieren und benötigen keine eigene Regelung.

e) Organschaft

Für das Vorliegen einer Organschaft muss die Organgesellschaft finanziell, wirtschaftlich sowie organisatorisch in das Unternehmen des Anteilseigners (Organträger) eingegliedert sein. Der Holding-Erlass gibt in Tz. 15 ff. vor, dass die

395 Vgl. *Mühleisen/Trapp*, UR 2007, 633, 638.

wirtschaftliche Eingliederung nur vorliegen kann, wenn die Beteiligung im unternehmerischen Bereich gehalten wird, da es ansonsten zwischen dem Organträger und der Organgesellschaft an einer gegenseitigen Förderung und Ergänzung einer mehr als nur unerheblichen wirtschaftlichen Beziehung fehlt. Für die finanzielle Eingliederung sieht der Holding-Erlass vor, dass diese auch erreicht werden kann, wenn diese mittelbar über eine nichtunternehmerisch tätige Tochtergesellschaft (Zwischenholding) des Organträgers oder einer Organgesellschaft erfolgt. Die nichtunternehmerische Tochtergesellschaft wird dadurch jedoch nicht Bestandteil des Organkreises. Darüber hinaus soll gem. Tz. 18 einer Organschaft in den Fällen der mittelbaren Beteiligung zwischen einer Personengesellschaft und der Kapitalgesellschaft als Organgesellschaft nicht entgegenstehen, wenn die Gesellschafter der Personengesellschaft auch an der Kapitalgesellschaft beteiligt sind und sie ihre Beteiligung an der Personengesellschaft und der Kapitalgesellschaft jeweils im nichtunternehmerischen Bereich halten.

Das Eröffnen der mittelbaren finanziellen Eingliederung ist begrüßenswert und eröffnet Gestaltungsmöglichkeiten.[396] Wünschenswert wäre jedoch auch, die wirtschaftliche Eingliederung mittelbar zuzulassen, anstatt diese durch den nichtunternehmerischen Bereich zu blockieren. Beispielhaft kann hier die entgeltliche Erbringung von Dienstleistungen einer im unternehmerischen Bereich gehaltenen Tochtergesellschaft an eine im nichtunternehmerischen Bereich gehaltene Tochtergesellschaft aufgeführt werden. Weiter ist fraglich, ob die Zwischenholding, die nicht Teil des Unternehmens und somit Organkreises sein soll, tatsächlich nicht dem Unternehmen dient. Wenn über die Zwischenholding strategische Beteiligungen gebündelt werden, dann dient diese Zwischenholding dem gesamten Unternehmen und sollte dem entsprechende gewürdigt werden.[397]

3.1.3. Fachliteratur

In der wissenschaftlichen Literatur wird die Diskussion um die umsatzsteuerliche Unternehmereigenschaft einer Holding bis heute fortgeführt.[398] Eine einheitliche Linie lässt sich dabei nicht finden, wohl aber der Konsens, dass die Thematik noch nicht abschließend und zufriedenstellend geklärt ist. Insbesondere reiben sich die Beiträge in der Literatur an der Existenz von Sphären und deren Ausprägung, die Schlussfolgerungen hieraus für die sog. Holding und letztendlich die Möglichkeiten des Vorsteuerabzuges. Dass die Unternehmereigenschaft rechts-

396 Vgl. *Mühleisen/Trapp*, UR 2007, 633, 638.
397 Vgl. auch Kapitel 4.5 (Organschaft), *Eggers/Korf*, DB 2008, 719, 723.
398 Vgl. aktuell: *Spilker*, IStR 2009, 573.

formunabhängig ist und somit auch eine Holding in Form einer Kapitalgesellschaft nichtunternehmerische tätig sein kann, lässt sich in der überwiegenden Zahl der Beiträge finden.[399] Somit wird auch in der Literatur eine gewisse Form eines nichtunternehmerischen Bereichs, eine Sphäre, gesehen. Die EuGH Rechtsprechung findet in der Literatur regelmäßig Zustimmung, wobei es im Detail zu Unstimmigkeiten kommen kann und weiterführende Informationen vermisst werden.[400] Die strikte Beantwortung der Vorlagefragen hat zur Folge, dass andere Fragestellungen, die sich im Zusammenhang mit einem Sachverhalt aufdrängen nicht beantwortet werden. Auch die Nichtbeantwortung von Vorlagefragen, wenn eine vorhergehende Vorlagefrage die Beantwortung im Rahmen der Entscheidung nicht mehr notwendig macht, führt dazu, dass Sachverhalte nicht vollumfänglich geklärt werden können. Somit bleibt Interpretationsspielraum für die Schreiber der Literatur sowie das Warten auf weitere Entscheidungen des EuGH, mit weiterführenden Informationen.

3.2. Bestehende Theorien

3.2.1 Klassische Sphärentheorie

Der Klassiker unter den Theorien zur Holding im Zusammenhang mit der Umsatzsteuer ist die Sphärentheorie. Nach Darstellung der Entstehung durch die deutsche Rechtsprechung und Finanzverwaltung[401] wird nachfolgend der Inhalt dieses Ansatzes vertiefend erörtert, damit die Stärken und Schwächen dieser Sichtweise offen gelegt werden können.

Die Sphärentheorie ist – wie bereits dargestellt[402] – insbesondere seit dem Urteil des BFH aus dem Jahre 1984[403], dem sog. „Sphärenurteil“, immer wieder Gegenstand der Diskussion. Ebenso hat der EuGH die Diskussion mehrfach durch interpretationswürdige Urteile angeheizt.[404] Auch wenn die Sphärentheorie insbesondere durch die Deutung der EuGH Rechtsprechung in der Literatur vor-

---

399 Z. B. *Rödder*, DStR 1993, 635; *Kessler/Schmidt*, DStR 2001, 1677; *Eggers/Korf*, DB 2002, 1238; *Grünwald*, DStR 2005, 1377; *Mühleisen/Trapp*, UR 2007, 633.

400 Z. B. zur Rechtssache „AB SKF“ mit weiteren Fragen zum Vorsteuerabzug: *Wäger*, DStR, 2009, 2292; *Nattkämper/Scholz*, IStR 2010, 515.

401 Siehe Kapitel 3.1.1.2 (Nationale Finanzgerichte) und 3.1.2 (Vorgaben der Finanzverwaltung).

402 Vgl. Kapitel 3.1.1.3.1 (Urteile des BFH).

403 BFH, Urteil v. 20.12.1984, V R 25/76, BStBl 1985 II, 176, UR 1985, 57 m. Anm. *Weiß*.

404 Z. B. EuGH, Urteil v. 27.09.2001, C-16/00, *Cibo Participations SA*, DStR 2001, 1795. Die Argumentation der Generalanwältin Christine Stix Hackl stand der Sphärentheorie nahe, während der EuGH darauf keinen Bezug genommen hatte.

nehmlich abgelehnt[405] und das Ende der Sphärentheorie mehrfach aufgezeichnet wurde[406], sind die Argumente der Befürworter bis in die jüngste Vergangenheit noch nicht erschöpft.[407]

Die Konzeption der Sphärentheorie entspringt im Grunde genommen der Rechtsformneutralität der Umsatzsteuer. Die umsatzsteuerliche Beurteilung des Handelns eines Rechtssubjektes darf nicht davon abhängig sein, in welcher Rechtsform die Tätigkeit ausgeübt wird.[408] Daraus ergibt sich nachfolgende Argumentation, welche die Sphärentheorie rechtfertigt.

Gemäß § 2 Abs. 1 S. 2 UStG umfasst das Unternehmen die gesamte gewerbliche oder berufliche Tätigkeit des Unternehmers. Somit ist im Umsatzsteuerrecht ein Rechtssubjekt ein einheitlicher Unternehmer mit allen seinen Aktivitäten.[409] Während im Ertragsteuerrecht für einen Steuerpflichtigen eine Unterteilung und eine Trennung in die einzelnen Einkommensarten vorgenommen werden, mit seinen unterschiedlichen Folgen[410], bilden die gesamten Aktivitäten in der Umsatzsteuer eine Unternehmenseinheit. Man spricht von der Einheitstheorie.[411] Das bedeutet, dass z. B. die Vermietung und Verpachtung genauso wie das Einzelunternehmen einer natürlichen Person in der Umsatzsteuer als Ganzes nur *ein* umsatzsteuerliches Unternehmen ist.[412] Als Folge hieraus ist der Umsatz zwischen den einzelnen Bereichen – der sog. Innenumsatz – nicht steuerbar und berechtigt auch nicht zum Vorsteuerabzug.[413] Hingegen gehört der private Bereich einer natürlichen Person nicht zu dem Unternehmen. Ein Umsatz von der unternehmerischen Ebene in die private Ebene ist steuerbar, entweder als entgeltliches Rechtsgeschäft oder bei Unentgeltlichkeit als eine Sach-[414] oder Leistungsentnahme[415].

Diese Unterteilung in unternehmerischen und nichtunternehmerischen Bereich ist bei juristischen Personen des öffentlichen Rechts ebenso wie bei gemeinnützigen Einrichtungen (Vereine) ebenfalls gegeben. Die hoheitliche Sphäre der juristischen Person des öffentlichen Rechts sowie der ideelle Bereich bei gemein-

---

405 Vgl. statt vieler *Grünwald*, DStR 2005, 1377.

406 Vgl. *von Streit*, UR 2003, 1; *Dannecker/Steger*, BB 2005, 1028.

407 Vgl. *Stapperfeld*, UR 2006, 112.

408 Vgl. *Stadie*, in: Rau/Dürrwächter, UStG, 2010, Einf., Anm. 199; *Reiß*, in: Reiß/Kraeusel/Langer, UStG, 2010, § 2 UStG, Rz. 69 ff.

409 Vgl. *Völkel/Karg*, Umsatzsteuer, 2006, 135 ff.; *Rose*, Umsatzsteuer, 2006, 36 ff.

410 Z. B. Gewerbesteuerpflicht, unterschiedliche Freibeträge in den Einkunftsarten.

411 Vgl. *Eversloh*, in: Weimann/Lang, UStG, 2007, § 2 UStG, Kap. 2.2.3.

412 Mit der Folge, dass auch nur eine Umsatzsteuervoranmeldung bzw. Umsatzsteuerjahreserklärung eingereicht werden muss.

413 Abschn. 192 Abs. 4 UStR.

414 § 3 Abs. 1b UStG.

415 § 3 Abs. 9a UStG.

nützigen Einrichtungen ist die nichtunternehmerische Sphäre. Für juristische Personen des öffentlichen Rechts sieht der § 2 Abs. 3 UStG ganz konkret vor, dass diese „nur im Rahmen ihrer Betriebe gewerblicher Art (§ 1 Abs. 1 Nr. 6, § 4 KStG) und ihrer land- oder forstwirtschaftlichen Betriebe gewerblich oder beruflich tätig“ sind. Der Art. 13 Abs. 1 S. 1 MwStSystRL gibt sinngemäß die gleichen Vorgaben, indem er schreibt, dass Einrichtungen des öffentlichen Rechts nicht als Steuerpflichtige gelten, soweit sie Tätigkeiten ausüben oder Umsätze bewirken, die ihnen im Rahmen der öffentlichen Aufgaben obliegen, auch wenn sie im Zusammenhang mit diesen Tätigkeiten oder Umsätzen Zölle, Gebühren, Beiträge oder sonstige Abgaben erheben.

Die Unterteilung in unternehmerischen und nichtunternehmerischen Bereich hat die deutsche Rechtsprechung und die Finanzverwaltung auch auf juristische Personen des Privatrechts und Personenzusammenschlüsse übertragen. In diesem Zusammenhang wurde der Begriff der Sphärentheorie ausgebildet. Jede Gesellschaft kann hiernach grundsätzlich eine unternehmerische wie auch eine nichtunternehmerische Sphäre haben. Ebenso wie bei einer natürlichen Person, einer juristischen Person des öffentlichen Rechts und einem Verein wird davon ausgegangen, dass in privater bzw. nichtunternehmerischer Absicht gehandelt werden kann. Dabei besteht zu den drei genannten Rechtssubjekten der Unterschied, dass z. B. eine Kapitalgesellschaft nach ihrem statuierten, satzungsgemäßen Zweck[416] einen wirtschaftlichen Erfolg erreichen soll. Eine Kapitalgesellschaft könnte somit als geborene Unternehmerin angesehen werden, während die drei genannten Rechtssubjekte dem Grunde nach erst einmal privat, hoheitlich bzw. ideell tätig werden.

Da aber in der Umsatzsteuer der Endverbraucher mit der Umsatzsteuer belastet werden soll[417], stellt sich die Frage, ob eine juristische Person des privaten Rechts als Endverbraucher angesehen werden kann. Die Frage der nichtunternehmerischen Sphäre ist somit der Frage der Endverbraucherfähigkeit einer Gesellschaft gleichzusetzen. Die Gesellschaft ist daraufhin zu durchleuchten, ob sie als Endverbraucher auf dem Markt auftritt oder ob sie einen Endverbraucher versorgt und somit Endverbraucherversorger ist.[418] Eine juristische Person des privaten Rechts hat zwar keinen „Privatbereich“, trotzdem ist eine Abgrenzung in unternehmerischen und nichtunternehmerischen Bereich möglich. Sie kann einen Bereich besitzen, der durch unmittelbare oder mittelbare Erbringung von Umsätzen den Endverbraucher versorgt.[419] Andererseits kann sie auch als Empfänger

416 § 23 Abs. 2 AktG bzw. § 3 Abs. 1 GmbHG.

417 Vgl. *Stadie,* in: Rau/Dürrwächter, UStG, 2010, § 2 UStG, Anm. 20.

418 Vgl. *Tiede,* Die Holding als umsatzsteuerlicher Unternehmer, 2001, 73 ff.

419 Vgl. *Stadie*, UStG, 2009, § 2 UStG, Tz. 141.

solcher Leistungen auftreten, wenn diese in den nichtunternehmerischen Bereich eingehen. Darüber hinaus kann eine juristische Person des privaten Rechts Leistungen für die privaten Zwecke der Gesellschafter[420] oder das Personal[421] empfangen, die als unentgeltliche Wertabgabe versteuert werden.

Diese Diskussionen sind insbesondere bei einer Holding gegeben, da diese oftmals keinen originären Geschäftsbetrieb unterhält. Das reine Halten von Beteiligungen durch eine sog. Finanzholding soll dabei die persönliche Steuerpflicht einer Holding nicht hervorrufen.[422]

3.2.2 Modifizierte Sphärentheorie

Mit der modifizierten Sphärentheorie ist ein Ansatz gefunden worden, der sich im Einklang mit den Mehrwertsteuersystemrichtlinien den Grundsätzen der klassischen Sphärentheorie bedient. Die klassische Sphärentheorie wird mit einigen „Stellschrauben" angepasst, sodass Schlussfolgerungen möglich sind, die richtlinienkonform(er) sind. Dieser Ansatz wurde insbesondere von *Eggers* und *Korf*[423] nach der Rechtssache Securenta aufgesetzt und soll im Nachfolgenden dargestellt werden.

Gewisse Vorgänge sind nicht steuerbar, aber trotzdem konnte man diesen nicht den vollen Bezug zum Unternehmen absprechen. Dies führte zu dem bekannten Problem, dass Vorsteuern nicht geltende gemacht werden können, die nicht von einem Endverbraucher getragen werden. Der Unternehmer bleibt auf den Vorsteuern sitzen, obwohl er nicht wirklich privat bzw. nichtunternehmerisch gehandelt hat und auch keine Steuerbefreiung vorgelegen hat.

In ersten Ansätzen *Wäger*[424] und in Weiterbildung *Eggers* und *Korf*[425] haben die Sichtweise und die Wirkung der Sphärentheorie modifiziert. Dem Grunde nach lehnen sie dadurch die Sphärentheorie nicht ab, aber kommen in Ihren Ergebnissen zu schlüssigen und vor allem richtlinienkonformen Ergebnissen. Hier hat sich der Begriff der Tätigkeitssphären herausgebildet. Eine nichtunternehmerische Sphäre wird anerkannt, wobei die Zuordnung eines Wirtschaftsgutes (hier also insbesondere einer Beteiligung) zum Unternehmen oder nicht, aber noch keine Aussage darüber zulässt, ob die Vorsteuern aus Aufwendungen im Zusammenhang mit diesen Wirtschaftsgütern möglich sind oder nicht. Die Eintei-

420 BFH, Urteil v. 13.09.2000, V B 95/00, BFH/NV 2001, 214.
421 BFH, Urteil v. 18.05.1993, V R 134/89, BStBl. II 1993, 885.
422 EuGH, Urteil v. 20.06.1991, C-60/90, *Polysar BV*, UR 1993, 119.
423 Vgl. *Eggers/Korf*, DB 2008, 719.
424 Vgl. *Wäger*, in: Festschrift für Wolfram Reiß, 2008, 229, 239.
425 Vgl. *Eggers/Korf*, DB 2008, 719.

lung in Sphären findet letztendlich nur rein gedanklich statt. Eine bilanzielle Darstellung, veränderte Vermögenssituation oder umsatzsteuerliche Konsequenzen ergeben sich daraus noch nicht. Denn nicht die Sphären können eine Auswirkung auf die umsatzsteuerliche Beurteilung haben, sondern nur die gesetzes- bzw. richtlinienkonforme Beurteilung eines Sachverhaltes. Eine Ausgangsleistung kann dabei nur steuerbar (dann steuerpflichtig oder steuerfrei) oder nicht steuerbar sein. Daraus ergibt sich, ob Umsatzsteuer anfällt. Eine Eingangslieferung oder -leistung kann von einem anderen Unternehmer für sein Unternehmen ausgeführt worden sein oder nicht.[426] Daraus ergibt sich der unmittelbare Vorsteuerabzug oder die Versagung des Vorsteuerabzuges. Nach Art. 173 Abs. 1 MwStSystRL heißt es, dass „*soweit* die Gegenstände und Dienstleistungen für die Zwecke seiner besteuerten Umsätze verwendet werden, ist der Steuerpflichtige befugt / berechtigt ...“. Hieraus ergibt sich, dass auch eine teilweise Zuordnung möglich ist. Diese Vorgabe gilt es bei der Auslegung des deutschen § 15 Abs. 1 UStG zu beachten, was insoweit auch vorgegeben ist.[427]

Im Rahmen der klassischen Sphärentheorie ergibt sich aus einem nichtsteuerbaren Vorgang in der Regel eine nichtunternehmerische Sphäre. Die nichtunternehmerische Sphäre wird dabei gleichgesetzt mit der Versagung des Vorsteuerabzuges. Dabei ist ein nichtsteuerbarer Vorgang nicht zwangsläufig „unternehmensfremd“ und vorsteuerschädlich. Eine Geschäftsveräußerung im Ganzen sowie die Ausgabe von gesellschaftsrechtlichen Anteilen sind nicht steuerbar. Der Vorsteuerabzug ist hier aber dem Grunde nach möglich.[428]

Die Veräußerung von Beteiligungen ist nach dem EuGH Urteil EDM[429] ebenfalls nicht steuerbar bzw. fällt nicht in den Anwendungsbereich der Mehrwertsteuer.[430] Eine Unterteilung in unternehmerische und nichtunternehmerische Beteiligungen hat der EuGH dabei aber nicht vorgenommen. Daraus ließ sich schließen, dass eine Veräußerung von Beteiligungen immer nicht steuerbar ist, unabhängig davon, ob die Holdingmutter Dienstleistungen gegenüber dieser erbracht hat oder die Beteiligung der Förderung einer unternehmerischen Tätigkeit gedient hat.[431] Die Rechtssache AB SKF hat hier eine andere Sichtweise eröffnet. Die Veräußerung einer Beteiligung ist danach steuerbar und steuerfrei, soweit sie in wirtschaftlichen Beziehungen zur Mutter gestanden hat. In diesem Zusammenhang stehende Vorsteuerbeträge können aber trotzdem abzugsfähig sein,

---

426 § 15 Abs. 1 S. 1 Nr. 1 UStG.

427 Vgl. Abschn. 192 Abs. 1 UStR 2008, m. w. N.

428 Vgl. hierzu Kapitel 4.3.3.2 (Geschäftsveräußerung im Ganzen).

429 EuGH, Urteil v. 29.04.2004, C-77/01, *EDM*, UR 2004, 292 m. Anm. *Wäger*.

430 Abgesehen von den Fällen des gewerblichen Wertpapierhandels.

431 Vgl. *Eggers*, UR 2008, 348, 351; *Eggers/Korf*, DB 2008, 719, 724; *Englisch*, UR 2008, 219, 220.

wenn die Erträge aus der Beteiligung (Dividenden und Veräußerungserlös) unternehmerischen Zwecken dienen. Eine Lieferung oder Leistung kann auch für das Unternehmen bezogen sein, wenn sie nicht unmittelbar einen Gegenstand der unternehmerischen Sphäre betrifft. Z. B. sind die Vorsteuern auf die Aufwendungen, die im Zusammenhang mit dem Verkauf einer nichtunternehmerischen Beteiligung anfallen dann abziehbar, wenn die Erträge für den Erwerb von unternehmerischen Vermögensgegenständen verwendet werden. Fließen die Dividenden in den unternehmerischen Bereich und werden nicht einfach nur vereinnahmt und nichtunternehmerisch (d. h. vermögensverwaltend) reinvestiert, dann sind auch die laufenden Kosten im Zusammenhang mit der Beteiligung unternehmerisch. Die Frage lautet hier nicht, für welches Wirtschaftsgut die Tätigkeit erbracht wurde, sondern ob die Tätigkeit in irgendeiner Form dem unternehmerischen Bereich dient.

Fraglich ist, ob eine Beteiligung, deren Erträge dem Unternehmen dienen, die aber ansonsten nicht steuerbar ist[432], der nichtunternehmerischen Sphäre oder der unternehmerischen Sphäre zugeordnet werden sollte. Um eine Differenzierung vorzunehmen, könnte auch eine dritte Sphäre geschaffen werden, eine nicht steuerbare unternehmerische Sphäre.[433] Da ein Sachverhalt aber gesetzes- und richtlinienkonform beurteilt werden sollte, ist die Schaffung gedanklicher Schubladen eher störend und wird der Komplexität der Thematik nicht gerecht.

3.2.3. Endverbrauchertheorie

Das Gegenstück zum Unternehmer bzw. Steuerpflichtigen ist der Endverbraucher. Der Endverbraucher soll mit der Umsatzsteuer belastet werden und kann keine Vorsteuer mehr geltend machen. Er ist das letzte Glied in dem umsatzsteuerlichen Wertschöpfungsprozess und erbringt keine weitere Leistung an Dritte. Obwohl der Unternehmer das Steuersubjekt ist, ist der Endabnehmer nach dem Ziel des Gesetzes der Träger der Umsatzsteuer. Die Umsatzsteuer ist eine indirekte Verbrauchssteuer und wird auf den Endverbraucher abgewälzt.[434] Der Unternehmer übernimmt hier in gewisser Form die Funktion des Steuereinnehmers für den Staat.

Der Endverbraucher sollte daher als negatives Abgrenzungsmerkmal zur Unternehmereigenschaft dienen. Wird ein Rechtssubjekt auf die Unternehmereigenschaft hin überprüft, muss u.a. die Frage gestellt werden, ob es dem Sinn und

432 D. h., die Veräußerung ist nicht steuerbar und die Dividenden sind ebenfalls nicht steuerbar.

433 Vgl. *Rüth*, EU-UStB 2006, 10.

434 Vgl. *Stadie*, UStG, 2009, Vorbem.., Tz. 15 ff.

Zweck des Mehrwertsteuersystems entspricht, dass dieses Rechtssubjekt ein Endverbraucher darstellen soll. Dieser Blickwinkel sollte bei der Beurteilung nicht unberücksichtigt bleiben, um ein sachgerechtes Resultat zu erlangen. Neben den positiven Abgrenzungskriterien liefert die Endverbrauchersichtweise einen weiteren Baustein zur Unternehmereigenschaft und verhindert, dass ein wesentlicher Gedanke des Mehrwertsteuersystems aus dem Auge verloren geht.

Ein umsatzsteuerlicher Unternehmer ist ein Endverbraucherversorger. Bei der Beurteilung eines Sachverhalts muss überprüft werden, ob der Unternehmer einen Endverbraucher mit Lieferungen oder sonstigen Leistungen versorgt oder selber als Endverbraucher in Erscheinung tritt.

3.3 Würdigung der bestehenden Theorien

Ausgehend von der Sphärentheorie hat sich gezeigt, dass die Endverbrauchertheorie sowie die modifizierte Sphärentheorie Ansätze liefern, die der vorliegenden Problematik gerechter werden, als die Sphärentheorie. Die Sphärentheorie ist darüber hinaus aber nicht im Ganzen abzulehnen und bietet im ersten Schritt richtige Ansätze. Insbesondere der Grundsatz der Rechtsformneutralität wird durch die Sphärentheorie gedeckt. Dass Wirtschaftsgüter entweder einem unternehmerischen Bereich oder einem nichtunternehmerischen Bereich dienen können, dem ist ebenfalls zuzustimmen. Allerdings ist die Reichweite des nichtunternehmerischen Bereichs nicht richtlinienkonform ausgelegt. Die Schlussfolgerungen für den Vorsteuerabzug im Zusammenhang mit Wirtschaftsgütern des nichtunternehmerischen Bereichs lassen sich über die Sphärentheorie nicht zufriedenstellend lösen. Insbesondere den Interpretationen der Sphären durch die Finanzverwaltung in dem Holding-Erlass ist nicht zuzustimmen. Die Zuordnung zum Unternehmen und die Schlussfolgerungen für den Vorsteuerabzug sind dabei zu restriktiv und weichen – auch wenn die Finanzverwaltung sich auf diese beruft – von der EuGH Rechtsprechung ab.

Die Endverbrauchertheorie bzw. –sichtweise dokumentiert nochmals den Hintergrund und die Entstehung des Mehrwertsteuersystems grundsätzlich. Bei der Würdigung eines Sachverhaltes muss immer Berücksichtigung finden, dass letztendlich nur der Endverbraucher mit der Umsatzsteuer belastet sein darf. Solange die Leistung für – wie auch immer gearteten – unternehmerischen Bereich bzw. für unternehmerische Ausgangsumsätze verwendet wird, darf dieser Unternehmer nicht auf der Vorsteuer sitzen bleiben. Eine Ausnahme bildet hier natürlich die vorsteuerbelastete Eingangsleistung für eine steuerbare aber *steuerfreie* Leistung. Aber auch in diesem Zusammenhang muss seit der EuGH Rechtsprechung AB SKF eine genaue Prüfung vorgenommen werden, ob die Eingangsleistungen nicht final in einen steuerbaren und steuerpflichtigen Ausgangumsatz einfließen.

Mit der modifizierten Sphärentheorie ist basierend auf der Entwicklung in der EuGH Rechtsprechung die Sphärentheorie weitergeführt worden. Diese Weiterentwicklung ist zu begrüßen, da sie in der Klärung der Sachverhalte die Logik des Mehrwertsteuersystems berücksichtigt. Dabei steht bei der Beurteilung einer Eingangsleistung die Verwendung des Kapitals, welches diese Eingangsleistung beeinflusst, im Vordergrund. Damit ist im ersten Schritt erreicht worden, dass auch Vorsteuern geltend gemacht werden können, die offenkundig einen nicht steuerbaren Vorgang betreffen. Denn bei vertiefender Analyse des Sachverhaltes kann sich herausstellen, dass das Kapital (Veräußerungserlös, Dividenden, usw.) wiederum für wirtschaftliche Tätigkeiten verwendet wird oder die Leistung im Preis eines wirtschaftlichen Außenumsatzes aufgeht.

Im nachfolgenden weiterführenden Ansatz – der Mikrounternehmertheorie – werden die richtlinienkonformen Elemente der vorstehenden drei Theorien aufgenommen und zu einem Gesamtbild zusammengeführt. Insbesondere die modifizierte Sphärentheorie liefert einen fortschrittlichen und wegweisenden Ansatz zur Bearbeitung der Problematik. Die Mikrounternehmertheorie nähert sich der Problematik jedoch von einer anderen Sichtweise, die zum Teil zu gleichen aber im Detail auch zu anderen Ergebnissen führt. Die wird im nachstehenden Kapitel 3.4 ausgeführt.

3.4 Weiterführender Ansatz: Mikrounternehmertheorie

3.4.1 Einleitung

So wie man mit allen Tätigkeiten *ein* Unternehmer ist, ohne dass diese Tätigkeiten wirtschaftlich zusammenhängen müssen, so löst nicht *eine* unternehmerische Tätigkeit, die Unternehmereigenschaft für alle anderen Tätigkeiten aus.[435] Im Grunde ist ein umsatzsteuerlicher Unternehmer immer nur Unternehmer, solange und soweit er eine wirtschaftliche Tätigkeit vorgenommen hat. Stellt er die Tätigkeiten ein, verliert er mit Abschluss der letzten Tätigkeit seine Unternehmereigenschaft. Streng genommen muss der Unternehmer für jede Tätigkeit auf seine umsatzsteuerliche Unternehmereigenschaft hin geprüft werden, sodass die Unternehmereigenschaft jedes Mal aufs Neue entsteht. Zwar gibt es immer nur einen umsatzsteuerlichen Unternehmer, aber die Unternehmereigenschaft ent-

435 Vgl. *Stadie*, UStG, 2009, § 2 UStG, Rz. 141.

steht unabhängig davon jedes Mal auf der untersten Ebene neu. Die Prüfung der Unternehmereigenschaft wird in der kleinsten Einheit – Mikroansatz – vorgenommen. Dabei muss beachtet werden, dass die Tätigkeit im Gesamtkontext der „nachhaltigen Tätigkeit zur Erzielung von Einnahmen“[436] beurteilt werden muss. Das einmalige Ausführen einer Tätigkeit ohne Zusammenhang mit weiteren Aktivitäten ist in der Regel nie nachhaltig und somit nicht unternehmerisch. Somit liegen zwei Prüfschritte vor. Im ersten Schritt muss geprüft werden, ob überhaupt schon ein Unternehmer / Steuerpflichtiger gegeben ist. Wenn nicht, dann muss die Tätigkeit dahin gehend untersucht werden, ob diese im Zusammenspiel mit weiteren Tätigkeiten zur nachhaltigen Erzielung von Einnahmen und somit zur Unternehmereigenschaft führt (persönliche Steuerpflicht). Wenn (dann) ein Unternehmen / Steuerpflichtiger vorliegt, muss die Tätigkeit dahin gehend überprüft werden, ob sie im Rahmen dieses Unternehmens gegen Entgelt ausgeführt worden ist, § 1 Abs.1 Nr. 1 UStG (sachliche Steuerpflicht). Die persönliche Steuerpflicht kann somit schon entstehen, wenn die Tätigkeit zur nachhaltigen Erzielung von Einnahmen dient. Das Ausführen der Tätigkeit im Rahmen des Unternehmens gegen Entgelt ist lediglich Voraussetzung für die sachliche Steuerpflicht.[437]

Korrespondierend mit der unabhängigen Prüfung jeder Tätigkeit ist auch jede Eingangsleistung bzw. Lieferung dahin gehend zu prüfen, ob sie einer bestimmten oder mehreren Tätigkeiten des Unternehmens zuzuordnen ist. Der Art. 168 MwStSystRL gibt hier vor, dass „soweit die Gegenstände und Dienstleistungen für die Zwecke seiner besteuerten Umsätze verwendet werden“ der Vorsteuerabzug möglich ist. Wie bereits in Kapitel 3.2.2 (modifizierte Sphärentheorie) angesprochen, kann eine Eingangsleistung immer nur dem Unternehmen zugeordnet werden, *soweit* sie diesem dient. Auch bei den Eingangsleistungen muss der Mikroansatz gefahren werden. Jede Eingangsleistung dient einem oder mehreren Tätigkeiten. Jeder dieser Tätigkeiten muss eine steuerpflichtige wirtschaftliche Tätigkeit sein, damit die Vorsteuer für die Eingangsleistung dem Grunde nach geltend gemacht werden kann.

Beispiel:

Erbringt eine Holding (Muttergesellschaft) Dienstleistungen an die Beteiligungsgesellschaften, so ist die Holding auch nur insoweit unternehmerisch tätig. Das Erbringen von einfachen Dienstleistungen gegenüber den Beteiligungsgesellschaften führt somit nicht dazu, dass die Holding an sich im Ganzen unternehme-

436 Vgl. § 2 Abs. 1 S. 3 UStG.
437 Vgl. Kapitel 2.2.4.5 (Erzielung von Einnahmen).

risch tätig ist. Der Vorsteuerabzug kann daher auch nur für empfangene Leistungen bzw. Lieferungen geltend gemacht werden, die für den unternehmerischen Bereich (hier: die erbrachte Dienstleistung) verwendet werden.

3.4.2 Exkurs ins Ertragsteuerrecht: § 3c EStG und § 8b Abs. 5 KStG

Die Diskussion über den Vorsteuerabzug im Zusammenhang mit einem nicht steuerbaren / steuerfreien Vorgang erinnert an die Diskussionen im Ertragsteuerrecht zur „Steuerfreiheit" gem. § 8b Abs. 1 KStG und den Beschränkungen beim Betriebsausgabenabzug gem. § 3 c Abs. 1 EStG i. V. m. § 8b Abs. 5 KStG[438]. In dieser Diskussion ging es darum, ob der steuerfreie Bezug gem. § 8b Abs. 1 KStG aus einer (ausländischen)[439] Beteiligung in Form einer Dividende / Gewinnausschüttung dazu führt, dass auch die Ausgaben in diesem Zusammenhang teilweise nicht abziehbar – also „steuerfrei" – sind.[440] Es war fraglich, ob Ausgaben im Zusammenhang mit diesen Bezügen gem. § 3c Abs. 1 EStG i. V. m. § 8b Abs. 5 KStG hälftig nicht abziehbar sind oder / und ob pauschal 5% der Bezüge als Betriebsausgaben fingiert werden dürfen. Schaut man sich die „Steuerfreiheit" der Bezüge im Detail an, stellt sich heraus, dass diese Erträge gar nicht steuerfrei im eigentlichen Sinne sind. Vielmehr findet die Besteuerung auf anderen Ebenen statt. Im Rahmen des Halbeinkünfteverfahrens (und auch des früheren Anrechnungsverfahrens) wird auf erster Ebene der Ertrag versteuert und erst auf der letzten Ebene wird der Ertrag durch den persönlichen Einkommensteuersatz der Anteilseigner in der Besteuerung angepasst. In der Summe ergibt sich dadurch die volle Besteuerung des Ertrages. Die „Steuerbefreiung" in den Zwischenebenen erfolgt lediglich, um die Mehrfachbesteuerung zu vermeiden. Mit der Regelung des § 8b Abs. 5 KStG bzw. durch Anwendung des § 3c Abs. 1 EStG wird der Abzug von Aufwendungen verwehrt, der im Zusammenhang mit der vollen Besteuerung eines Ertrages steht. Die Steuerbefreiung ist allerdings systembedingt und keine Steuerbefreiung im eigentlichen Sinne. Die Dividendenfreistellung ist nur ein technisches Vehikel zur Vermeidung einer mehrfachen Körperschaftsteuerbelastung im Konzern und damit kein Privileg. Durch die Anwendung des § 8b Abs. 5 KStG aber insbesondere des § 3c Abs. 1 EStG wird

438 Bis 2000 noch § 8b Abs. 7 KStG i.d.F. des StEntlG 1999/2000/2002 v. 24.03.1999.

439 Bis Ende 2003 war der § 8 Abs. 5 KStG nur auf ausländische Beteiligungen anzuwenden, für inländische Beteiligungen galt der § 3c Abs. 1 EStG. Ab VZ 2004 ist der § 8b Abs. 5 KStG auf inländische und ausländische Beteiligungen anzuwenden. § 3c Abs. 1 EStG kommt nicht mehr zu Anwendung.

440 Vgl. *Oldiges*, DStR 2008, 533; *Körner*, IStR 2006, 376; *Intemann*, DB 2007, 2797; *Friedrich/Nagler*, IStR 2006, 217.

der eigentliche Sinn der Dividendenfreistellung eingeschränkt. Diese unsystematische Behandlung von Beteiligungsaufwendungen führt zu einer Mehrfachbesteuerung. Die Anwendung des § 8b Abs. 5 KStG bzw. § 3c Abs. 1 EStG würde somit das objektive Nettoprinzip[441] verletzen. Die Anwendung des § 3c Abs. 1 EStG (hälftiges Abzugsverbot) im gegeben Zusammenhang ist seit 2004 nicht mehr zulässig.[442] Die fingierten nicht abziehbaren Betriebsausgaben in Höhe von 5% gem. § 8b Abs. 5 KStG sind allerdings weiterhin vorgegeben.

Übertragen auf die hier vorliegende Diskussion über den Vorsteuerabzug auf Eingangsleistungen im Zusammenhang mit steuerbaren und steuerfreien bzw. nicht steuerbaren Vorgängen, lassen sich die Parallelen erkennen. Auch hier liegt zwar ein steuerfreier / nicht steuerbarer Vorgang vor, die Tätigkeiten werden jedoch in einem letzten Schritt besteuert. Es ist keine echte Steuerfreiheit / nicht Steuerbarkeit gegeben, denn der Außenumsatz wird besteuert. In diesen Außenumsatz ist der nicht steuerbare / steuerfreie Vorgang aufgegangen. Ebenso geht die hierfür bezogene Eingangsleistung – unter den genannten Voraussetzungen – in dem Außenumsatz auf. Eine Verwehrung des Vorsteuerabzugs würde somit wie in der Diskussion aus dem Ertragsteuerrecht zu einer Art „Doppelbesteuerung“ führen.

3.4.3 Mikrounternehmertheorie und Vorsteuerabzug

Die Mikrounternehmertheorie lässt sich auch mit der jüngsten EuGH Rechtsprechung in der Sache „AB SKF“ in Einklang bringen und findet sich dort wieder. Aus dem genannten Urteil geht hervor, dass es unerheblich ist, wie man Beteiligungen einer Sphäre zuordnet, ob hier eine unternehmerische oder eine nichtunternehmerische Sphäre vorliegt. Der Fokus liegt darauf, zu identifizieren, wie eine Eingangsleistung letztendlich verwendet wird. D. h., es ist zu ermitteln, in welchen Ausgangsumsatz der Wert der Eingangsleistung aufgeht. Die Frage lautet hier, wo die Wertschöpfung der Leistung für das umsatzsteuerliche Unternehmen / den Steuerpflichtigen liegt. Daher hat in der Rechtssache AB SKF der

441 Ein von der höchstrichterlichen Finanzrechsprechung anerkannter Grundsatz der Besteuerung ist das objektive Nettoprinzip (BFH, Urteil v. 04.07.1990, GrS 1/89, BStBl. II 1990, 830; BFH, Urteil v. 17.04.1996, I R 78/95, BStBl. II 1996, 571; BFH, Urteil v. 23.08.1999, GrS 5/97, BStBl. II 1999, 782), das aus dem Leistungsfähigkeitsprinzip abgeleitet wird. Danach sind Erwerbsaufwendungen des Steuerpflichtigen bei der Einkommensermittlung zum Abzug zu bringen; eine Bruttobesteuerung widerspricht dem Leistungsfähigkeitsprinzip und damit der Idee und Konzeption einer Steuer aufs Einkommen. (Vgl. *Hundsdörfer*, BB 2001, 2242, 2244).

442 Vgl. auch EuGH, Urteil v. 23.02.2006, C-471/04, *Keller Holding,* IStR 2006, 325; BMF-Schreiben v. 30.09.2008, IV C 7 – S 2750-a/07/10001, BStBl. I 2008, 940.

EuGH es auch nicht für schädlich empfunden, wenn eine Eingangsleistung im Zusammenhang mit einem steuerbaren und steuerfreien Beteiligungsverkauf empfangen wird. Nur wenn der Wert der Leistung unmittelbar in den Verkauf der Beteiligung einfließt, z. B. über einen höheren Verkaufspreis, kann die Vorsteuer nicht geltend gemacht werden. Wenn der Veräußerungserlös für die Generierung von wirtschaftlichen Tätigkeiten verwendet wird, dann hat die Eingangsleistung (indirekt) einen unternehmerischen Bezug und die Vorsteuer kann dementsprechend geltend gemacht werden.

Der EuGH ist mit diesem Urteil über den bis dato angesprochenen Bereich der nicht steuerbaren Beteiligungsaktivität hinaus gegangen. Beim nicht steuerbaren Beteiligungserwerb oder – verkauf war schon durch vorangegangene EuGH Rechtsprechung grundsätzlich die Möglichkeit gegeben, die Vorsteuer geltend zu machen. Dies war möglich, weil die Leistungen für die allgemeinen Umsätze des Unternehmens empfangen wurden. Diese Argumentation war in vielen Bereichen, die nicht steuerbare Vorgänge betrifft, anzutreffen, wie z. B. die Geschäftsveräußerung im Ganzen, die Ausgabe von gesellschaftsrechtlichen Anteilen, die Aufnahme von stillen Gesellschaftern und für den genannten Beteiligungserwerb bzw. -verkauf. Zum Umfang des Vorsteuerabzuges und zum Vorsteuerschlüssel finden sich in Kapitel 4.2 weitere Ausführungen.

3.4.4 Mikrounternehmertheorie und Beteiligungen

Nach der Mikrounternehmertheorie ist eine Person[443] nie im Ganzen und nie im Allgemeinen Unternehmer, sobald sie einmal die Unternehmereigenschaft erlangt hat. Nur das vorliegende Bündel von wirtschaftlichen Tätigkeiten bildet den Umfang des Unternehmens. Empfangene Eingangsleistungen müssen diesen wirtschaftlichen Tätigkeiten zugeordnet werden können. Einer Eingangsleistung muss eine – oder mehrere – Tätigkeiten gegenüberstehen. Für diese Tätigkeit muss die Eingangleistung einen erkennbaren Nutzen liefern. Dieser Nutzen kann dabei unmittelbar – also offensichtlich – sein, aber auch mittelbar hervortreten. Hier kommen die Gedanken der modifizierten Sphärentheorie zum Tragen. Z. B. können der Erwerb einer Beteiligung und die damit im Zusammenhang stehenden Eingangsleistungen einen Nutzen für steuerbare und steuerpflichtige wirtschaftliche Ausgangsleistungen bringen, sodass der Vorsteuerabzug trotz des nichtsteuerbaren Vorgangs „Beteiligungserwerb“ geltend gemacht werden kann. Die enge Auslegung der Finanzverwaltung im Holding-Erlass, dass die Tätigkeiten der Beteiligungsgesellschaft dem Grundgeschäft – also den wirtschaftli-

443 Natürliche Person, juristische Person, Personengesellschaft, Vereine und weitere.

chen Tätigkeiten – der Muttergesellschaft (Holding) dienen müssen, ist abzulehnen. Zur vorliegenden und weiteren Fragen im Zusammenhang mit Beteiligungen finden sich in Kapitel 4.3 weitere Ausführungen.

3.4.5 Mikrounternehmertheorie und Entgelt

Im Rahmen der Mikrounternehmertheorie kommt der Beurteilung der Tätigkeit (des Außenumsatzes) eine wichtige Bedeutung zu, da sich anhand dieser die Eingangsleistung messen lassen muss. In diesem Zusammenhang steht die Frage der Wirkung und des Umfangs des Entgelts. Muss für eine wirtschaftliche Tätigkeit zwingend ein Entgelt gegeben sein oder kann die „Erzielung von Einnahmen“ auch über andere Elemente erfolgen. Wie bereits einleitend in Kapitel 2.2.4.5 dargestellt, ist für die persönliche Steuerpflicht dem Wortlaut des Gesetzes nach kein Entgelt gefordert. Erst für die sachliche Steuerpflicht wird ein Entgelt vorausgesetzt. Neben der Frage des allgemeinen Erfordernisses eines Entgeltes steht die Frage, welche Formen von Entgelt möglich sind. D. h. muss Entgelt in Form von Geld fließen, oder können auch andere Werte als Entgelt angesehen werden. Weiter ist es nach EuGH Rechtsprechung wichtig, dass das Entgelt unmittelbar mit einer Leistung zusammenhängt.[444]

Wenn Beteiligungen dem Unternehmen zugeordnet werden und der Verkauf steuerbar aber steuerfrei ist, dann wäre der Zufluss der Dividenden aus diesen Beteiligungen ebenfalls steuerbar und steuerfrei. Denn sowohl die Ausschüttung von Gewinnen als auch die Thesaurierung von Gewinnen und anschließende Realisierung durch Veräußerung sollte nicht unterschiedlich gewürdigt werden. Fraglich ist, ob die Dividenden insoweit als Entgelt anzusehen wären. Weiterführende Analysen zum Entgelt finden sich in Kapitel 4.3 wieder.

3.4.6 Mikrounternehmertheorie und Organschaft

Die Sichtweise der Mikrounternehmertheorie verdeutlicht einen Fehlschluss, der im Rahmen der Organschaft auftritt. Denn es ist fragwürdig, welche Auswirkung *eine* unternehmerische Tätigkeit auf die Möglichkeit haben soll, eine Organschaft zu bilden. Die Erbringung einer unbedeutenden unternehmerischen Tätigkeit führt grundsätzlich dazu, dass insoweit ein umsatzsteuerlicher Unternehmer entsteht. Dieser Unternehmer kann Organträger sein bzw. wird nach deutschem Umsatzsteuergesetz zwingend Organträger, wenn die weiteren Voraussetzun-

444 Vgl. Kapitel 3.1.1.1.3, Besprechung 1), Cooeperatieve Aardappelenbewaarplaats.

gen[445] vorliegen. Diese Fallgestaltung – einen geringen Umsatz zu generieren – führt somit in die Organschaft. Sobald die Organschaft vorliegt, werden alle Umsätze der Organgesellschaft dem Organträger zugerechnet. Der Organträger erhält dann die Möglichkeit, Vorsteuern für Eingangsleistungen geltend zu machen, die er ohne Organschaft nicht hätte geltend machen können. Z. B. kann der Organträger nun vorsteuerbelastete Eingangsleistungen mit Bezug zu den Ausgangsumsätzen der Organgesellschaft in Anspruch nehmen und die Vorsteuer hierfür geltend machen. Ohne Organschaft wäre die Gesellschaft auf den Vorsteuern sitzen geblieben.

Hält man sich vor Augen, dass auf der anderen Seite die mittelbare Unternehmereigenschaft auch für beherrschende Unternehmen abgelehnt wird, erscheint die vorstehende Erkenntnis paradox. Ausgehend von der Mikrounternehmertheorie, sollte die Organschaft auch nur insoweit existent sein, wie eine unternehmerische Tätigkeit vorliegt. Im vorliegenden Beispiel bedeutet dies, der Organträger bildet die Organschaft nur mit dem Bereich der Organgesellschaft, für den die Dienstleistungen erbracht worden sind. Denn nur in diesem Bereich kooperieren die beiden Unternehmen im Sinne der wirtschaftlichen und organisatorischen Eingliederung zusammen. Weiterführende und vertiefende Ausführungen zu dem Thema „Organschaft" finden sich in dem Kapitel 4.5.

3.4.7 Umfang und Wirkung von Sphären

In einem letzten Schritt soll auf Basis der bisherigen Erkenntnisse nochmals die Sphärentheorie selbst, d. h. insbesondere die Sphären, betrachtet werden. Dabei stehen drei Fragen im Mittelpunkt:

1) Gibt es Sphären in der Umsatzsteuer?
2) Wenn ja, wie viele und in welcher Ausprägung?
3) Macht es überhaupt Sinn, eine Einteilung in Sphären vorzunehmen?

Zu 1)

Tatsächlich kann man feststellen, dass es im Umsatzsteuersystem bzw. Mehrwertsteuersystem mehrere Bereiche geben kann, die als Sphären bezeichnet werden können. Der Unternehmer / Steuerpflichtige kann unabhängig von der Rechtsform Umsätze ausführen und andererseits Lieferungen / Leistungen empfangen, die in keiner Weise dem umsatzsteuerlichen Unternehmen dienen. Dieser

445 Finanzielle, wirtschaftliche und organisatorische Eingliederung.

Bereich kann man als nichtunternehmerische Sphäre oder private Sphäre bezeichnen.

Zu 2)

In der Sphärentheorie werden zwei Sphären angenommen, die unternehmerische und die nichtunternehmerische Sphäre. In der Auslegung des BFH sowie der Finanzverwaltung ist „nichtunternehmerisch" gleichzusetzen mit „nicht steuerbarem" Bereich. Wie sich aus den obigen Ausführungen ergeben hat, ist jedoch der nicht steuerbare (nicht wirtschaftliche) Bereich kein Ausschlusskriterium für den Vorsteuerabzug. Denn die nicht unternehmerische Sphäre kann auch einen Nutzen für das umsatzsteuerliche Unternehmen beitragen. Insofern könnte es Sinn machen, eine dritte Sphäre zu öffnen, die unternehmerische „nicht steuerbare" Sphäre. Diese Sphäre dient dazu, den wirtschaftlichen Bereich zu stärken, fällt aber selbst nicht unmittelbar in den Anwendungsbereich der Mehrwertsteuer.[446] Eine rein nichtunternehmerische Sphäre, die gar keinen Bezug zum Unternehmen hat, somit in der Regel privat bzw. unternehmensfremd ist, bleibt bestehen.

Zu 3)

Fraglich bleibt jedoch, welchen Nutzen es bringt, zwei oder mehrere Sphären zu öffnen und zu definieren. Denn welchem Zweck dient die Sphäre eigentlich? Letztendlich kann man dieser Sphäre nur Wirtschaftsgüter zuordnen, in Form einer gewissen gedanklichen „Bilanzierung". Empfangene Leistungen jedoch sind unabhängig von Sphären unmittelbar darauf hin zu überprüfen, ob sie im Rahmen des Unternehmens bzw. für Zwecke der besteuerten Umsätze empfangen worden sind. Wird die Leistung für ein Wirtschaftsgut – insbesondere eine Beteiligung – empfangen, wird nach den Rechtssachen „Securenta" und „AB SKF" darauf abstellt, ob die Leistung in irgendeiner Form in einem wirtschaftlichen Umsatz aufgeht oder das Kapital für den wirtschaftlichen Bereich verwendet wird. Ob das Wirtschaftsgut in einer nichtunternehmerischen oder sonstigen Sphäre gehalten wird, ist unerheblich. Erst für die Veräußerung dieses Wirtschaftsgutes kann es erheblich sein zu wissen, welcher Sphäre dieses Wirtschaftsgut zugeordnet war. Denn die Veräußerung selber kann nicht steuerbar sein, soweit diese aus der nichtunternehmerischen Sphäre getätigt wird. Sie ist jedoch steuerbar und dann steuerpflichtig oder steuerfrei, wenn die Veräußerung aus dem unternehmerischen Bereich getätigt wird. Allerdings ist auch hier eine vorherige Zuordnung nicht zwingend notwendig und wurde vom EuGH in der

446 Vgl. *Rüth*, EU-UStB 2006, 10, 12.

Rechtssache „AB SKF“ auch nicht vorgenommen. Im Zeitpunkt der Veräußerung der Beteiligung muss lediglich überprüft werden, ob diese Veräußerung im Rahmen des Unternehmens getätigt wird. Die Veräußerung kann dann ein Hilfsgeschäft sein und somit steuerbar, wenn das „Wirtschaftsgut“ Beteiligung unmittelbar dem unternehmerischen Betrieb genutzt hat. Unmittelbarer Nutzen soll heißen, dass nicht nur das Kapital aus der Beteiligung dem Unternehmen gedient hat, sondern der wirtschaftliche Betrieb der Beteiligung einen Bezug zur Muttergesellschaft hat. Das Bilden von starren Sphären oder Bereichen führt letztendlich zu mehr Unsicherheiten als es Nutzen bringt.

4. Lösungs- und Gestaltungsansätze strittiger Sachverhalte anhand der Mikrounternehmertheorie – Frage des Vorsteuerabzuges

4.1 Einführung

Ziel und Zweck der gesamten vorliegenden Ausführungen ist es, darzustellen, ob und in welcher Höhe ein Unternehmer / Steuerpflichtiger – hier insbesondere eine Holding – Vorsteuerbeträge geltend machen kann. Die gesamten Überlegungen, ob Sphären oder Tätigkeitssphären vorhanden sind oder ein „Mikrounternehmer" gegeben ist, sollen dazu führen, dass eine sachgerechte und logische Aufteilung der Vorsteuerbeträge erfolgt. Dabei sind die einzelnen Ansätze jeweils aus unterschiedlichen Perspektiven und mit unterschiedlichen Zielsetzungen entstanden. Die Finanzverwaltung möchte den Vorsteuerabzug naturgemäß gering halten, der Steuerpflichtige versucht diesen so hoch wie möglich zu halten. Die Rechtsprechung dient als ausgleichende Kraft. In der Literatur werden die Vorgehensweisen und die Rechtsprechung kritisch gewürdigt und einer theoretischen Analyse unterzogen.

Im vorliegenden Kapitel 4 wird einleitend die gesetzliche Grundlage des Vorsteuerabzugs dargestellt und durch die Mikrounternehmertheorie kritisch beleuchtet. Dabei wird zuerst der Vorsteuerabzug dem Grunde nach und nachfolgend der Vorsteuerabzug der Höhe nach (Vorsteuerschlüssel) aufgezeigt. Insbesondere der Umfang und die Ermittlung des Vorsteuerschlüssels sind von Relevanz. Anschließend werden kritische Fragestellungen mit den vorliegenden Erkenntnissen (Schlussfolgerungen aus der Mikrounternehmertheorie sowie aus der Rechtsprechung und Literatur) dergestalt aufgearbeitet, dass insbesondere die Auswirkungen auf den Vorsteuerabzug klar dargestellt werden. Die Frage des Vorsteuerabzuges ist eine Frage von hohem Interesse für den Unternehmer / Steuerpflichtigen, da hiervon seine Liquidität abhängen kann. Darüber hinaus ist auf der Gegenseite die Entstehung der Umsatzsteuer im Rahmen eines Außenumsatzes von Relevanz. Dabei ist insbesondere die Frage der Steuerbarkeit und der Steuerfreiheit von Bedeutung.

Nachfolgend werden nach den Einführungen zum Vorsteuerabzug (Kapitel 4.2), Fragestellungen im Zusammenhang mit dem Erwerb, dem Halten und der Veräußerung von Beteiligungen erörtert (Kapitel 4.3). Anschließend wird auf die Frage des Entgelts im Zusammenhang mit dem Bezug von Dividenden und Zinsen eingegangen und beide Zuflüsse im Vergleich gewürdigt. (Kapitel 4.4.) Im nächsten Schritt wird die Organschaft im Allgemeinen aber insbesondere aus dem Blickwinkel der Holding betrachtet. (Kapitel 4.5.) Abschließend werden zwei speziellere Thematiken untersucht. Erstens birgt die „Unentgeltliche Wertabgabe“ (Kapitel 4.6) offene Fragen und zweitens gibt es zur „Umgekehrten Steuerschuldnerschaft“ neue Erkenntnisse (Kapitel 4.7).

Bei der Auswahl der strittigen Sachverhalte sind insbesondere eine oder mehrere der folgenden Kriterien als Entscheidungsmaßstab herangezogen worden. Zum Teil greifen die Kriterien ineinander und bedingen sich gegenseitig:

1. Die Unternehmereigenschaft selber ist strittig;
2. Das Vorliegen und der Umfang von Entgelt sind strittig;
3. Der Begriff oder Umfang der Nutzung ist strittig;
4. Sachverhalte und Fragestellungen rund um die „Nicht Steuerbarkeit“ und „Steuerfreiheit“ sind strittig;
5. Der Umfang und die Wirkung von Sphären sind strittig;
6. Der Vorsteuerabzug dem Grunde nach ist strittig;
7. Der Vorsteuerabzug der Höhe nach (Vorsteuerschlüssel) ist strittig.

4.2 Vorsteuerabzug

4.2.1 Vorsteuerabzug dem Grunde nach

Der Unternehmer kann für die gesetzlich geschuldete Steuer für Lieferungen und sonstige Leistungen, die von einem anderen Unternehmer *für sein Unternehmen* ausgeführt worden sind gem. § 15 Abs. 1 Nr. 1 UStG die Vorsteuerbeträge abziehen. Der Artikel 168 S. 1 Buchst. a) MwStSystRL führt aus, dass der Steuerpflichtige berechtigt ist, soweit die Gegenstände und Dienstleistungen *für die Zwecke seiner besteuerten Umsätze* verwendet werden, vom Betrag der von ihm geschuldeten Steuer die geschuldete oder entrichtete Mehrwertsteuer für Gegenstände und Dienstleistungen abzuziehen, die ihm von einem anderen Steuerpflichtigen geliefert bzw. erbracht wurden oder werden.

Der Vorsteuerabzug dem Grunde nach setzt somit voraus, dass eine Leistung für das Unternehmen bzw. für Zwecke seiner besteuerten Umsätze verwendet wird. Die Formulierung in der Mehrwertsteuersystemrichtlinie ist dabei „glücklicher“, da sie nicht auf das Unternehmen, sondern auf die besteuerten Umsätze abstellt. Insbesondere lässt sich diese Formulierung in Einklang mit der Mikrounternehmertheorie bringen. Im Rahmen der Mikrounternehmertheorie wird bei der Prüfung des Vorsteuerabzuges auf die konkrete Zuordnung zu einer Tätigkeit (Außenumsatz) abgestellt. Das Abstellen auf das „Unternehmen“ führt dazu, dass Eingangsleistungen in Bezug zu einem Wirtschaftsgut des Unternehmens gebracht werden müssen. Aus der Formulierung „ für sein Unternehmen“ kann übereilt gefolgert werden, dass die Einordnung in eine nichtunternehmerische und unternehmerische Sphäre von Bedeutung wäre. Dabei ist – wie bereits im vorstehenden Kapitel ausgeführt – die Zuordnung eines Wirtschaftsgutes zum Unternehmen nicht zwingend entscheidungsrelevant für den Vorsteuerabzug.[447] Entscheidungsrelevant ist vielmehr, welchen Einfluss die Eingangsleistung auf besteuerte Tätigkeiten nimmt.

Die Formulierung im deutschen Umsatzsteuergesetz ist allerdings insoweit unkritisch, als bei der Auslegung die Vorgaben der EU-Richtlinie zu beachten sind. Der § 15 Abs. 1 UStG ist – wie das gesamte Umsatzsteuergesetz – europarechtskonform auszulegen und darf zu keinen anderen Ergebnissen führen, als der Art. 168 MwStSystRL vorgibt.[448]

Grundsätzlich muss beachtet werden, dass es neben der „Standardvoraussetzung“ für den Vorsteuerabzug gem. § 15 Abs. 1 Nr. 1 UStG bzw. Art. 168 S. 1 Buchst. a) MwStSystRL zahlreiche weitere Voraussetzungen und Konstellationen gibt, die den Vorsteuerabzug beeinflussen, verbieten oder hervorbringen können. Beispielhaft sei hier die Notwendigkeit erwähnt, dass eine ordnungsgemäße Rechnung gem. § 14 UStG vorliegen muss. Ebenso kann ein innergemeinschaftlicher Erwerb gem. § 15 Abs. 1 Nr. 3 UStG vorliegen, für den eigene Voraussetzungen zu beachten sind. Für ausführliche Informationen wird auf die zahlreichen Literaturausführungen verwiesen, die sich im Detail mit allen Fallgestaltungen auseinandergesetzt hat.[449] Für die vorliegenden Zwecke ist es nicht notwendig, alle Sondersachverhalte und Voraussetzungen im Detail zu erörtern. Insbesondere würde dies den Rahmen der Arbeit überdehnen. Daher ist vorliegend immer – soweit nicht speziell ein Hinweis erfolgt – der oben dargestellte Standardfall Gegenstand der Untersuchungen.

4.2.2 Vorsteuerabzug der Höhe nach (Vorsteuerschlüssel)

4.2.2.1 Allgemeine Grundsätze

Eingangleistungen, die eindeutig und ausschließlich einer Tätigkeit zuzuordnen sind, werden nach der umsatzsteuerlichen Beurteilung dieser Tätigkeit einge-

447 Bei der Veräußerung einer Beteiligung ist nach jüngster EuGH Rechtsprechung (AB SKF) relevant, ob diese dem Unternehmen gedient hat, um Steuerbarkeit und Steuerfreiheit oder Nicht-Steuerbarkeit feststellen zu können. Dem „Unternehmen dienen“ könnte hier gleichgesetzt werden mit „unternehmerischer Sphäre“.

448 Vgl. Kapitel 2.2.1 (Verhältnis UStG vs. MwStSystRL).

449 Vgl. statt vielen *Stadie*, UStG, 2009, § 15 UStG, Rz. 1 ff.

stuft. Der Vorsteuerabzug richtet sich nach dieser Tätigkeit. Insoweit bedarf es keiner Ermittlung eines Vorsteuerschlüssels. Der Vorsteuerschlüssel wird benötigt, wenn *eine* Eingangsleistung für *mehrere* Tätigkeiten verwendet wird, die zum Teil steuerbar und steuerpflichtig und zum anderen Teil steuerbar und steuerfrei sind.[450] Diese „mehreren Tätigkeiten" können dabei auch über nur ein Wirtschaftsgut ausgeübt werden, z. B. ein Gebäude, welches sowohl steuerfrei als auch steuerpflichtig vermietet wird. Wird eine Eingangsleistung für mehrere Tätigkeiten verwendet, dann liegt eine sogenannte „gemischte Verwendung" vor, für die durch die Artikel 173 bis 175 MwStSystRL bzw. durch § 15 Abs. 4 UStG der Aufteilungsmaßstab vorgegeben ist.[451] Spätestens seit den EuGH Urteilen „Securenta" sowie „AB SKF" ist jedoch klar, dass nicht steuerbare Umsätze ebenfalls bei der Ermittlung des Vorsteuerschlüssels berücksichtigt werden müssen. Hierfür geben die Mehrwertsteuersystemrichtlinie und das Umsatzsteuergesetz allerdings keinen Aufteilungsmaßstab vor. Es finden sich nur Vorgaben für die Aufteilung von steuerbaren und steuerpflichtigen Umsätzen im Verhältnis zu den steuerbaren und steuerfreien Umsätzen. Im Nachfolgenden werden zuerst die Vorgaben für die Ermittlung des Vorsteuerschlüssels bei „nur steuerbaren Umsätzen" (Standardfall) und anschließend die Vorgaben – soweit vorhanden – für die Ermittlung des Vorsteuerschlüssels bei „auch nicht steuerbaren Umsätzen" dargestellt. Darüber hinaus wird jeweils die Sichtweise der Mikrounternehmertheorie aufgezeigt und mit dieser die Vorgaben gewürdigt.

4.2.2.2 Vorsteuerschlüssel bei nur steuerbaren Umsätzen

Gem. Art. 173 Abs. 1 S. 1 MwStSystRL darf grundsätzlich, „soweit Gegenstände und Dienstleistungen von einem Steuerpflichtigen sowohl für Umsätze verwendet werden, für die ein Recht auf Vorsteuerabzug gemäß den Artikeln 168, 169 und 170 besteht, als auch für Umsätze, für die kein Recht auf Vorsteuerabzug besteht, [...] nur der Teil der Mehrwertsteuer abgezogen werden, der auf den Betrag der erstgenannten Umsätze entfällt." Das EU-Recht gibt jedoch gem. Art. 173 Abs. 1 S. 2 i. V m. Art. 174 u. 175 MwStSystRL vor, dass der *Umsatzschlüssel* die Standardmethode zur Ermittlung des abzugsfähigen Anteils der Vorsteuer sein soll. Die Richtlinie spricht dabei vom „Pro-rata-Satz", der sich aus einem Bruch ermitteln soll, der sich wie folgt zusammensetzt:

- im Zähler steht der je Jahr ermittelte Gesamtbetrag – ohne Mehrwertsteuer – der Umsätze, die zum Vorsteuerabzug gemäß den Artikeln 168 und 169 berechtigen;

450 Vgl. *Stadie*, UStG, 2009, § 15 UStG, Rz. 285.

451 Vgl. *Wagner*, in: Sölch/Ringleb, UStG, 2010, § 15 UStG, Rn. 650 ff.

– im Nenner steht der je Jahr ermittelte Gesamtbetrag – ohne Mehrwertsteuer – der im Zähler stehenden Umsätze und der Umsätze, die nicht zum Vorsteuerabzug berechtigen.

Weiter ist der Pro-rata-Satz (in der Regel[452]) gem. Art. 175 MwStSystRL unterjährig auf Basis der *Vorjahres*umsätze zu ermitteln. Erst im Rahmen der Jahressteuererklärung muss der Pro-rata-Satz den tatsächlichen Verhältnissen angepasst werden, Art. 175 Abs. 3 MwStSystRL.

Das deutsche Umsatzsteuergesetz schreibt für die Aufteilung der Vorsteuerbeträge im § 15 Abs. 4 UStG vor: „Verwendet der Unternehmer einen für sein Unternehmen gelieferten, eingeführten oder innergemeinschaftlich erworbenen Gegenstand oder eine von ihm in Anspruch genommene sonstige Leistung nur zum Teil zur Ausführung von Umsätzen, die den Vorsteuerabzug ausschließen, so ist der Teil der jeweiligen Vorsteuerbeträge nicht abziehbar, der den zum Ausschluss vom Vorsteuerabzug führenden Umsätzen wirtschaftlich zuzurechnen ist. Der Unternehmer kann die nicht abziehbaren Teilbeträge im Wege einer sachgerechten Schätzung ermitteln. Eine Ermittlung des nicht abziehbaren Teils der Vorsteuerbeträge nach dem Verhältnis der Umsätze, die den Vorsteuerabzug ausschließen, zu den Umsätzen, die zum Vorsteuerabzug berechtigen, ist nur zulässig, wenn keine andere wirtschaftliche Zurechnung möglich ist."

Damit hat das deutsche Umsatzsteuergesetz mit dem § 15 Abs. 4 UStG von dem Wahlrecht Gebrauch gemacht, einen speziellen Aufteilungsmechanismus vorzugeben. Es wird von dem allgemeinen Grundsatz des Pro-rata-Satzes in Form eines Umsatzschlüssels abgesehen. Bei der deutschen Regelung handelt es sich um die Umsetzung des Art. 173 Abs. 2 Buchst. c) MwStSystRL. In diesem heißt es, dass die Mitgliedstaaten „dem Steuerpflichtigen gestatten oder ihn verpflichten [können], den Vorsteuerabzug je nach der Zuordnung der Gesamtheit oder eines Teils der Gegenstände oder Dienstleistungen vorzunehmen." Dies entspricht der „wirtschaftlichen Zurechnung" im deutschen Umsatzsteuergesetz.[453] Der Umsatzschlüssel hingegen soll gem. § 15 Abs. 4 S. 3 UStG nur zur Anwendung kommen, wenn „keine andere wirtschaftliche Zurechnung möglich ist."

Würdigt man die europäische Vorgabe und die deutsche Umsetzung, dann muss man attestieren, dass (diesmal) die deutsche Umsetzung den hier vorliegenden Problemen und Sachverhalten gerechter wird. Der Grundsatz des Pro-

452 Ausnahme gem. Art. 175 Abs. 2 S. 2 MwStSystRL: Ist eine solche Bezugnahme (aufs Vorjahr) nicht möglich oder nicht stichhaltig, wird der Pro-rata-Satz vom Steuerpflichtigen unter Überwachung durch die Finanzverwaltung nach den voraussichtlichen Verhältnissen vorläufig geschätzt.

453 Vgl. *Stadie*, UStG, 2009, § 15 UStG, Rz. 285.

rata-Satzes bzw. des Umsatzschlüssels in der Mehrwertsteuersystemrichtlinie führt zu ungenauen und grob vereinfachenden Resultaten.[454] Die unterjährige Berechnung auf Grundlage der Vorjahresumsätze führt darüber hinaus zu weiteren – wenn auch nur temporären – Verzerrungen. Das Wahlrecht gem. Art. 173 Abs. 2 Buchst. c) MwStSystRL, welches vom deutschen Gesetzgeber in Anspruch genommen wurde, hingegen ist für eine sachgerechte Ermittlung des Vorsteuerabzuges zielgerichteter. Insbesondere steht die „wirtschaftliche Zurechnung" im Einklang mit den Grundsätzen der Mikrounternehmertheorie. Ein Grundsatz lautet, dass jede Eingangsleistung konkret einer oder mehrere Tätigkeiten zugeordnet werden soll, der sie wirtschaftlich zugehört. Ausgehend von dieser konkreten Zuordnung, wird der Vorsteuerabzug dem Grunde und der Höhe nach festgestellt. Auch bei der wirtschaftlichen Zurechnung werden in der Regel die *Umsätze* ins Verhältnis gesetzt, insoweit liegt auch hier eine Art Umsatzschlüssel vor.[455] Jedoch werden nur die Umsätze aus den Tätigkeiten berücksichtigt, welche die Eingangsleistung konkret beeinflussen. Ermittelt man den Vorsteuerschlüssel hingegen über den *allgemeinen* Umsatzschlüssel des Unternehmens / Steuerpflichtigen, dann werden „gemischte Eingangsleistungen"[456] eben nicht nur bestimmten Tätigkeiten (Außenumsatz) zugeordnet, denen diese dienen. Der Vorsteuerabzug richtet sich dann nach *allen Umsätzen* des Unternehmens. Die Ermittlung des Vorsteuerabzuges im Verhältnis aller Umsätze des Unternehmens ist im Rahmen der Mikrounternehmertheorie hingegen nur für Eingangsleistungen vorgesehen, die dem *gesamten* Unternehmen dienen bzw. die keinen bestimmten Tätigkeiten zugeordnet werden können. Dabei handelt es sich in der Regel um Verwaltungs- und ähnliche Gemeinkosten, für die dann der allgemeine Umsatzschlüssel zur Anwendung kommen muss.[457] In der vorliegenden Arbeit soll, ebenso wie in der Literatur zu beobachten[458], der Begriff „Umsatzschlüssel" bedeuten, dass *alle* Umsätze auf Jahresbasis berücksichtigt werden. Die Berücksichtigung der Umsätze aus nur den betroffenen Tätigkeiten ist die „wirtschaftliche Zurechnung".

---

454 Vgl. *Stadie*, UStG, 2009, § 15 UStG, Rz. 294.

455 Andere Aufteilungsschlüssel sind: Bankenschlüsse, Flächenschlüssel, Ertragswertschlüssel, Volumenschlüssel, vgl. *Wagner*, in: Sölch/Ringleb, UStG; 2010, § 15, Rn. 687 ff.; nicht zulässig ist der Investitionsschlüssel, vgl. BFH, Urteil v. 18.11.2004, V R 16/03, UR 2005, 340.

456 Eingangsleistungen, die mehreren Tätigkeiten dienen. Eingangsleistungen, die *einer* konkreten Tätigkeit zugeordnet werden können, sind nicht vom Umsatzschlüssel / Pro-rata-Satz betroffen.

457 Vgl. *Stadie*, UStG, 2009, § 15 UStG, Rz. 295.

458 Vgl. *Wagner*, in: Sölch/Ringleb, UStG, 2010, § 15 UStG, Rz. 666 ff.

4.2.2.3 Vorsteuerschlüssel bei auch nicht steuerbaren Umsätzen

Wie im Rahmen der Ausführungen zu Kapitel 3 bereits angedeutet wurde, ist der Vorsteuerschlüssel für Eingangsleistungen im Zusammenhang mit nicht steuerbaren Tätigkeiten ein Streitgegenstand. Mit den EuGH Rechtssachen „Securenta“ und „AB SKF“ sind erste Antworten gegeben worden, jedoch auch Detailfragen offen geblieben. Denn die Ausprägung des Vorsteuerschlüssels unter Beachtung von nicht steuerbaren Umsätzen bzw. nicht steuerbaren „Vorgängen“ bleibt zunächst ungeklärt. Die Festlegung der Methode bleibt dem Ermessen der Mitgliedstaaten vorbehalten. Das Ermessen ist nur durch allgemeine europarechtliche Grundsätze im Bereich der Mehrwertsteuer, insbesondere dem Neutralitätsgrundsatz, beschränkt.[459] Grundsätzlich ist es zu begrüßen, dass der EuGH die Aufteilungsmaßstäbe offen gelassen hat und somit die Möglichkeit gegeben ist, verschiedene Methoden anzuwenden. Der Steuerpflichtige könnte dann die praktikabelste und auch günstigste Methode wählen. Es ist aber zu erwarten, dass es bei der Fülle an Möglichkeiten und gegensätzlichen Interessen zu Streitigkeiten zwischen dem Steuerpflichtigen und der Finanzverwaltung kommen wird. Daher ist es zu wünschen bzw. letztendlich notwendig, dass diese Thematik nochmals vom EuGH oder idealerweise von dem Richtliniengeber konkretisiert wird.

Ausgehend von der Mikrounternehmertheorie sollte die Ermittlung des Vorsteuerabzuges bei Vorliegen von nicht steuerbaren Vorgängen allerdings zu keinen anderen Ergebnissen führen als bei nur steuerbaren Vorgängen. Die wirtschaftliche Zurechnung einer Eingangsleistung muss maßgebend sein. Nur wenn die konkrete Tätigkeit steuerpflichtig ist, dann kann die Vorsteuer für die zuordenbare Eingangsleistung abziehbar sein. Ob die Eingangsleistung dabei im Zusammenhang mit einem nicht steuerbaren, einem steuerbaren und steuerfreien oder einem steuerbaren und steuerpflichtigen Vorgang angefallen ist, darf nicht von Bedeutung sein. Diese Vorgehensweise lässt sich in den Rechtssachen „Securenta“ und „AB SKF“ ebenfalls wieder finden.[460]

Die wirtschaftliche Zurechnung der Eingangsleistung zu einer Tätigkeit ist insbesondere von Bedeutung, da ein „nicht steuerbarer Vorgang“ nicht immer gleich einzustufen ist. Ein nicht steuerbarer Vorgang im Zusammenspiel mit Eingangsleistungen kann in drei Formen erscheinen.

1. Echter privater / nicht unternehmerischer Vorgang ohne Bezug zu unternehmerischen Tätigkeiten;

459 Vgl. Anmerkungen zum EuGH Urteil „Securenta“ von *Langer/Zugmaier*, DStR 2008, 617.

460 Vgl. Kapitel 3.1.1.1.2, Besprechung 8), Securenta und Besprechung 9), AB SKF.

2. Vorgang mit Bezug zu unternehmerischen Tätigkeiten;
3. Vorgang mit teilweisem Bezug zu unternehmerischen Tätigkeiten.

Im ersten Fall ist die Vorsteuer auf Eingangsleistungen in voller Höhe nicht abziehbar. Die Eingangsleistung geht voll in einem privaten bzw. nicht unternehmerischen Vorgang auf. Weder die Kosten noch das Kapital beeinflussen eine wirtschaftliche Tätigkeit. Dabei kann es sich z. B. um den privaten Erwerb einer Beteiligung Zwecks Altersvorsorge handeln und den damit entstehenden vorsteuerbelasteten Eingangsleistungen.

Im zweiten Fall ist der Vorsteuerschlüssel von der Systematik her in gleicher Weise zu ermitteln, wie für „nur steuerbare Vorgänge". D. h., in einem ersten Schritt müssen die betroffenen Tätigkeiten identifiziert werden, welche die Eingangsleistung beeinflusst hat bzw. beeinflussen wird. „Beeinflussen" heißt hier zum einen, dass die Kosten in der Kalkulation des Preises für den Außenumsatz eingeflossen sind. Zum anderen kann „Beeinflussen" bedeuten, dass das Kapital aus dem nicht steuerbaren Vorgang für die Ausführung dieses Umsatzes verwendet worden ist.[461] In einem zweiten Schritt müssen die identifizierten Tätigkeiten – soweit mehrere Tätigkeiten beeinflusst worden sind – ins Verhältnis gesetzt werden. Das Verhältnis ermittelt sich dabei in der Regel[462] aus dem Nettowert – d. h. ohne Berücksichtigung der Umsatzsteuer – der identifizierten Tätigkeiten. Im Zähler des Bruchs stehen nur die Tätigkeiten, die steuerbar und steuerpflichtig sind. Im Nenner des Bruchs stehen sowohl diese Tätigkeiten als auch die steuerbaren und steuerfreien Tätigkeiten.

Im dritten Fall kommt hinzu, dass die Eingangsleistung zum Teil eine private / nicht unternehmerische Tätigkeit beeinflusst. Eine private bzw. nicht unternehmerische Tätigkeit soll hier bedeuten, dass diese außerhalb des Unternehmens stattgefunden hat und nicht im Rahmen des Unternehmens versteuert wurde. Diese Tätigkeiten sind nicht steuerbar. Soweit eine Sach- oder Leistungsentnahme durch den privaten oder nicht unternehmerischen Bereich vorliegt, wurde diese gem. Art. 16, 26 MwStSystRL bzw. § 3 Abs. 1b, Abs. 9a UStG versteuert. Diese versteuerten Sach- und Leistungsentnahmen führen nicht dazu, dass der Vorsteuerabzug dem Grunde nach verwehrt werden kann. Insoweit sind diese Leistungen Teil der wirtschaftlichen Tätigkeiten. Eine Sach- oder Leistungsentnahme versteuert einen Gegenstand oder eine Leistung, die eigentlich zum um-

461 Vgl. Kapitel 3.4.1 (Einleitung).

462 Insbesondere bei Gebäuden ist eine Verhältnisrechnung anhand der Nettowerte der Tätigkeiten nicht immer sachgerecht. Hier ist eine Aufteilung nach dem Verhältnis der jeweils genutzten Flächen vorgesehen. Vgl. BFH, Urteil v. 24.06.1992, V R 151/84, BStBl. II 1992, 755; Abschn. 208 Abs. 2 S. 15 UStR; darüber hinaus sind weitere Aufteilungskriterien möglich, vgl. hierfür *Stadie*, UStG, 2009, § 15 UStG, Rz. 290, 292.

satzsteuerlichen Unternehmen gehört, die aber für unternehmensfremde Zwecke verwendet wird. Für diesen Gegenstand oder diese Leistung wurde dem Grunde nach bereits Vorsteuer geltend gemacht.[463] Wird das Kapital hingegen unmittelbar für private / nicht unternehmerische Tätigkeiten verwendet (also für Gegenstände oder Leistungen die nicht für das Unternehmen bezogen worden sind), dann liegen nicht steuerbare Tätigkeiten vor. In diesem Fall müssen gemäß der Mikrounternehmertheorie im Nenner des Bruchs neben den steuerbaren zusätzlich eben diese nicht steuerbaren Tätigkeiten mit einbezogen werden. Denn wird ein Teil einer Eingangsleistung letztendlich für eine nicht steuerbare Tätigkeit verwendet, d. h. beeinflusst sie diese, dann darf die Vorsteuer hierfür anteilig nicht abziehbar sein. Eine andere Einstufung als für die steuerbaren und steuerfreien Umsätze würde zu einem nicht sachgerechten Ergebnis führen.[464]

Im Fall zwei ist es darüber hinaus möglich, dass die Eingangsleistung dem gesamten Unternehmen dient. D. h., es lassen sich keine speziellen Tätigkeiten finden, denen diese Leistung zuzuordnen wäre. Trotzdem dient es dem Unternehmen im Allgemeinen und ist nicht privat / nicht unternehmerisch veranlasst. In diesem Fall ist der allgemeine Umsatzschlüssel des Steuerpflichtigen heranzuziehen. Der allgemeine Umsatzschlüssel kann *keine* nicht steuerbaren Umsätze enthalten, denn ansonsten wäre ein teilweiser Bezug für private / nicht unternehmerische Umsätze gegeben. Dann würde jedoch der Fall drei vorliegen.

4.3 Beteiligungen

4.3.1 Der Erwerb der Beteiligungen

4.3.1.1 Der eigentliche Erwerb

Der eigentliche Erwerb einer Beteiligung birgt auf den ersten Blick wenig Streitpotenzial für die Aufteilung von Vorsteuerbeträgen. Denn der Verkauf einer Beteiligung ist in der Regel entweder gar nicht steuerbar oder andererseits steuerfrei gem. Art. 135 Abs. 1 Buchst. f) MwStSystRL bzw. § 4 Nr. 8 Buchst. f) UStG. Folglich ist im Kaufpreis der Beteiligung keine Vorsteuer enthalten, die abzugsfähig wäre. Auf dieser Ebene ist es somit auch uninteressant, ob und in welcher Sphäre die Beteiligung gedanklich eingestuft wird.

Es kann allerdings vorkommen, dass der Verkäufer bei einem steuerbaren Beteiligungsverkauf zur Steuerpflicht gem. Art. 137 Abs. 1 Buchst. a) MwStSystRL

463 Vgl. Kapitel 4.6.1 (Einführung).

464 So auch die Rechtssache „AB SKF", vgl. Kapitel 3.1.1.1.2, Besprechung 9), AB SKF.

bzw. § 9 Abs. 1 UStG optiert hat. Die Beteiligung ist folglich mit Vorsteuern belastet. Ob und in welcher Höhe diese Vorsteuer geltend gemacht werden kann, muss sich im Rahmen der Mikrounternehmertheorie daran orientieren, wie diese „Eingangsleistung" (Erwerb einer Beteiligung) eine wirtschaftliche Tätigkeit beeinflusst oder nicht. Der Kaufpreis der Beteiligung wird in der Regel nicht unmittelbar im Preis einer Tätigkeit aufgehen, da es sich um eine kostenintensive und langfristige Investition handelt. Daher muss hier auf die Verwendung des Kapitals abgestellt werden. Unter Kapital sind hier die Erträge in Form von Dividenden / Gewinnausschüttungen oder aber auch in Form eines geplanten späteren Veräußerungserlöses zu verstehen. Daraus ergeben sich die vier nachfolgenden Konstellationen, für die der Vorsteuerabzug überprüft werden muss:

1) Das Kapital dient keiner unternehmerischen Tätigkeit;
2) Das Kapital dient einer oder mehreren unternehmerischen Tätigkeiten;
3) Das Kapital dient sowohl unternehmerischen als auch nicht unternehmerischen Tätigkeiten;
4) Das Kapital dient dem gesamten Unternehmen.

Im ersten Fall ist die Vorsteuer offensichtlich nicht abziehbar. Dieses Resultat ergibt sich sowohl nach der Sphärentheorie als auch nach der Mikrounternehmertheorie, die Begründung bzw. der Weg ist jedoch ein anderer. Die Beteiligung wird nach den Annahmen der Sphärentheorie in der nicht unternehmerischen Sphäre gehalten, woraus sich die Nichtabziehbarkeit ergibt. Auch im Rahmen der Mikrounternehmertheorie *könnte* man die Beteiligung gedanklich dieser Sphäre zuordnen. Die Zuordnung selber ist allerdings noch unschädlich und lässt keine Schlussfolgerungen zu. Die Beurteilung des Sachverhaltes ergibt sich aus einer anderen Argumentation. Nicht das Halten der Beteiligung in der nicht unternehmerischen Sphäre führt zur Versagung des Vorsteuerabzuges, sondern die Verwendung des Kapitals für eine nicht unternehmerische Tätigkeit qualifiziert die vorsteuerbelastete Eingangsleistung (hier: Beteiligungserwerb). Wenn das gesamte Kapital in den privaten / nicht unternehmerischen Bereich fließt und dort verbleibt, dann kann die Vorsteuer auf den Beteiligungserwerb konsequenterweise nicht geltend gemacht werden. Ein Mikrounternehmer lässt sich hier nicht erkennen, sodass der Steuerpflichtige als Endverbraucher in Erscheinung getreten ist.

Im zweiten Fall wird das Kapital für unternehmerische Tätigkeiten genutzt. Der Vorsteuerabzug ist somit aus Sicht der Mikrounternehmertheorie dem Grunde nach möglich. Die Höhe des Vorsteuerabzuges bemisst sich nach den Tätigkeiten, denen das Kapital dient. Im Rahmen der Sphärentheorie, insbesondere im Holding-Erlass der Finanzverwaltung, kommt eine abweichende Einschätzung des Sachverhaltes zustande. Die Beteiligung würde nur dem unternehmerischen

Bereich zugeordnet werden, wenn diese der Förderung einer bestehenden oder beabsichtigten unternehmerischen Tätigkeit dient (z. B. Sicherung günstiger Einkaufskonditionen, Verschaffung von Einfluss bei potenziellen Konkurrenten, Sicherung günstiger Absatzkonditionen) oder wenn entgeltlich Dienstleistungen gegenüber den Beteiligungen erbracht würden.[465] Die alleinige Nutzung nur des Kapitals aus der Beteiligung für das Unternehmen führt nicht dazu, dass die Beteiligung in der unternehmerischen Sphäre gehalten wird. Damit folgt unmittelbar aus Sicht der Sphärentheorie und der Finanzverwaltung, dass der Vorsteuerabzug *nicht geltend* gemacht werden kann. Die Mikrounternehmertheorie hingegen stellt darauf ab, wie das Kapital – und somit die Eingangsleistung – verwendet wird. Da hier im zweiten Fall das Kapital wirtschaftliche Tätigkeiten beeinflussen soll, ergibt sich folgerichtig, dass die Vorsteuer dem Grunde nach *geltend* gemacht werden kann. Im zweiten Schritt wird die Höhe des Vorsteuerabzuges ermittelt. Dabei sind die Ausführungen und Erkenntnisse aus Kapitel 4.1.3 heranzuziehen. Soweit steuerfreie Tätigkeiten beeinflusst werden, müssen diese neben den steuerpflichtigen Tätigkeiten im Nenner des Bruchs aufgeführt werden. Die steuerpflichtigen Tätigkeiten sind im Zähler des Bruchs einzusetzen, sodass sich der abziehbare Teil der Vorsteuer aus dem resultierenden Prozentsatz ergibt.

Im dritten Fall beeinflusst das Kapital unter anderem auch eine Tätigkeit, die privat bzw. nicht unternehmerisch ist. Diese Tätigkeit ist nicht steuerbar.[466] Die Vorsteuer auf diesen Teil kann somit nicht geltend gemacht werden. Für die wirtschaftlichen Tätigkeiten gelten auch hier die Ausführungen zu dem zweiten Fall. Bei der Berechnung des Vorsteuerschlüssels muss allerdings zusätzlich beachtet werden, dass im Nenner die nicht steuerbaren Umsätze mit einfließen müssen.

Im vierten Fall soll das Kapital keiner bestimmten Tätigkeit zuzuordnen sein, sondern dem gesamten umsatzsteuerlichen Unternehmen dienen. Hier muss der allgemeine Umsatzschlüssel auf Jahresbasis zur Anwendung kommen, so wie er in den Art. 173 bis 175 MwStSystRL definiert ist. Da das Kapital dem gesamten Unternehmen dient und nicht dem privaten / nicht unternehmerischen Bereich, ist die Berücksichtigung von nicht steuerbaren Tätigkeiten im Nenner des Bruchs nicht vorgesehen. Lediglich die Realisierung von steuerfreien Umsätzen führt dazu, dass die Vorsteuer ganz oder zum Teil nicht geltend gemacht werden könnte.

Neben dem Beteiligungserwerb können Wertpapiere im Rahmen des gewerblichen Wertpapierhandels erworben werden. Der gewerbliche Wertpapierhandel

---

465 Vgl. Kapitel 3.1.2, Besprechung 3), Holding-Erlass.

466 Vgl. Ausführungen in Kapitel 4.2.2.3 und 4.6 zur Sach- und Leistungsentnahme, die hier *nicht* als private / nicht unternehmerische Tätigkeit verstanden wird.

ist immer steuerbar und vom Grundsatz steuerfrei. Auch hier kann allerdings seitens des Verkäufers auf die Steuerfreiheit verzichtet werden. Bei der Ermittlung der Höhe des Vorsteuerabzuges gilt grundsätzlich das Gleiche, was bereits für den Beteiligungserwerb ausgeführt worden ist. Ein Punkt bleibt hier jedoch besonders zu beachten:

Für den gewerblichen Wertpapierhändler ist die wirtschaftliche Tätigkeit bzw. der Außenumsatz der Verkauf der Wertpapiere selber. Der Erwerb der Wertpapiere beeinflusst somit wiederum den Verkauf von Wertpapieren. Der gewerbliche Wertpapierhändler sollte nur zur Steuerpflicht seiner Wertpapierverkäufe optieren, wenn er eine Vielzahl an vorsteuerbelasteten Wertpapieren und Eingangsleistungen erwirbt. Ansonsten führt der steuerpflichtige Verkauf zu einem administrativen Nachteil, wenn Umsatzsteuervoranmeldungen und Umsatzsteuererklärungen ausgefüllt werden müssen. Beim potenziellen Erwerber der Wertpapiere führt die Umsatzsteuer darüber hinaus zu einem Liquiditätsnachteil, welcher diesen vom Kauf der Wertpapiere abhalten könnte.

4.3.1.2 Nebenkosten

Nachdem der eigentliche Erwerb der Beteiligungen / Wertpapiere vorstehend untersucht worden ist, stellt sich nachfolgend die Frage, wie die in diesem Zusammenhang anfallenden Nebenkosten umsatzsteuerlich zu würdigen sind. Die Erwerbsnebenkosten sind in der Regel mit Umsatzsteuer belastet. Erwerbsnebenkosten sind insbesondere Beratungsleistungen durch Rechtsanwälte, Steuerberater, Bankberater oder Gutachter. Diese Nebenkosten können zum Teil erheblich sein.[467]

Die Finanzverwaltung lässt im Rahmen der Sphärentheorie den Vorsteuerabzug nur zu, wenn die Beteiligungen in der unternehmerischen Sphäre gehalten werden. Mithin also nur dann, wenn das unternehmerische Treiben der Beteiligungsgesellschaft der Förderung einer unternehmerischen Tätigkeit der Mutterholdinggesellschaft dient oder wenn ein unmittelbares Eingreifen in die Verwaltung der Beteiligungen vorliegt. Ist dies nicht gegeben, kommt lt. Tz. 12 des Holding-Erlasses ein Vorsteuerabzug für Aufwendungen im Zusammenhang mit Beteiligungen im nicht unternehmerischen Bereich nicht in Betracht. Nur wenn die Beteiligung nach den beschriebenen Voraussetzungen dem unternehmerischen Bereich zugeordnet wird, dann kann die Vorsteuer grundsätzlich geltend gemacht werden. Für die Höhe des Vorsteuerabzuges macht die Finanzverwal-

467 Vgl. EuGH, Urteil v. 13.03.2008, C-437/06, *Securenta*, DB 2008, 739, Rdnr. 12: Hier stehen Vorsteuerbeträgen in Höhe von rund 6,8 Millionen DM einem Umsatz von rund 6,4 Millionen DM gegenüber.

tung im Holding-Erlass eine Unterscheidung, die insoweit mit der Mikrounternehmertheorie vereinbar ist. In Tz. 10 wird ausgeführt, dass sich der Vorsteuerabzug nach den Ausgangsumsätzen bestimmt, wenn die Aufwendungen als Kostenelemente in diesen Ausgangsumsätzen aufgehen. Ist keine unmittelbare Zuordnung zu bestimmten Ausgangsumsätzen möglich, ist der Abzug nach der „Gesamtschau des Unternehmens" vorzunehmen. Allerdings geht die Finanzverwaltung nicht soweit, auf die Verwendung des Kapitals abzustellen. Dies führt zum einen dazu, dass Vorsteuer für Beteiligungen in der nicht unternehmerischen Sphäre nie geltend gemacht werden können. Zum anderen erhöht sich die Wahrscheinlichkeit, dass Aufwendungen für unternehmerische Beteiligungen dem allgemeinen Umsatzschlüssel unterworfen werden, denn eine direkte Zuordnung zu Tätigkeiten über das Kapital ist nicht vorgesehen. Damit verbunden ist die bereits unter Kapitel 4.2.2.1 dargestellte Ungenauigkeit bei der Aufteilung der Vorsteuern. Nach der Mikrounternehmertheorie werden durch das zusätzliche Abstellen auf das Kapital beide Kritikpunkte anders beurteilt. Erstens ist die Zuordnung zur nicht unternehmerischen Sphäre irrelevant. Wird das Kapital für wirtschaftliche Tätigkeiten verwendet, dann muss auch die Vorsteuer auf die Erwerbsnebenkosten nach den Grundsätzen dieser Tätigkeiten geltend gemacht werden können. Für die Einordnung des Vorsteuerabzuges bei Erwerbsnebenkosten im Sinne der Mikrounternehmertheorie gelten darüber hinaus dieselben Kriterien, die schon für den Beteiligungserwerb im Kapitel 4.3.1.1 dargestellt worden sind. Zusätzlich zu der Verwendung des Kapitals kommt jedoch, dass Erwerbsnebenkosten unmittelbar in dem Preis eines Außenumsatzes aufgehen können. Hierdurch kann es vorkommen, dass die Erwerbsnebenkosten eher einer Tätigkeit zugeordnet werden können, als der reine Erwerb der Beteiligung. Beachtet werden muss, wenn der Preis in einem Außenumsatz aufgeht oder wenn das Kapital für eine Tätigkeit verwendet wird oder werden soll, dass dies auch nachgewiesen werden kann. Daher ist es zu empfehlen, dass der gesamte Vorgang „verwaltungssicher" dokumentiert wird, damit in späteren Auseinandersetzungen mit der Finanzverwaltung und in Gerichtsverfahren eine saubere Argumentation möglich ist.[468]

4.3.2 Halten der Beteiligung (Folgekosten)

Wurde eine Beteiligung einmal erworben, fallen in der Regel im weiteren Verlauf weiter Kosten (Folgekosten) an, die im Zusammenhang mit der Beteiligung stehen. Bei den Folgekosten kann es sich um laufende Beratung handeln, z. B.

468 Vgl. auch *Nattkämper/Scholz*, IStR 2010, 515, 519; *Eggers*, UR 2008, 348, 352.

die steuerliche Beratung bezüglich der bezogenen Dividenden, die umsatzsteuerliche Würdigung der Beteiligung (z. B. Organschaft) oder die Bewertung der Beteiligungen für den Konzernabschluss im Rahmen eines „Impairment-Tests" nach IFRS. Wie schon die Erwerbsnebenkosten sind auch die Folgekosten für die Beteiligung separat zu beurteilen. Grundsätzlich gelten hier dieselben Kriterien, wie bereits im vorstehenden Kapitel 4.3.1 dargestellt wurden. D. h., die Finanzverwaltung kommt über die Sphärentheorie zu restriktiveren Einschätzungen als die Mikrounternehmertheorie. Bei den Folgekosten muss allerdings überprüft werden, ob sich die Verwendung des Kapitals über den Verlauf der Zeit geändert hat. Die ursprüngliche Einschätzung und Zuordnung, die beim Erwerb vorgenommen worden ist, kann nicht uneingeschränkt und ungeprüft übernommen werden. Eventuell haben sich die Verwendung des Kapitals und die Kostenzuordnung geändert, sodass sich ein veränderter Vorsteuerabzug ergibt. Aber auch bei einer veränderten Einschätzung gelten die allgemeinen Grundsätze, die bereits dargestellt worden sind.

Weiter bleibt darauf hinzuweisen, dass es sich bei den Folgekosten nicht um Verwaltungsgemeinkosten handelt. Verwaltungsgemeinkosten dienen dem gesamten Unternehmen, z. B. Buchführungskosten für den gesamten Konzern. Verwaltungsgemeinkosten werden immer mit dem allgemeinen Umsatzschlüssel aufgeteilt, auch wenn vereinzelt eine genauere Zuordnung möglich wäre. Dabei handelt es sich um eine Vereinfachungsregel, die in Abschn. 210 Abs. 6 UStR festgelegt ist. Folgekosten sind hingegen Einzelkosten für die Beteiligung. Ausnahmsweise können auch die Folgekosten dem gesamten Unternehmen dienen und sind dann nach dem Umsatzschlüssel aufzuteilen.[469]

4.3.3 Die Veräußerung der Beteiligung

4.3.3.1 Einführung

Im Rahmen dieses Abschnittes werden drei verschiedene Szenarien untersucht, die unter dem Abschnitt „Veräußerung der Beteiligung" zusammengefasst werden können. Neben der Veräußerung einer Beteiligung selbst (Share Deal) wird die „Geschäftsveräußerung im Ganzen" (Asset Deal) untersucht. Dabei soll insbesondere die Übertragbarkeit der Grundsätze des „Asset Deals" auf den „Share Deal" untersucht werden. Als drittes Szenario wird die Aufnahme von Gesellschaftern bzw. die Ausgabe von Aktien dargestellt. Auch in diesem Fall veräußert der Unternehmer indirekt – durch Verwässerung seiner bisherigen Anteile –

469 Vgl. „vierter Fall" im Kapitel 4.3.1.1 (Der eigentliche Erwerb).

einen Teil seines Unternehmens / seiner Beteiligungen. Alle drei Szenarien stellen eine Form von Kapitalbeschaffung dar. Die ersten beiden Szenarien führen zu einer einmaligen und finalen Kapitalbeschaffung mit Beendigung der Beziehung zu dem Unternehmen / Unternehmensteil. In Szenario drei wird das Unternehmen / der Unternehmensteil weitergeführt und lediglich neues Kapital aufgenommen.

4.3.3.2 Geschäftsveräußerung im Ganzen (asset deal)

Im Mehrwertsteuerrecht gibt es den Sondertatbestand der „Geschäftsveräußerung im Ganzen". Dieser ist in Art. 19 MwStSystRL geregelt. Dort heißt es, dass „die Mitgliedstaaten [...] die Übertragung eines Gesamt- oder Teilvermögens, die entgeltlich oder unentgeltlich oder durch Einbringung in eine Gesellschaft erfolgt, behandeln, als ob keine Lieferung von Gegenständen vorliegt, und den Begünstigten der Übertragung als Rechtsnachfolger des Übertragenden ansehen" können. Insoweit liegt eine Kannbestimmung vor, welche von den Mitgliedstaaten übernommen werden kann oder nicht. Der deutsche Gesetzgeber hat von diesem Wahlrecht über den § 1 Abs. 1a UStG Gebrauch gemacht. Dort wird ausgeführt: „Die Umsätze im Rahmen einer Geschäftsveräußerung an einen anderen Unternehmer für dessen Unternehmen unterliegen nicht der Umsatzsteuer. Eine Geschäftsveräußerung liegt vor, wenn ein Unternehmen oder ein in der Gliederung eines Unternehmens gesondert geführter Betrieb im Ganzen entgeltlich oder unentgeltlich übereignet oder in eine Gesellschaft eingebracht wird. Der erwerbende Unternehmer tritt an die Stelle des Veräußerers." Hintergrund dieser Sonderregelung ist es, dass die Veräußerung eines Geschäftes umsatzsteuerlich eigentlich aus vielen kleinen Lieferungen von Wirtschaftsgütern und sonstigen Leistungen besteht. Diese müssen alle separat versteuert werden. Der Veräußerer müsste somit die Umsatzsteuer abführen und der Erwerber müsste die Vorsteuer wieder geltend machen. Der europäische Richtliniengeber hat daher aus Vereinfachungsgründen den Mitgliedstaaten das beschriebene Wahlrecht eingeräumt.[470] Die Gesamtheit der Wirtschaftsgüter und sonstigen Leistungen wird als eine Lieferung (Geschäftsveräußerung im Ganzen) zusammengefasst und nicht steuerbar gestellt.

Folge der Annahme einer Geschäftsveräußerung im Ganzen ist es, dass die Vorsteuer für hiermit zusammenhängende bezogene Eingangsleistungen dem Grunde nach geltend gemacht werden kann, obwohl der Vorgang selber „nicht steuerbar" ist. Die Höhe des Vorsteuerabzuges richtet sich dabei nach den Verhältnissen der allgemeinen Umsätze des gesamten Geschäftes vor der Veräuße-

470 Vgl. *Stadie*, UStG, 2009, § 1 UStG, Rz. 125.

rung. Diese Erkenntnisse hat bereits das EuGH Urteil „Abbey National“ geliefert, auf dessen Besprechung in Kapitel 3.1.1.1.2 verwiesen wird. In der Rechtssache „Faxworld“[471] wurde darüber hinaus festgestellt, dass der Vorsteuerabzug auch möglich ist, wenn der einzige Umsatz einer Vorgründungsgesellschaft die Geschäftsveräußerung im Ganzen selber ist. Hier wird auf die Umsätze / Tätigkeiten der übernehmenden Gesellschaft (Zielgesellschaft) abgestellt. Die Mikrounternehmertheorie stellt grundsätzlich auf die geplante Verwendung des Kapitals oder die Beeinflussung des Preises durch eine Eingangsleistung ab. Im vorliegenden Fall wird auf die Verhältnisse vor der Veräußerung des Geschäftes abgestellt. Nicht die Verwendung des Kapitals aus der Veräußerung ist maßgebend, sondern der allgemeine Umsatzschlüssel vor Veräußerung des Geschäftes. Da eine Geschäftsveräußerung oftmals der letzte Umsatz eines Unternehmers ist, kann in diesem Fall das Abstellen auf vergangene Umsätze auch im Rahmen der Mikrounternehmertheorie sachgerecht sein. Soweit das Kapital jedoch für ein weiteres fortgeführtes Geschäft verwendet wird, sollte sich der Vorsteuerabzug dem Grunde nach und der Vorsteuerschlüssel an der Verwendung des Kapitals orientieren.

Weiter ist es für vorliegende Zwecke fraglich, ob der Beteiligungsverkauf – also der Verkauf der Anteile an einer Gesellschaft (share deal) – eine „Geschäftsveräußerung im Ganzen“ (asset deal) darstellen kann. Denn die Veräußerung einer Beteiligung ist einer Geschäftsveräußerung im Ganzen grundsätzlich nahe.[472] Und die Geschäftsveräußerung im Ganzen ist ein nicht steuerbarer Vorgang, der trotzdem zum Abzug der Vorsteuerbeträge berechtigt. Diese vorteilhafte Eigenschaft muss auf die Beteiligungsveräußerung übertragen werden. Aber auch wenn die Ansicht vertreten wird, dass letztendlich keine Geschäftsveräußerung angenommen werden kann, so sollten immerhin Schlussfolgerungen für den Vorsteuerabzug aus den gegebenen Parallelen gezogen werden können. Vorab sei darauf hingewiesen, dass hier die Auffassung vertreten wird, dass insbesondere eine Beteiligungsveräußerung zu 100% auch eine Geschäftsveräußerung im Ganzen sein kann.[473] Grundsätzlich ist diese Thematik in der Literatur jedoch bisher dünn diskutiert und findet erst in letzter Zeit bedingt durch das EuGH Urteil „AB SKF“ aus dem Jahr 2009 Einzug in mehreren Beiträgen.[474] Für die Rechtfertigung lassen sich drei verschiedene Argumentationsketten sowie zusammenfassend die Mikrounternehmertheorie heranziehen. Diese Argumenta-

---

471 Vgl. Kapitel 3.1.1.1.2, Besprechung 6) „Faxworld“.

472 Vgl. hierzu ausführlich *Feldt*, UR 2007, 161, 162.

473 Rein betriebswirtschaftlich ist eine Veräußerung einer Beteiligung (share deal) nicht vollumfänglich identisch mit einer Geschäftsveräußerung (asset deal). Vorliegend müssen die umsatzsteuerlichen Folgen jedoch identisch sein.

474 *Nattkämper/Scholz*, IStR 2010, 515; *Wäger*, DStR 2009, 2292; *Zugmaier*, DStR 2009, 882.

tionen werden nachfolgend dargestellt, wobei vorab die Gegenargumente der Kritiker (zwei Diskussionspunkte) aufgeführt und gewürdigt werden. Besprochen werden:

1) Kontra: Steuer*freie* Beteiligungsveräußerung
2) Kontra: Beteiligungsveräußerung als sonstige Leistung
3) Pro: Parallelen aus dem Ertragsteuerrecht
4) Pro: Rechtsformneutralität
5) Pro: EuGH Rechtsprechung („AB SKF“)
6) Pro: Mikrounternehmertheorie

Zu 1) Kontra: „Steuerfreie Beteiligungsveräußerung“

Kritiker sehen ein Gegenargument für das Verwehren einer Geschäftsveräußerung im Ganzen im Falle einer Beteiligungsveräußerung in der Steuerfreiheit gem. Art. 135 Abs. 1 Buchst. f) MwStSystRL bzw. § 4 Nr. 8 Buchst. f) UStG.[475] Eine Regelung zur Steuerfreiheit soll demnach keinen Sinn machen, wenn die Veräußerung bereits nicht steuerbar wäre. Daher soll die nicht steuerbare Geschäftsveräußerung im Ganzen nicht angenommen werden können, da ansonsten die Regelung zur Steuerfreiheit ins Leere laufen würde.

Entgegenhalten kann man hier, dass bereits die Beteiligungsveräußerung selber seit der Rechtssache „Polysar“ als Vorgang angesehen werden kann, der sich außerhalb der Mehrwertsteuerrichtlinie vollzieht. Dies ist dann der Fall, wenn die Veräußerung einer Beteiligung erfolgt ist, die nur für Zwecke der Vermögensverwaltung gedient hat und nicht zur Ausführung von wirtschaftlichen Tätigkeiten. Mithin erfolgt die Veräußerung aus dem nichtunternehmerischen Bereich / Sphäre. Somit kann die Beteiligungsveräußerung selber bereits nicht steuerbar sein. Die bestehende Regelung zur Steuerfreiheit steht dem nicht entgegen. Insofern kann diese Schlussfolgerung auch nicht als Gegenargument für die Annahmen einer Geschäftsveräußerung im Ganzen angesehen werden.

Zu 2) Kontra: „Beteiligungsveräußerung als sonstige Leistung“

Aus der Rechtssache „Kretztechnik“ ergibt sich unter anderem, dass die Veräußerung von Aktien – also Beteiligungen – keine Lieferung ist, sondern eine sonstige Leistung. Dem Wortlaut des Art. 19 MwStSystRL nach ist eine Geschäftsveräußerung jedoch „die Übertragung eines Gesamt- oder Teilvermögens, die entgeltlich oder unentgeltlich oder durch Einbringung in eine Gesellschaft er-

---

475 Vgl. *Stadie*, UStG, 2009, § 1 UStG, Rz. 131.

folgt". Insofern handelt es sich dabei um den Tatbestand einer Lieferung und nicht um die Erbringung einer sonstigen Leistung. Daher wird geschlussfolgert, dass eine Beteiligungsveräußerung mangels fehlender Voraussetzung keine Geschäftsveräußerung im Ganzen sein kann.

Dieses Argument läuft aber ins Leere, da gem. Art. 29 MwStSystRL auch die Übertragung von Dienstleistungen als Geschäftsveräußerung im Ganzen angesehen werden kann. Dabei handelt es sich zwar um eine „Kann-Bestimmung", aber darüber hinaus muss man bei der Beurteilung die Intention des Richtliniengebers beachten. Dieser wollte eine große Transaktion aus Vereinfachungsgründen nicht steuerbar stellen. Dabei hat er nicht zwischen einer Lieferung oder sonstigen Leistung unterscheiden wollen.

Zu 3) Pro: „Parallelen aus dem Ertragsteuerrecht"

In dem Art. 19 S. 1 MwStSystRL sowie im § 1 Abs. 1a S. 2 UStG heißt es, dass ein „Teilvermögen" bzw. ein „gesondert geführter Betrieb" ebenfalls als Geschäftsveräußerung im Ganzen übertragen werden kann. Diese Begriffe entsprechen dem Begriff „gesondert geführter Betrieb", der in § 75 Abs. 1 S. 1 AO im Rahmen der Haftung des Betriebsübernehmers verwendet wird.[476] Im Rahmen einer Teilbetriebsveräußerung gem. § 16 Abs. 1 S. 1 Nr. 1 S. 2 EStG gilt die Veräußerung der Beteiligung an einer Kapitalgesellschaft, die das gesamte Nennkapital der Gesellschaft umfasst als Veräußerung eines „Teilbetriebes", wenn die gesamte Beteiligung an der Kapitalgesellschaft zum Betriebsvermögen eines einzelnen Steuerpflichtigen oder einer Personengesellschaft gehört und die gesamte Beteiligung im Laufe eines Wirtschaftsjahres veräußert wird.[477] Auch der Begriff „Teilbetrieb" im Einkommensteuerrecht entspricht der Formulierung in der Abgabenordnung. Insofern lässt sich die Definition des Teilbetriebs aus dem Einkommensteuerrecht auf das Umsatzsteuerrecht übertragen. Hieraus kann man folgern, dass zumindest auch die 100%-Veräußerung einer Beteiligung ein „gesondert geführter Betrieb" im Sinne der Geschäftsveräußerung im Ganzen sein muss.

Zwar sind einkommenssteuerliche Regelungen grundsätzlich nicht zwingend auf das Umsatzsteuerrecht zu übertragen[478], aber die gemeinsame Schnittstelle über die Abgabenordnung ermöglicht hier einen Vergleich. Die Abgabenordnung ist anwendbar auf das gesamte Steuerrecht, somit auch auf das Umsatzsteuerrecht. Darüber hinaus sind an anderer Stelle im Umsatzsteuerrecht Querverweise

---

476 Vgl. *Stadie*, UStG, 2009, § 1 UStG, Rz. 128.

477 Vgl. R 16 Abs. 3 S. 6 EStR.

478 Vgl. *Stadie*: in: Rau/Dürrwächter, UStG, 2010, Einf., Anm. 887, 893 ff.

auf das Ertragssteuerrecht zu finden.[479] Daher muss es grundsätzlich möglich sein, dass einkommenssteuerliche Schlussfolgerungen auch für das Umsatzsteuerrecht gelten.

Zu 4) Pro: „Rechtsformneutralität“

In welchem Rechtskleid ein Unternehmen geführt wird, darf nicht von Bedeutung sein. Dies gebietet die Rechtsformneutralität.[480] Wenn sich ein Unternehmen entscheidet, ein Geschäft über eine Betriebsstätte zu betreiben oder über eine Tochterkapitalgesellschaft, dann dürfen beide Varianten nicht zu einer unterschiedlichen Einschätzung führen. Die Veräußerung einer Betriebstätten ist – wenn die weiteren Voraussetzungen vorliegen – eine Geschäftsveräußerung im Ganzen. Darüber hinaus kann sogar die Veräußerung eines vermieteten Gebäudes eine Geschäftsveräußerung im Ganzen sein, wenn ein abgeschlossener Betrieb vorliegt.[481] Die Veräußerung der Beteiligung mit gleichem Geschäftsumfang anders zu behandeln würde gegen die Rechtsformneutralität verstoßen. Insbesondere die Veräußerung einer Beteiligung zu 100% ist der Veräußerung eines Geschäftes in einer Betriebstätte nahe, sodass diese als begünstigt angesehen werden sollte. So lassen sich der „Asset Deal“ und der 100% „Share Deal“ in gleicher Weise einstufen, da bei einem „Asset Deal“ auch nicht weniger als 100% verkauft werden kann. In diesem Moment würde es an der Übertragung im Ganzen und an der Übertragung der wesentlichen Geschäftsgrundlage fehlen.[482]

Problematisch ist allerdings, dass ein Unternehmer *sein* Unternehmen veräußern muss. Dabei kann die Unternehmereigenschaft selber, d. h. die Tätigkeiten, nicht verkauft werden. Es kann lediglich die Unternehmensgrundlage verkauft werden, mit welcher der Übernehmer wiederum die Unternehmereigenschaft erlangen (fortführen) kann. D. h., er muss eine eigene wirtschaftliche Tätigkeit ausführen. Die Identität der Kapitalgesellschaft (und auch der Personengesellschaft) als Unternehmer wird durch den Wechsel allerdings nicht berührt. D. h. die Kapitalgesellschaft selber bleibt Unternehmer mit gleicher Geschäftsgrundlage. Daher wird ein vollständiger Gesellschafterwechsel bei einer Personen- oder Kapitalgesellschaft in der Literatur teilweise nicht als Geschäftsveräußerung

---

479 § 2 Abs. 3 S. 1 UStG i. V. m. § 1 Abs. 1 Nr. 6, § 4 KStG; § 15 Abs. 1a UStG i. V. m. § 4 Abs. 5, § 12 Nr. 1 EStG.

480 Vgl. Ausführungen in Kapitel 2.2.2 (Unternehmerfähigkeit / Rechtsfähigkeit / Geschäftsfähigkeit).

481 Vgl. *Tehler*, in: Reiß/Kraeusel/Langer, UStG, 2010, § 1 UStG, Rz. 519 ff.

482 Vgl. auch *Nattkämper/Scholz*, IStR 2010, 515, 517.

im Ganzen angesehen.[483] Hier sollte allerdings differenziert werden. Wird die Gesellschaft von den Anteilseignern zum Verkauf angeboten, dann ist keine Geschäftsveräußerung im Ganzen gegeben.[484] Es ist kein Unternehmer als Veräußerer gegeben, der ein Unternehmen im Ganzen übergibt. Tritt die Gesellschaft hingegen als Unternehmer nach außen in Erscheinung und bietet sich im Ganzen selbst zum Verkauf an (z. B. in Vertretung durch den Vorstand und Aufsichtsrat), dann sollte eine Geschäftsveräußerung im Ganzen gegeben sein. Diese Unterscheidung kann in der Praxis allerdings nicht immer zu klaren Ergebnissen führen. Denn nur wenn auch die Anteilseigner verkaufen wollen, kann die Führungsebene der Gesellschaft einen Verkauf im Ganzen in die Wege leiten. Eine „feindliche" Übernahme wäre demnach nie eine Geschäftsveräußerung im Ganzen, da sich die Gesellschaft nicht zum Verkauf angeboten hat.[485]

Zu 5) Pro: EuGH Rechtsprechung

Nach dem EuGH Urteil Zita-Modes[486] bedeutet „Übertragung des Gesamtvermögens oder Teilvermögens", dass ein Geschäftsbetrieb oder ein selbständiger Unternehmensanteil übertragen wird, welcher die materielle und ggf. immaterielle Bestandteile umfasst, die zusammengenommen ein Unternehmen oder einen Unternehmensanteil bilden, mit dem eine selbständige wirtschaftliche Tätigkeit fortgeführt werden kann. Er schließt jedoch nicht die Übertragung von Gegenständen wie den Verkauf eines Warenbestandes ein. Weiter führt er aus, dass die Mehrwertsteuerrichtlinie keine eigene Definition für die Übertragung eines Gesamtvermögens oder Teilvermögens enthält. Daher muss auf den Sinn und Zweck der Vorschrift abgestellt werden, wozu der EuGH ausführt: „Im Lichte des Regelungszusammenhangs von Artikel 5 Absatz 8 der Sechsten Richtlinie[487] und des Zweckes der Richtlinie, ..., erweist es sich, dass diese Bestimmung es den Mitgliedstaaten gestatten soll, die Übertragungen von Unternehmen oder Unternehmensteilen zu erleichtern, nämlich sie zu vereinfachen und zu vermeiden, dass die Mittel des Begünstigten übermäßig steuerlich belastet werden, zumal er diese Belastung später durch einen Vorsteuerabzug wiedererlangen wür-

483 BFH, Urteil v. 29.10.1987, X R 33-34/81, BStBl. II 1988, 92; vgl. auch *Husmann,* in: Rau/Dürrwächter, UStG, 2010, § 1 UStG, Anm. 258-268, 1123, 1124; *Philipowski*, in: Rau/Dürrwächter, UStG, 2010, § 4 Nr. 8 UStG, Rdnr. 371, 372; *Stöcker*, in: Peter/Burhoff/Stöcker, UStG, 2010, § 1 UStG, Anm. 556.

484 So zumindest der BFH für eine OHG; vgl. *Birkenfeld*, USt-Handbuch, 2009, § 48, Rz. 136, 137.

485 Dass am Ende einer „feindlichen" Übernahme die Geschäftsführung in der Regel zustimmt und sich somit dem Verkauf zustimmt, bleibt zu beachten.

486 EuGH, Urteil v. 27.11.2003, C-497/01, *Zita Modes*, UR 2004, 19.

487 Jetzt Art. 19 MwStSystRL.

de.“ *Zugmeier*[488] schlussfolgert hieraus passend, dass eine Beteiligungsveräußerung eine Geschäftsveräußerung im Ganzen sein sollte, wenn folgende Bedingungen erfüllt sind:

- Die Beteiligung wird vollständig (100%) auf den Erwerber übertragen.
- Die wirtschaftliche Tätigkeit kann vom Erwerber ohne großen finanziellen Aufwand fortgesetzt werden.
- Die Beteiligung wird bis zur Veräußerung durch den Veräußerer wie ein gesondert geführter Teil des Gesamtunternehmens geführt.

Insbesondere für eine Beteiligung, die im Rahmen einer Organschaft als Organgesellschaft gehalten wird, sind die vorstehenden Voraussetzungen erfüllt. Die Organgesellschaft ist nicht mehr eigenständig selbstständig, sondern wird umsatzsteuerliche durch den Organträger (Holding) als Teil des Unternehmens geführt. Hier verkauft somit ein Unternehmer (Organträger) einen gesondert geführten Teil seines Unternehmens, der in seiner Identität umsatzsteuerlich nicht mehr selbständig ist. Darüber hinaus müssen auch die wesentlichen Grundlagen des gesondert geführten Betriebes übertragen werden, damit eine Geschäftsveräußerung angenommen werden kann.[489] Mit einer 100%-Beteiligung ist sicher auch immer die wesentliche Grundlage übertragen worden, sodass eine Geschäftsveräußerung im Ganzen gegeben ist.

Die Rechtssache „AB SKF“ gibt letztendlich die Beteiligungsveräußerung „frei“ für die Einstufung als Geschäftsveräußerung im Ganzen. Denn hier ist ausdrücklich erwähnt, „soweit die Aktienveräußerung der Übertragung des Gesamtvermögens oder eines Teilvermögens eines Unternehmens [...] gleichgestellt werden kann und sofern der betroffene Mitgliedstaat sich für die in diesen Bestimmungen vorgesehene Befugnis entschieden hat, stellt dieser Umsatz keine der Mehrwertsteuer unterliegende wirtschaftliche Tätigkeit dar.“ Damit ist klargestellt, dass der EuGH sich grundsätzlich vorstellen kann, dass eine Beteiligungsveräußerung eine Geschäftsveräußerung im Ganzen ist. Allerdings – und insoweit bleiben Detailfragen offen – beschreibt er nicht ausführlich und abschließend, welche Voraussetzungen genau vorliegen müssen, damit eine Geschäftsveräußerung im Ganzen angenommen werden kann. Als Voraussetzungen können hier aber die bereits vorstehend getroffenen Annahmen als Leitfaden dienen.

488 Vgl. *Zugmeier*, DStR 2009, 882, 887.
489 A 5 Abs. 1 S. 1 UStR.

Zu 6) Pro: „Mikrounternehmertheorie“

Abschließend wird dargestellt, welche Einschätzung die Mikrounternehmertheorie für die Geschäftsveräußerung im Ganzen liefert. Die Geschäftsveräußerung im Ganzen ist im Grundsatz unproblematisch. Kritisch diskutiert wird hier, ob eine Beteiligungsveräußerung (share deal) wie eine Geschäftsveräußerung im Ganzen (asset deal) behandelt werden kann. Im Rahmen der Mikrounternehmertheorie ist diese Frage positiv zu beantworten, denn der Unternehmer ist mit der kleinsten Einheit unternehmerisch tätig. Hat die Beteiligung dem Unternehmen gedient, dann war sie Teil des Unternehmens und somit ein Teil des Geschäftes. Dieser Teil des Geschäftes muss unter den oben dargestellten Grundsätzen veräußert werden können. Hier kommt es somit insbesondere zu einer abweichenden Einschätzung zur Rechtssache „AB SKF“. Die Veräußerung einer Beteiligung aus dem Unternehmen wird dort als steuerbar und steuerfrei eingeordnet. Wenn die Beteiligung jedoch dem Unternehmen dient und zu 100% veräußert wird, dann soll nach den Ausführungen unter „5) Pro: Rechtsprechung des EuGH“ insbesondere eine Geschäftsveräußerung im Ganzen angenommen werden können. Dann ist der Vorgang als nicht steuerbar einzustufen. Wird eine Beteiligung veräußert, die nicht dem Unternehmen gedient hat, dann liegt sowieso ein nicht steuerbarer Vorgang vor. Insofern wäre nur noch eine Veräußerung einer unter 100% Beteiligung und der gewerbliche Wertpapierhandel ein steuerbarer und steuerfreier Vorgang, für den zur Steuerpflicht optiert werden könnte.

4.3.3.3 Beteiligungsveräußerung (share deal)

Die Beteiligungsveräußerung als „share deal“ kann wie bereits angedeutet unterschiedlich eingestuft werden. Grundsätzlich gilt, dass die Veräußerung nicht steuerbar ist. Bis zur Rechtssache „AB SKF“ wurde in der Literatur größtenteils davon ausgegangen, dass eine Veräußerung – abgesehen vom gewerblichen Wertpapierhandel – immer ein nicht steuerbarer Vorgang ist. Dies sollte unabhängig davon gelten, in welcher Form die Beteiligung dem Unternehmen gedient hat oder diesen zugeordnet war. Die Rechtssache „AB SKF“ hat jedoch hervorgebracht, dass die Veräußerung steuerbar und dann steuerfrei sein soll, wenn an die Beteiligung mehrwertsteuerpflichtige Dienstleistungen erbracht worden sind. Hier ist die Argumentation der Finanzverwaltung aus dem „Holding-Erlass“ wieder zu finden, wonach eine Beteiligung unter bestimmten Voraussetzungen in der unternehmerischen Sphäre gehalten wird. Eine Voraussetzung im „Holding-Erlass“ ist, dass Leistungen gegenüber der Beteiligung erbracht werden müssen. Die andere Möglichkeit ist, dass das Geschäft der Beteiligung dem Geschäft der Holding dient. In beiden Fällen soll die Veräußerung steuerbar und steuerfrei sein. Der EuGH folgert jedoch abweichend und insoweit sachgerecht, dass der Vorsteuerabzug aus Eingangsleistungen trotzdem möglich sein kann. Die Finanzverwaltung verwehrt in diesen Fällen immer den Vorsteuerabzug. Nach EuGH Rechtsprechung ist der Vorsteuerabzug möglich, wenn zwischen den mit den Eingangsleistungen verbundenen Ausgaben und der wirtschaftlichen Gesamttätigkeit des Steuerpflichtigen ein direkter und unmittelbarer Zusammenhang besteht. Dabei soll geprüft werden, ob die getätigten Ausgaben Eingang in den Preis der verkauften Aktien gefunden haben oder allein zu den Kostenelementen der auf die wirtschaftlichen Tätigkeiten des Steuerpflichtigen entfallenden Umsätze gehören. D. h. gehen die Ausgaben im Preis der Aktien auf, dann sollen die Vorsteuern nicht abziehbar sein.

Die Mikrounternehmertheorie geht bei der Ermittlung des Vorsteuerabzuges einen Schritt weiter und stellt zusätzlich auf die Verwendung des Kapitals ab. Gehen die Ausgaben im Preis der verkauften Aktien auf und wird das Kapital für wirtschaftliche Tätigkeiten verwendet, dann muss der Vorsteuerabzug grundsätzlich auch möglich sein. Nur wenn die Eingangsleistungen in der Beteiligung aufgehen und das Kapital nicht für wirtschaftliche Tätigkeiten verwendet wird, muss der Vorsteuerabzug verwehrt werden. Der Vorsteuerabzug für den Beteiligungsverkauf selber – soweit steuerbar und zur Steuerpflicht optiert – sowie für die Eingangsleistungen bemisst sich im Rahmen der Mikrounternehmertheorie nach denselben Kriterien, die schon zu dem Beteiligungserwerb (eigentlicher Erwerb und Erwerbsnebenkosten) dargestellt worden sind.[490]

4.3.3.4 Sonderfall: Ausgabe von gesellschaftsrechtlichen Anteilen / Aufnahme von Gesellschaftern

Neben der Veräußerung von Beteiligungen bzw. des gesamten Geschäftsbetriebes kann man zur Kapitalbeschaffung alternativ auch gesellschaftsrechtliche Anteile ausgeben. Hierdurch geht ein Teil der Beteiligung bzw. des Geschäftes ebenfalls auf einen neuen Eigentümer über. Benötigt man nur Kapital ohne ein gesamtes Unternehmen oder einen Unternehmensteil verkaufen zu wollen, ist dies eine sinnvolle Alternative.

Der EuGH hat sich sowohl zu der Ausgabe von gesellschaftsrechtlichen Anteilen gegen Bar- oder Sacheinlage als auch zu der Aufnahme von Gesellschaftern geäußert.[491] In beiden Fällen liegt ein nicht steuerbarer Vorgang vor. Denn die Aufnahme eines neuen Gesellschafters stellt keine Erbringung einer Dienst-

490 Vgl. Kapitel 4.3.1 (Der Erwerb der Beteiligung).

491 Vgl. Kapitel 3.1.1.1.2, Besprechung 5), KapHag Renditefonds und Besprechung 7), Kretztechnik.

leistung oder Lieferung eines Gegenstandes an diesen dar.[492] Der Vorsteuerabzug hingegen ist trotzdem nicht ausgeschlossen. Die Höhe des Abzugs der Vorsteuer bestimmt sich dabei nach den *allgemeinen* Umsätzen des Unternehmens. Die Kosten sollen direkt und unmittelbar mit der wirtschaftlichen Gesamttätigkeit des Steuerpflichtigen zusammenhängen. Diese schon für die Geschäftsveräußerung im Ganzen festgestellte Möglichkeit – Abzug der Vorsteuern bei nicht steuerbarem Vorgang – ist grundsätzlich zu begrüßen. Im Detail lassen sich durch die Mikrounternehmertheorie jedoch Anpassungen vornehmen, die zu einer sachgerechteren Aufteilung führen.

Im Rahmen der Mikrounternehmertheorie ist – wie bereits mehrfach dargestellt – die Zuordnung zu bestimmten Tätigkeiten essenziell. Denn wenn das Kapital für bestimmte Tätigkeiten, z. B. zur Stärkung eines bestimmten Unternehmensbereiches, verwendet wird und die Kosten in diesen Tätigkeiten aufgehen, dann macht die Zuordnung zu dem gesamten Unternehmen keinen Sinn. Der Vorsteuerabzug muss sich somit nach den konkret zuzuordnenden Tätigkeiten bemessen. Soweit allerdings keine Zuordnung möglich ist bzw. das Kapital bewusst für das gesamte Unternehmen verwendet wird, dann ist auch der Vorsteuerabzug nach den Maßgaben der gesamten Umsätze der Steuerpflichtigen vorzunehmen.

4.4 Entgelt vs. Kapitalzufluss (Dividenden / Zinsen)

4.4.1 Überblick

Eine Leistung muss gem. § 1 Abs. 1 Nr. 1 UStG bzw. gem. Art. 2 Abs. 1 Buchst. a) MwStSystRL gegen Entgelt erbracht werden. Fraglich ist, welche Zuflüsse als Entgelt angesehen werden können und welche Voraussetzungen hierfür vorliegen müssen. Dabei sollen hier Dividenden[493] und der Zufluss von Zinsen dargestellt und vergleichend durch die Mikrounternehmertheorie gewürdigt werden. Denn Dividenden sind grundsätzlich kein Entgelt während Zinsen oftmals Entgelt sind. Diese Unterscheidung und deren Rechtfertigung werden nachfolgend aufgezeigt. Ergebnis wird sein, dass auch Dividenden unter engen Voraussetzungen ein Entgelt sein können, während Zinsen unter bestimmten Voraussetzungen kein Entgelt sind. Die Übergänge sind dabei zum Teil fließend und können im Zweifel zu Unsicherheiten führen.

---

492 Vgl. EuGH, Urteil v. 26.06.2003, C-442/01, *KapHag Renditefonds*, UR 2003, 443, Rz. 41.

493 Der Begriff „Dividenden" ist hier weit zu verstehen und umfasst alle Formen von Gewinnausschüttungen.

4.4.2 Dividenden

Haupteinnahmequelle einer Holding sind in der Regel die Dividenden bzw. Gewinnausschüttungen ihrer Beteiligungsgesellschaften. Ohne Leistung können Gewinnausschüttungen jedoch nie als Gegenleistung, d. h. Entgelt[494] angesehen werden. Aber insbesondere bei einer Holding, die Leistungen[495] an ihre Beteiligungen erbringt, sind Dividenden auf ihre Entgelttauglichkeit hin zu überprüfen. Grundsätzlich sind Dividenden kein Entgelt, da sie bloße Frucht des Anteilbesitzes sind.[496] Geht eine Dividendenzahlung jedoch über die Ausschüttung hinaus, die Dritte erhalten, dann kann nach Ansicht des OFD Frankfurts mit Schreiben aus dem Jahr 2002 die Mehrzahlung als Entgelt angesehen werden.[497] Dass hier ein Teil der Finanzverwaltung diese Auffassung vertritt (oder vertreten hat), ist verwunderlich. Denn eigentlich vertritt die Finanzverwaltung eher eine restriktive Auffassung. Hieraus folgt jedoch, dass insbesondere bei einer ansonsten unentgeltlichen Erbringung von Leistungen an die Beteiligungsgesellschaft, in der Mehrzahlung eine Gegenleistung gesehen werden kann. Mit den Leistungen wurde der Unternehmenswert der Beteiligung gemehrt, der wiederum über die Dividende zurückgegeben wird. In der Rechtssache Floridienne/Berginvest des EuGH ist eine vergleichbare Argumentation zu finden. Die Dividenden werden hier *nicht* in dem Anwendungsbereich der Mehrwertsteuer gesehen, da alle Anteilseigner dieselbe Auszahlung erhalten und weil die Holding eine separate Vergütung für die Dienstleistungen erhält. Nach Tz. 20 jedoch können Dividenden dann in den Anwendungsbereich fallen, wenn die Dividenden als Gegenleistung für die wirtschaftliche Tätigkeit angesehen werden können. Das EuGH Urteil „Coöperatieve Aardappelenbewaarplaats" führt weiter aus, dass ein *unmittelbarer Zusammenhang* zwischen der ausgeübten Tätigkeit und dem erhaltenen Gegenwert notwendig ist.[498] Daher ist eine mittelbare Ermittlung des Entgelts nicht möglich. Im BFH Urteil „Kartoffelgemeinschaftsbrennerei" wurde der verteilte Gewinn als „Entgelt" angesehen, da sich der Gewinn konkret an der Lieferung der Qualität der gelieferten Kartoffeln (Stärkegehalt) orientierte. Somit war ein

---

494 Zum eigentlich verfehlten Begriff der Gegenleistung fürs Entgelt vgl. *Stadie*, UStG, 2009, § 1 UStG, Rz. 74.

495 Dienstleistungen oder Managementleistungen.

496 Vgl. für nicht geschäftsführende Holding mit steuerpflichtiger Grundstücksvermietung EuGH, Urteil v. 22.06.1993, C-333/91, *Sofitam*, DB 1994, 25, Rdnr. 13; für geschäftsführende Holding mit steuerpflichtigen Aktivitäten EuGH, Urteil v. 14.11.2000, C.142/99, *Floridienne SA/Berginvest SA*, DStRE 2000, 1268, IStR 2001, 15 mit Anm. *Klenk*.

497 Vgl. OFD Frankfurt v. 08.04.2002, S 7105 A, NWB DokID: AAAAA-86419.

498 Vgl. Kapitel 3.1.1.1.3, Besprechung 1), Cooeperatieve Aardappelenbewaarplaats; vgl. auch EuGH, Urteil v. 24.10.1996, C-288/94, *Argos Distributors*, EuGHE 1996, 5311, Rdnr. 16.

unmittelbarer Zusammenhang gegeben.[499] Dabei war es sogar unerheblich, ob das ausgeschüttete Entgelt über dem marktüblichen Preis für Stärkekartoffeln liegt.

Wenn somit kein weiterer Gegenwert für die Managementleistungen oder Dienstleistungen vorgesehen ist und die Dividende höher als gewöhnlich ausfällt, sollte der Mehrwert ein Entgelt im Anwendungsbereich der Mehrwertsteuer sein. Problematisch wird diese Argumentation, wenn die Holding 100% der Anteile an der Beteiligung hält. Eine Vergleichsrendite, die sich aus der reinen Fruchtziehung des Anteils ergibt, lässt sich dann nicht unmittelbar feststellen. Hier kann nur der Vergleich über z. B. branchen- und größenähnliche Unternehmen zu einem Ergebnis führen. Nach laufender Rechtsprechung ist es ebenfalls nicht notwendig, dass ein Rechtsverhältnis für die Zahlung eines Entgeltes vorliegt.[500] Es braucht kein Anspruch auf eine Zahlung bestehen, sodass auch eine freiwillige Zahlung ausreicht. Daher ist es nicht schädlich, wenn im Vorfeld zwischen Beteiligungsgesellschaft und Holding nicht vereinbart worden ist, dass für die Leistung ein Entgelt fließen soll. Wenn sich die Holding das Entgelt über die Dividende zukommen lässt, sollte dies daher unproblematisch sein.

Grundsätzlich ergibt sich somit die Möglichkeit, dass für eine Führungs-, Dienstleistungs- oder Managementholding ein Teil der Dividenden als Entgelt angesehen werden kann. Diese Holding kann daher unmittelbar die umsatzsteuerliche Unternehmereigenschaft über den Bezug der Dividenden erlangen, da eine Leistung gegen Entgelt erbracht worden ist. Der Teil der Dividende, der für die Leistung gezahlt wird, ist steuerbar und auch steuerpflichtig. Die Steuerfreiheit gem. § 4 Nr. 8 Buchst. e) oder f) UStG bzw. Art. 135 Abs. 1 Buchst. e) oder f) MwStSystRL kann hier nicht greifen. Denn bei diesem Teil der Dividenden handelt es sich nicht um Umsätze oder die Vermittlung der Umsätze für Wertpapiere oder Anteilen an Gesellschaften. Da eine Leistung für dieses Entgelt erbracht wurde, ist keine „Fruchtziehung aus dem reinen Innehaben" von Beteiligungen gegeben. Dieses Entgelt ist nicht Teil einer nicht steuerbaren Vermögensverwaltung.

Empfängt die Holding Eingangsleistungen, die für die Tätigkeit gegenüber der Beteiligungsgesellschaft erbracht wird, dann ist unmittelbar ein Bezug zu einer wirtschaftlichen Tätigkeit gegeben. Aber auch wenn eine „normale" Dividende vorliegt, dann ist der Vorsteuerabzug im Rahmen der Mikrounternehmertheorie nicht ausgeschlossen. Denn wenn die Dividende (das Kapital) für eine wirtschaftliche Tätigkeit verwendet wird, dann ist ein Bezug zum Unternehmen ge-

499 Vgl. auch Kapitel 3.1.1.2.1, Besprechung 3), Kartoffelgemeinschaftsbrennerei.

500 Vgl. EuGH, Urteil v. 17.09.2002, C-498/99, *Town & County Factors Ltd.*, IStR 2002, 773; FG Berlin-Brandenburg, Urteil v. 10.06.2008, 7 V 7342/07, EFG 2008, 1417.

geben. Hier gelten dann die bereits vorstehend dargestellten Prüfkriterien für die Ermittlung der Höhe des Vorsteuerabzuges.

4.4.3 Zinsen

Zinszahlungen erfüllen das Merkmal des Entgelts für eine Leistung grundsätzlich häufiger als Dividendenzahlungen. Die Darlehenshingabe ist eine Leistung und die Zinszahlungen ein Entgelt für die Überlassung des Kapitals, wenn sie im Rahmen eines Unternehmensziels oder zu einem geschäftlichen Zweck erfolgt, der insbesondere durch das Interesse an der Rentabilisierung des investierten Kapitals geprägt ist.[501] In den EuGH Urteil „EDM" wurde die jährliche Hingabe von Darlehen an die Tochtergesellschaft als eine wirtschaftliche Tätigkeit angesehen, die steuerfrei gem. Art. 135 Abs. 1 Buchst. b) MwStSystRL ist. In der Rechtssache „Régie dauphinoise" hat der EuGH festgestellt, dass Zinsen, die ein Unternehmen der Immobilienverwaltung für Geldanlagen erhält, die es auf eigene Rechnung mit von den Miteigentümern oder Mietern erhaltenen Mitteln vornimmt, Entgelt sind, da die Zinszahlungen nicht auf dem bloßen Eigentum eines Wirtschaftsguts beruhen, sondern auf der Überlassung von Kapital an einen Dritten. Hingegen hat der EuGH in der Rechtssache „Floridienne / Berginvest" festgehalten, dass Zinsen auch kein Entgelt sein können, und zwar dann, wenn die Darlehenshingabe nur gelegentlich ausgeübt wird und sich wie die Verwaltung von Anlagen eines privaten Anlegers darstellt. Nur die beständige Gewährung von Darlehen im Rahmen eines Unternehmensziels oder zu einem geschäftlichen Zweck, der insbesondere durch das Interesse an der Rentabilisierung des investierten Kapitals geprägt ist, ist eine wirtschaftliche Tätigkeit. Die „Privatperson" die bei einer Bank für ihre Einlagen Zinsen erhält wird hierdurch nicht unternehmerisch tätig. Obwohl hier eine *regelmäßige* Gewährung von „Darlehen" an die Bank vorliegen kann, ist keine wirtschaftliche Tätigkeit gegeben. Denn die Überlassung des Kapitals erfolgt nicht „im Rahmen eines Unternehmensziels oder zu einem geschäftlichen Zweck". Festzustellen bleibt, dass die Gewährung von Kapital gegen Entgelt (Zinsen) nie für sich alleine eine wirtschaftliche Tätigkeit bilden kann. Sie muss im Rahmen eines bestehenden Unternehmens stattfinden. Aus dem Blickwinkel der Mikrounternehmertheorie erscheint diese Schlussfolgerung nicht sachgerecht. Denn der Unternehmer muss mit jeder Tätigkeit und durch diese wieder die Unternehmereigenschaft erlangen. Allerdings muss auch hier die Tätigkeit im Gesamtbild aller oder mehrere Tätig-

501 Vgl. EuGH, Urteil v. 14.11.2000, C-142/99, *Floridienne SA/Berginvest SA*, DStRE 2000, 1268, Rdnr. 28.

keiten betrachtet werden. Denn eine Tätigkeit alleine bringt in der Regel nie die Unternehmereigenschaft hervor. Die gleiche Tätigkeit im Zusammenspiel mit mehreren Tätigkeiten kann jedoch unternehmerisch sein.

Für den Vorsteuerabzug wird gefolgert, dass bei der nicht wirtschaftlichen Gewährung von Darlehen die Zinsen kein Entgelt sind und Vorsteuer auf Eingangsleistungen nicht geltend gemacht werden kann. Liegt eine gemischte Verwendung vor, dann sollen die Zinsen bei der Ermittlung des Vorsteuerschlüssels im Nenner unberücksichtigt bleiben. Ist die Darlehensgewährung hingegen wirtschaftlicher Natur, dann sind die Zinsen Entgelt für eine Leistung und werden im Nenner des Bruchs als steuerfreie Einnahmen berücksichtigt. Die Mikrounternehmertheorie hingegen besagt, dass auf die Verwendung der Zinseinnahmen (Kapital) abgestellt werden muss. Werden die Zinszahlungen (ebenso auch Dividenden) für wirtschaftliche Tätigkeiten verwendet, muss unabhängig von der Einordnung der Darlehensgewährung (wirtschaftlich oder nicht wirtschaftlich) der Vorsteuerabzug grundsätzlich möglich sein.

4.4.4 Zusammenfassende Würdigung durch die Mikrounternehmertheorie

Die Hingabe von Kapital kann sich durch Fremdkapital oder Eigenkapital gestalten. Der Zufluss aus dem Fremdkapital (Zinsen) wird dabei in der Regel als Entgelt angesehen, während nur unter besonderen Voraussetzungen kein Entgelt angenommen werden kann. Der Zufluss aus dem Eigenkapital (Dividenden) wird in der Regel nicht als Entgelt angesehen, während nur unter besonderen Voraussetzungen ein Entgelt angenommen werden kann. Grundsätzlich aber muss in beiden Fällen mit gleichen Maßstäben gemessen werden. D. h., es muss jeweils geprüft werden, ob eine wirtschaftliche Tätigkeit gegen Entgelt erbracht wird.

Die Mikrounternehmertheorie liefert hier die Sichtweise auf die wirtschaftliche Tätigkeit, in welcher die Eingangsleistung letztendlich aufgeht. Werden die Zinsen oder Dividenden dafür verwendet, eine wirtschaftliche Tätigkeit auszuführen, dann können auch Vorsteuern auf die Eingangsleistungen im Zusammenhang mit diesen Zinsen oder Dividenden grundsätzlich geltend gemacht werden. Die Verwendung des Kapitals für einen Außenumsatz oder die Beeinflussung des Preises eines Außenumsatzes muss immer im Blickfeld bleiben und bei der Bestimmung des Vorsteuerabzuges Berücksichtigung finden.

4.5 Organschaft

4.5.1 Holding vs. Organschaft

Eine Organschaft liegt nach deutschem Umsatzsteuerrecht gem. § 2 Abs. 2 Nr. 2 UStG, „wenn eine juristische Person nach dem Gesamtbild der tatsächlichen Verhältnisse finanziell, wirtschaftlich und organisatorisch in das Unternehmen des Organträgers eingegliedert ist“. Im EU-Recht heißt es in Art. 11 MwStSystRL, dass „jeder Mitgliedstaat in seinem Gebiet ansässige Personen, die zwar rechtlich unabhängig, aber durch gegenseitige finanzielle, wirtschaftliche und organisatorische Beziehungen eng miteinander verbunden sind, zusammen als einen Steuerpflichtigen behandeln“ kann. Eine Holding ist legal nicht definiert[502], sollte aber vorliegen, wenn ein Unternehmen insbesondere Beteiligungen über 50% hält. Die finanzielle Eingliederung ist daher für die meisten Holdinggesellschaften bereits gegeben. Fraglich ist, welche Holdingformen auch die beiden anderen Eingliederungsvoraussetzungen (wirtschaftlich und organisatorisch) in der Regel erfüllen sollten. Dabei sollen nachfolgend die drei Holdingarten „Finanzholding“, „Führungsholding“ sowie „Dienstleistungsholding“ betrachtet werden.

Die *Finanzholding* kann aus verschiedenen Gründen keine Organgesellschaft sein und somit auch keine Organschaft eingehen. Zum einen ist die Finanzholding originär kein Unternehmer. Es ist fraglich, ob die Finanzholding mittelbar durch die Unternehmereigenschaft der Beteiligungsgesellschaften die Unternehmereigenschaft erlangen kann. Dies wird in der Regel in Rechtsprechung und Literatur abgelehnt. Die Finanzverwaltung lässt in diesem Fall ebenfalls keine Organschaft zu. Weiter kann die Beteiligung wirtschaftlich und organisatorisch nicht in die Finanzholding eingegliedert sein. Denn ohne originären Geschäftsbetrieb des potenziellen Organträgers kann auch eine Beteiligung keinen wirtschaftlichen Beitrag für diesen leisten und somit nicht eingebunden werden. Da eine Finanzholding auch nicht in die Beteiligungsgesellschaften eingreift, auch nicht unentgeltlich, kann die organisatorische Eingliederung ebenfalls nicht gegeben sein. So bleibt, auch wenn man die mittelbare Unternehmereigenschaft bejaht[503], die Organschaft für die Finanzholding verschlossen, da die wirtschaftliche und organisatorische Eingliederung nicht vorliegen kann.

Die *Führungsholding* hingegen ist originär unternehmerisch tätig, sodass die Grundvoraussetzung, Unternehmer zu sein, erfüllt ist. Die wirtschaftliche und organisatorische Eingliederung kann auch vorliegen. Denn eine Führungsholding hat wirtschaftliche Beziehungen und Interessen an ihren Beteiligungsgesell-

---

502 Vgl. Kapitel 2.1 (Holdinggesellschaft).

503 Vgl. hierzu Kapitel 4.5.2 (Mittelbarer Unternehmer).

schaften. Insbesondere aber greift sie in das Management der Beteiligungsgesellschaften ein, sodass die organisatorische Eingliederung in starker Ausprägung vorliegt. Die finanzielle, wirtschaftliche und organisatorische Eingliederung müssen nicht alle gleich stark ausgeprägt sein. Wenn ein Merkmal schwächer ausgeprägt ist, aber die anderen Merkmale eine starke Ausprägung haben, dann sind die Voraussetzungen für die Organschaft trotzdem erfüllt.[504]

Die *Dienstleistungsholding* ist ebenfalls originär unternehmerisch tätig, sodass die Grundvoraussetzung erfüllt ist. Die wirtschaftliche und die organisatorische Eingliederung können allerdings nicht vorliegen. Denn das Geschäft der Beteiligung fördert nicht das Geschäft der Dienstleistungsholding. Das Geschäft der Dienstleistungsholding liegt im einfachen Erbringen von administrativen Leistungen, wie z. B. die Buchführung. Allenfalls wenn die Beteiligungsgesellschaft z. B. ein Anbieter für Buchführungssoftware wäre, könnte sich die wirtschaftliche Eingliederung ergeben. Diese Konstellation ist allerdings unwahrscheinlich und wird in der Regel nicht vorliegen. Insbesondere greift die Dienstleistungsholding aber nicht organisatorisch in ihre Beteiligungen ein. Da somit nur die finanzielle Eingliederung gegeben ist, kann keine Organschaft vorliegen.

4.5.2 Mittelbarer Unternehmer

4.5.2.1 Einführung

Ein weiterer Diskussionspunkt im Rahmen der Organschaft – aber auch darüber hinaus – ist die mittelbare Unternehmereigenschaft. Das unentgeltliche Erbringen einer Tätigkeit für die Beteiligungsgesellschaft soll die Unternehmereigenschaft nicht hervorbringen. Auch wenn die Beteiligungsgesellschaft unternehmerische tätig ist, soll die Holding nicht mittelbar die Unternehmereigenschaft erlangen können, weil kein Entgelt gegeben ist. Zu bezweifeln bleibt aber, ob die Holding ein Endverbraucher ist, denn sie tätigt oftmals *keinen* Letztverbrauch.[505] Eine Führungsholding, die *unentgeltlich* ihre Funktionen übernimmt, sollte unternehmerisch tätig sein. Die Unternehmereigenschaft der Beteiligungsgesellschaften muss auf die Holding übergehen, da sie dazu beiträgt, dass ihre Töchter Umsätze tätigen. Wenn die Beteiligungsgesellschaft die geschäftsführende Tätigkeit selber ausübt, dann steht ihr der Vorsteuerabzug aus Eingangsleistungen in diesem Zusammenhang grundsätzlich zu. Warum dieser Vorsteuerabzug nicht möglich sein soll, wenn die Holdingmutter für ihre Töchter dieselbe Leistung er-

504 Vgl. BFH, Urteil v. 29.10.2008, XI R 74/07, DStRE 2009, 29.

505 Vgl. *Stadie,* in: Rau/Dürrwächter, UStG, 2010, § 2 UStG, Anm. 208.

bringt, ist aus diesem Blickwinkel nicht nachvollziehbar. Nachfolgend werden verschiede Ansätze für die Argumentation dargestellt sowie abschließend noch die mittelbare finanzielle, wirtschaftliche und organisatorische Eingliederung gefordert.

4.5.2.2. Rechtsformneutralität und Neutralitätsprinzip

Diese Auslegung gebietet darüber hinaus auch das Neutralitätsprinzip bzw. die Rechtsformneutralität. Denn eine vergleichbare Konstellation als Stammhauskonzern führt nicht zur Versagung des Vorsteuerabzuges. Ein Stammhauskonzern, der unentgeltlich in die Geschäftsführung einer Betriebsstätte eingreift, ist – auch wenn dies die einzige Tätigkeit des Stammhauses ist – ein umsatzsteuerlicher Unternehmer. Die Geschäftstätigkeit der Betriebsstätte greift bis zum Stammhaus durch. Somit muss die Geschäftstätigkeit der Beteiligungsgesellschaften ebenfalls auf die Muttergesellschaft (Holding) durchgreifen.

In der Rs. Polysar BV[506] hat dieser Grundsatz vom EuGH noch Beachtung gefunden. Denn aus Absatz 14 des EuGH Urteils geht hervor, dass ein unmittelbares oder *mittelbares* Eingreifen in die Verwaltung der Beteiligungsgesellschaft zur Unternehmereigenschaft führt. Mit dieser Ausführung hatte der EuGH unabhängig von der Entgeltlichkeit die mittelbare Unternehmereigenschaft zugelassen.[507] Zwar ist der Unternehmerbegriff gem. § 2 UStG und § 15 UStG identisch auszulegen[508] und somit ein Rechtssubjekt ohne Umsätze, d. h. ohne eine Leistung gegen Entgelt zu erbringen, kein Unternehmer. Die mittelbare Erfüllung der Voraussetzungen des § 2 UStG sollte aber die Unternehmereigenschaft begründen.[509] Denn die geschäftsleitende Holding ist kein Endverbraucher, sondern trägt dazu bei, dass die Beteiligungsgesellschaften steuerbare Umsätze tätigen.

4.5.2.3. Gesetzeswortlaut im § 2 Abs. 1 UStG

Die Frage der Notwendigkeit eines Entgelts und somit des mittelbaren Unternehmers kann auch über den § 2 UStG direkt angegangen werden. Denn das Merkmal der Entgeltlichkeit geht aus dem § 2 UStG nicht offensichtlich hervor. Die Befürworter der Bedingung, dass Entgeltlichkeit vorliegen muss, gehen dabei vielmehr den Weg über § 1 UStG. Der § 1 UStG regelt grundsätzlich aber die

---

506 EuGH, Urteil v. 20.06.1991, C-60/90, *Polysar BV*, UR 1993, 119.

507 Vgl. *Stadie*, UR 2007, 1; *Mühleisen/Trapp*, UR 2007, 633.

508 BFH, Urteil v. 19.08.1988, V R 115/83, BStBl. II 1988, 916; *Stadie,* in: Rau/Dürrwächter, UStG, 2010, § 2 UStG, Anm. 22.

509 Vgl. *Stadie,* in: Rau/Dürrwächter, UStG, 2010, § 2 UStG, Anm. 22.

sachliche Steuerpflicht und nicht die persönliche Steuerpflicht eines Rechtssubjektes. Im § 1 Abs. 1 Nr. 1 UStG heißt es, dass der Umsatzsteuer Lieferungen und sonstige Leistungen unterliegen, die ein Unternehmer im Inland gegen Entgelt im Rahmen seines Unternehmens ausführt. Diese Formulierung zeigt, dass der „Unternehmer" und das „Entgelt" zwei unabhängige Kriterien im Rahmen der sachlichen Steuerpflicht sind. Vielmehr muss erst ein Unternehmer gegeben sein und dieser muss dann gegen Entgelt tätig werden, damit die sachliche Steuerpflicht vorliegt. Berücksichtigt man darüber hinaus, dass im § 2 UStG der Begriff „Entgelt" nicht erwähnt wird, muss man zu der Schlussfolgerung kommen, dass die Unternehmereigenschaft nicht vom Entgelt abhängt. Im Gemeinschaftsrecht findet sich eine identische Trennung von dem Begriff „Steuerpflichtiger" und „Entgelt". In Art. 9 Abs. 1 MwStSystRL taucht der Begriff Entgelt nicht auf. Der Art. 2 Abs. 1 Nr. 1 MwStSystRL setzt einen bereits bestehenden Steuerpflichtigen voraus, der dann gegen Entgelt tätig werden muss, damit ein steuerbarer Umsatz vorliegt.[510]

4.5.2.4. Parallelen zum Beihilfe- und Wettbewerbsrecht

Die umsatzlose Führungsholding steht irgendwo zwischen der Finanzholding und der reinen Führungsholding. Allerdings steht sie der reinen Führungsholding näher, da sie in gleicher Form geschäftsleitend tätig wird. Dass die Unternehmereigenschaft nun von einem Entgelt abhängen soll, ist nicht einleuchtend. *Tiedtke* geht sogar soweit, unter Umständen in der vermögensverwaltenden Tätigkeit eine wirtschaftliche Tätigkeit zu sehen.[511] Der späteren Abkehr von dem mittelbaren Unternehmer u.a. in den Rechtssachen „Floridienne S.A. / Berginvest", „Cibo Participations" und „Welthgrove"[512] ist daher nicht zuzustimmen. Ein EuGH Urteil im Rahmen des Wettbewerbsrechts[513] lässt hingegen die Hoffnung zu, dass der EuGH sich in Zukunft wieder im Umsatzsteuerrecht auf den mittelbaren Unternehmer einlassen könnte. In dem Urteil zum Beihilfe- und Wettbewerbsrecht hat der EuGH entschieden, das der Unternehmer i. S. d. Art. 87 EGV auch durch mittelbare Eingriffe in die Verwaltung der Tochtergesellschaften möglich ist.[514] Ob diese Grundsätze auf das Mehrwertsteuerrecht übertragen werden, bleibt abzuwarten.

---

510 Vgl. zu dieser Argumentation *Blankenheim*, Steuerpflichtiger und Unternehmerbegriff im Umsatzsteuerrecht, 2005, 64 ff., 118 ff.

511 Vgl. *Tiedtke*, UR 2008, 373, 374.

512 Vgl. Kapitel 3.1.1.1.1 (Urteile zur Unternehmereigenschaft) sowie Kapitel 3.1.1.1.2 (Urteile zum Vorsteuerabzug).

513 EuGH, Urteil v. 10.01.2006, C-222/04, *Cassa di Risparmio di Firenze SpA*, EuGHE 2006, 289.

514 Vgl. hierzu auch *Stadie*, UR 2007, 1, 2.

4.5.2.5 Literatur

Die mittelbare Unternehmereigenschaft für den Organträger durch die Organgesellschaft soll nach BFH Rechtsprechung nicht möglich sein. In der Literatur finden sich sowohl Vertreter dieser Ansicht als auch kritische Stimmen. *Stadie* steht der Ablehnung kritisch gegenüber und fordert die mittelbare Unternehmereigenschaft für den Organträger.[515] Dieser Ansicht ist zuzustimmen. Denn die Unternehmereigenschaft setzt nicht voraus, dass ein entgeltlicher Umsatz unmittelbar von dem Organträger getätigt wird. Der Organträger muss lediglich durch sein Handeln unternehmerisch tätig sein. Reiß sieht hingegen den mittelbaren Unternehmer grundsätzlich und im Rahmen der Organschaft nicht gegeben, da eine umsatzlose Person nicht durch Umsätze einer anderen Person zum Unternehmer werden kann.[516]

4.5.2.6 Mikrounternehmertheorie

Wie bereits in Kapitel 3.4.6 angedeutet, wird im Rahmen der Mikrounternehmertheorie bei der Bildung der Organschaft ein Missstand aufgedeckt, der ebenfalls dazu führen sollte, dass die mittelbare Unternehmereigenschaft möglich ist. Ein Unternehmer ist immer nur insoweit Unternehmer, wie er wirtschaftliche Tätigkeiten ausführt. Besitzt eine Holding daher einen geringen wirtschaftlichen Bereich, ist sie insoweit unternehmerisch tätig und Unternehmer. Die Grundvoraussetzung für die Bildung einer Organschaft ist daher erst einmal gegeben. Sind darüber hinaus die wirtschaftliche und organisatorische Eingliederung erfüllt, dann kann diese Holding als Organträger auftreten. Damit „übernimmt" die Holding automatisch die weiteren unternehmerischen Tätigkeiten ihrer Organgesellschaften. Diese weiteren unternehmerischen Tätigkeiten werden somit mittelbar durch den Organträger ausgeführt. Als offensichtliche Gestaltungsalternative lässt sich daher das Ausführen geringer wirtschaftlicher Tätigkeiten durch eine Finanzholding erkennen, um *im Ganzen* in die Organschaft zu gelangen. Auch die Finanzverwaltung hat in den Ausführungen ihres „Holding-Erlasses" anscheinend diesen Missstand erkannt und daher die Anforderungen für die Bildung einer Organschaft höher gestellt, indem die Zuordnung zur unternehmerischen Sphäre – und somit die wirtschaftliche Eingliederung – nicht durch geringe Umsätze erfolgen kann.[517] Die Verwehrung der mittelbaren Unternehmereigenschaft lässt sich daher grundsätzlich – abgesehen vom Holding-Erlass, wel-

---

515 Vgl. Stadie, in: Rau/Dürrwächter, UStG, 2010, § 2 UStG, Anm. 447 ff., 670 ff.

516 Vgl. *Reiß*, in: Reiß/Kraeusel/Langer, UStG, 2010, § 2 UStG, Rz. 109.

517 Vgl. Kapitel 3.1.2., Besprechung 3), Holding-Erlass, Buchstabe b).

cher die Mehrwertsteuersystemrichtlinie und dem Umsatzsteuergesetz nicht einschränken darf und somit eine geringe Relevanz hat – durch das Ausführen von geringen Umsätzen umgehen und hierdurch erreichen. Sachgerechter ist es, wenn die mittelbaren Umsätze, welche die Holdingmutter tatsächlich beeinflusst, auch dieser mittelbar zugeordnet werden können. Insoweit ist die Holding unternehmerisch tätig.

4.5.2.7 Forderung: Mittelbare finanzielle, wirtschaftliche und organisatorische Eingliederung

Neben der mittelbaren Unternehmereigenschaft stellt sich die Frage, inwiefern die drei Eingliederungsvoraussetzungen mittelbar erfüllt werden können. Die Finanzverwaltung lässt mittlerweile im Holding-Erlass die finanzielle Eingliederung mittelbar zu.[518] D. h., wenn eine Enkelgesellschaft über eine Tochtergesellschaft finanziell eingegliedert ist und die weiteren Bedingungen erfüllt sind, dann kann die Muttergesellschaft (Holding) mit der Enkelgesellschaft eine Organschaft bilden. Die Tochtergesellschaft wird allerdings nicht in den Organkreis mit eingebunden. Diese Einschätzung wird hier nicht geteilt, denn wenn über die Zwischenholding strategische Beteiligungen gebündelt werden, dann dient diese Zwischenholding dem gesamten Unternehmen und sollte dem entsprechend gewürdigt werden.[519]

Die mittelbare wirtschaftliche oder organisatorische Eingliederung wird im Holding-Erlass nicht angesprochen. Dabei sollte die mittelbare wirtschaftliche Eingliederung auch zusammen mit den anderen Kriterien zur Organschaft führen können. Mittelbare wirtschaftliche Eingliederung kann z. B. bedeuten, dass eine Tochtergesellschaft die eingegliedert ist, Dienstleistungen an eine Schwestergesellschaft (d. h. zweite Tochtergesellschaft der Holding) erbringt, die nicht über die Muttergesellschaft direkt eingegliedert ist. Die Schwestergesellschaft sollte dann mittelbar wirtschaftlich bei der Muttergesellschaft eingegliedert sein. Sie dient einer weiteren Tochtergesellschaft wirtschaftlich, die wiederum der Muttergesellschaft dient. Die wirtschaftliche Eingliederung muss hier bis oben hin durchgreifen. Ebenso lässt sich für die organisatorische Eingliederung argumentieren. Wenn eine eingegliederte Tochtergesellschaft z. B. in die Geschäftsführung einer Enkelgesellschaft eingreift, muss diese organisatorische Eingliederung bis zur Muttergesellschaft durchgreifen.[520]

518 Vgl. Kapitel 3.1.2., Besprechung 3), Holding-Erlass.

519 Vgl. *Eggers/Korf*, DB 2008, 719, 723.

520 Vgl. zustimmend zur mittelbaren Eingliederung *Behrens/Braun*, UVR 2010, 215.

4.6 Unentgeltliche Wertabgaben

4.6.1 Einführung

Im Rahmen eines Unternehmens kommt es immer wieder vor, dass Unternehmensgegenstände oder Leistungen für Zwecke „außerhalb des Unternehmens" verwendet werden. Die Umschreibung des Tatbestandes, dass etwas außerhalb des Unternehmens geschieht bzw. dass Leistungen das Unternehmen verlassen, ist im Detail – wie die nachfolgenden Ausführungen zeigen werden – nicht einfach. Hier müssen die Begriffe „für private Zwecke", „für das Personal", „außerhalb des Unternehmens" und „unternehmensfremd" sowie „unternehmerisch" und „wirtschaftlich" auseinandergehalten und definiert werden. Wenn Gegenstände oder Leistungen außerhalb des Unternehmens verwendet werden, gibt es grundsätzlich drei gesetzliche Grundlagen, die eine Korrektur des Vorsteuerabzuges oder eine Verwehrung des Vorsteuerabzuges im Vorfeld gewährleisten. Erstens kann der Vorsteuerabzug unmittelbar bei Erwerb bzw. Bezug einer Lieferung oder Leistung für den Teil, der außerhalb des Unternehmens genutzt werden soll, verwehrt werden. Zweitens kann der Teil, der außerhalb des Unternehmens genutzt wird, im Zeitpunkt der Nutzung als „unentgeltliche Wertabgabe" versteuert werden. Und drittens kann im Zeitpunkt einer abweichenden Nutzung, der Vorsteuerabzug korrigiert werden. Fraglich ist, wie diese drei Vorgehensweisen miteinander konkurrieren. Dass eine Korrektur bzw. Besteuerung stattfinden muss steht außer Frage, denn ansonsten würde ein unversteuerter Endverbrauch gegeben sein. Somit gebietet allein der Gleichbehandlungsgrundsatz eine Korrektur[521].

Nach einem kurzen Überblick über die gesetzlichen Grundlagen wird zuerst das bisherige Rechtsverständnis dargestellt. Danach werden die aktuellen Entwicklungen in der EuGH Rechtsprechung und eine geplante Richtlinienerweiterung erörtert. Abschließend wird mit der Mikrounternehmertheorie der gesamte Sachverhalt gewürdigt.

4.6.2 „Konkurrierende" gesetzliche Grundlagen

Als Grundsatz gilt, dass ein Unternehmer die Vorsteuer nur abziehen kann, wenn er die Vorsteuer auf Lieferungen oder Leistungen *für sein Unternehmen* bezogen hat, § 15 Abs. 1 Nr. 1 UStG, bzw. wenn er diese für *Zwecke seiner besteuerten Umsätze* bezogen hat, Art. 168 S. 1 MwStSystRL. Die Definition im deutschen

521 Vgl. *Birkenfeld*, USt-Handbuch, 2009, § 67, Rz. 14; *Hiller*, DStR 2005, 809.

Umsatzsteuergesetz ist dabei weiter als die in der EU-Richtlinie, wie spätere Ausführungen zeigen werden. Der Rahmen des Unternehmens ist größer als der Rahmen der besteuerten Umsätze.

Ist der Vorsteuerabzug im ersten Schritt einmal erfolgt und ergibt sich dann eine abweichende Nutzung, gibt es zwei Möglichkeiten:

Erstens bestimmt der Art. 26 Abs. 1 MwStSystRL, dass die folgende Umsätze einer Dienstleistung gegen Entgelt gleichgestellt sind:

a) Verwendung eines dem Unternehmen zugeordneten Gegenstands für den privaten Bedarf des Steuerpflichtigen, für den Bedarf seines Personals oder allgemein für unternehmensfremde Zwecke, wenn dieser Gegenstand zum vollen oder teilweisen Vorsteuerabzug berechtigt hat;
b) unentgeltliche Erbringung von Dienstleistungen durch den Steuerpflichtigen für seinen privaten Bedarf, für den Bedarf seines Personals oder allgemein für unternehmensfremde Zwecke.

Das deutsche Umsatzsteuergesetz hat diese Vorgabe über den § 3 Abs. 9a UStG umgesetzt. Im Umsatzsteuergesetz heißt es jedoch abweichend von der Richtlinie nicht „allgemein für unternehmensfremde Zwecke", sondern „für Zwecke, die außerhalb des Unternehmens liegen". Diese Begrifflichkeit führt im Detail zu einem Unterschied, obwohl sich die Umsetzung im deutschen Umsatzsteuergesetz an der Vorgabe aus der Richtlinie messen lassen muss. Die unentgeltliche Wertabgabe wird mit dem zu diesem Zeitpunkt maßgebenden Steuersatz belastet. Grundvoraussetzung für die Besteuerung ist, dass der Gegenstand zum vollen oder teilweisen Vorsteuerabzug berechtigt hat. Es wird nicht eine fiktive Leistung mit dem „Marktwert" besteuert, der für einen fremden Dritten angesetzt worden wäre. Daher setzt der Art. 75 MwStSystRL bzw. § 10 Abs. 4 Nr. 2 UStG als Bemessungsgrundlage den „Betrag der Ausgaben des Steuerpflichtigen für die Erbringung der Dienstleistung" an. Somit geht es darum, den ursprünglichen Vorsteuerabzug durch dieses „besteuerungstechnische Vehikel" zu korrigieren.[522] Grundsätzlich ist die Versteuerung einer unentgeltlichen Wertabgabe zeitlich nicht beschränkt. Der § 15a Abs. 8 bestimmt allerdings, dass für Gegenstände des Anlagevermögens nach Ablauf des Berichtigungszeitraums eine Lieferung oder Entnahmen nicht mehr besteuert wird. Dies muss gleichermaßen auch für die unentgeltliche Wertabgabe gelten.[523] Die Vorschriften des Art. 16 MwStSystRL bzw. § 3 Abs. 1b UStG regeln in gleicher Weise wie die beschriebene Nutzung, die *Entnahme* von Gegenständen.

---

522 Vgl. *Stadie*, UStG, 2009, § 3 UStG, Rz. 162.
523 Vgl. *Stadie*, UStG, 2009, § 3 UStG, Rz. 173.

Zweitens kann der einmal getätigte Vorsteuerabzug über die Vorschriften der Art. 184 bis 192 MwStSystRL bzw. § 15a UStG korrigiert werden. Im Detail sehen diese Regelungen unterschiedliche Tatbestände vor, bis wann eine Korrektur vorgenommen werden muss. Nutzungsänderungen bei Grundstücken z. B. müssen 10 Jahre lang korrigiert werden, für andere langlebige Wirtschaftsgüter ist eine Frist von 5 Jahren vorgesehen. Die Korrektur der Vorsteuer erfolgt mit dem zum Zeitpunkt *des Erwerbs / Bezugs* gültigen Steuersatz. Dieser kann abweichend von dem Steuersatz im Zeitpunkt der (Nutzungs-)Entnahme sein, sodass sich ein anderer Steuersatz als bei der unentgeltlichen Wertabgabe ergeben kann. Die weiteren Fristen und Korrekturvorschriften im Detail sind für vorliegende Zwecke nicht von Relevanz, sodass hier auf den Gesetzes- bzw. Richtlinientext verwiesen wird.

Beide Vorschriften – die unentgeltliche Wertabgabe sowie die Vorsteuerkorrektur – verfolgen den gleichen Zweck, die „Berichtigung“ des Vorsteuerabzuges. Dieser Zweck wird jedoch jeweils über eine andere Technik erreicht. Daher sind beide Vorschriften bei der Anwendung miteinander abzustimmen.[524] Fraglich ist, welche Notwendigkeit für das Nebeneinander der beiden beschriebenen Vorgehensweisen besteht.

4.6.3 Bisheriges Rechtsverständnis

Nach der Rechtssache „Seeling“[525] und „Charles-Tijmens“[526] aus den Jahren 2003 bzw. 2005 schien es so, dass der Steuerpflichtige ein Wahlrecht hat, ob er einen gemischt genutzten Gegenstand (hier: Gebäude) im Ganzen dem umsatzsteuerlichen Unternehmen zuordnen möchte oder nicht. Hat er sich für die volle Zuordnung entschieden, dann konnte er im ersten Schritt den vollen Vorsteuerabzug geltend machen. Der „privat genutzte Teil“ war anschließend über die Jahre als unentgeltliche Wertabgabe zu versteuern. Hierdurch kam ein Liquiditätsvorteil für den Steuerpflichtigen zustande. Beachtet werden musste allerdings, dass eine mögliche Steuersatzerhöhung dazu führt, dass die unentgeltliche Wertabgabe mit einem höheren Satz versteuert wurde, als der ursprünglich erworbene Gegenstand. Hierdurch konnte der Liquiditätsvorteil durch einen absoluten Belastungsnachteil aufgewogen werden. Weiter musste berücksichtigt werden, dass die spätere Veräußerung des Gegenstandes an fremde Dritte zu einer Besteuerung des vollen Wirtschaftsgutes führt. Diese Besteuerung ist dann zum aktuel-

524 Vgl. *Stadie*, UStG, 2009, § 15a UStG, Rz. 7.
525 Vgl. Kapitel 3.1.1.1.3, Besprechung 4), Seeling.
526 Vgl. Kapitel 3.1.1.1.3, Besprechung 5), Charles Tijmens.

len Marktwert, der insbesondere bei Grundstücken höher liegen kann als vor dem Erwerb, vorzunehmen.

4.6.4 Rechtslage nach aktueller EuGH Rechtsprechung („VNLTO")

Mit der Rechtssache „VNLTO" haben sich neue Erkenntnisse aufgetan, die im Widerspruch zu der Rechtssache „Seeling" und „Charles-Tijmens" zu stehen scheinen. Die Rechtssache „VNLTO" hat den Vorsteuerabzug nicht zugelassen, „soweit sie sich auf Tätigkeiten bezieht, die aufgrund ihres nichtwirtschaftlichen Charakters nicht in den Anwendungsbereich der Sechsten Richtlinie fallen. Für den Fall, dass ein Steuerpflichtiger zugleich steuerpflichtigen oder steuerfreien wirtschaftlichen Tätigkeiten und nichtwirtschaftlichen, nicht in den Anwendungsbereich der Richtlinie fallenden Tätigkeiten nachgeht, ist der Abzug der Vorsteuer auf Aufwendungen auf der Vorstufe nur insoweit zulässig, als diese Aufwendungen den wirtschaftlichen Tätigkeiten des Steuerpflichtigen zuzurechnen sind."[527] Anders als in der Rechtssache „Charles-Tijmens" oder „Seeling" war in der Rechtssache „VNLTO" keine private Nutzung gegeben, d. h. ein dem Unternehmen des Steuerpflichtigen *völlig fremder Zweck.* Der EuGH unterscheidet in der Rechtssache „VNLTO" somit in einen wirtschaftlichen Bereich (steuerpflichtig und / oder steuerfrei), einen völlig privaten Bereich und einen „nichtwirtschaftlichen" Bereich. Der nichtwirtschaftliche Bereich ist dabei nicht völlig dem Unternehmen fremd. Vielmehr führt dieser nur nicht zu wirtschaftlichen Tätigkeiten bei dem Steuerpflichtigen. Nach deutschem Verständnis entspricht dies den nicht steuerbaren Vorgängen. Problematisch ist hier, dass in Art. 26 MwStSystRL – wie oben bereits dargestellt – von „unternehmensfremd" gesprochen wird. In der deutschen Umsetzung heißt es hingegen „außerhalb des Unternehmens". Der EuGH hat in dem Urteil „VNLTO" ausgeführt, dass eine nicht wirtschaftliche Tätigkeit nicht zwingend „unternehmensfremd" ist. Die Umschreibung „außerhalb des Unternehmens" im deutschen Umsatzsteuerrecht bedeutet jedoch, dass eine nicht unternehmerische Nutzung im umsatzsteuerlichen Sinne vorliegen muss, also auch „unternehmensfremde" Vorgänge.[528] Für den EuGH bedeutet „unternehmensfremd" hingegen nicht außerhalb des umsatzsteuerlichen Unternehmens, sonder außerhalb des tatsächlichen, betriebswirtschaftlichen Unternehmens. Daher erfasst der EuGH auch die nicht steuerbaren Vorgänge, die einen Bezug zum tatsächlichen Unternehmen haben. Nur die rein private Nutzung, die kein Bezug zum betriebswirtschaftlichen Unternehmen hat

527 Vgl. EuGH, Urteil v. 12.02.2009, C-515/07, *VNLTO*, IStR 2009, 207, Rdnr. 37.
528 Vgl. *Spiegel/Heidler*, DStR 2009, 1507, 1509.

und somit auch nicht steuerbar ist, soll unternehmensfremd sein. Der Vorsteuerabzug soll sich nach den Grundsätzen der Rechtssache „Securenta“ bestimmen.[529] D. h., nur wenn die Eingangsleistung für eine wirtschaftliche Tätigkeit verwendet wird, dann ist die Vorsteuer abzugsfähig. Wenn eine völlig private Nutzung oder eine unternehmensfremde Nutzung vorliegt, kann jedoch die Vorsteuer geltend gemacht werden. Die Korrektur der Vorsteuer erfolgt dann über die Vorschriften zur „unentgeltlichen Wertabgabe“ gem. Art. 26 MwStSystRL bzw. § 3 Abs. 9a UStG. Die Vorschriften zur unentgeltlichen Wertabgabe sind allerdings in der Begründung des EuGH[530] nicht dafür vorgesehen, dass alle Tätigkeiten, die nicht in den Anwendungsbereich der Mehrwertsteuer fallen, als Tätigkeiten betrachtet werden können, die für „unternehmensfremde” Zwecke im Sinne dieser Vorschrift ausgeführt werden. Eine solche Auslegung würde nämlich Art. 2 Abs. 1 der Richtlinie jeden Sinn nehmen. Ein nachfolgendes Beispiel im Zusammenhang mit einer Holding verdeutlicht nochmals die Thematik:

Beispiel:

Der Mitarbeiterstab einer Holding erbringt sowohl für unternehmerische als auch nicht unternehmerische Beteiligungen[531] Dienstleistungen (z. B. Buchführung). Darüber hinaus erbringt der Mitarbeiterstab private Leistungen für den Geschäftsführer der Holding. Alle Leistungen werden ohne eine Vergütung getätigt. Die Eingangsleistungen für den Bürobedarf und sonstige Aufwendungen sind vorsteuerbelastet. Fraglich ist nur, in welcher Höhe der Vorsteuerabzug geltend gemacht werden kann und für welchen Vorgang die Korrektur über eine unentgeltliche Wertabgabe erfolgt.

Die Vorsteuer für die Leistungen privater Zwecke des Geschäftsführers kann geltend gemacht werden, wobei gleichzeitig eine Korrektur über die unentgeltliche Wertabgabe erfolgt. Die Vorsteuer für Leistungen an nicht unternehmerischen Beteiligungen hingegen ist nicht abziehbar, da diese nicht „völlig privat“ und auch nicht „unternehmensfremd“ ist. Eine Korrektur über die unentgeltliche Wertabgabe braucht bzw. kann hier nicht vorgenommen werden. Die Vorsteuer auf Leistungen für die unternehmerischen Beteiligungen ist in voller Höhe abziehbar, da es sich um einen Innenumsatz handelt. Eine unentgeltliche Wertabgabe liegt gar nicht vor, da nicht privat und auch nicht „unternehmensfremd“ ein Wirtschaftsgut oder eine Leistung des Unternehmens verwendet wird.

529 Vgl. EuGH, Urteil v. 12.02.2009, C-515/07, *VNLTO*, IStR 2009, 207, Rdnr. 35-37.

530 Vgl. EuGH, Urteil v. 12.02.2009, C-515/07, *VNLTO*, IStR 2009, 207, Rdnr. 38.

531 Im Sinne der Sphärentheorie und des Holding-Erlasses.

Dieses Ergebnis ist nicht zufriedenstellend, da die Leistung für die „nicht unternehmerische Beteiligung" mit Vorsteuer belastet bleibt. Anders als die unentgeltliche Erbringung in den tatsächlich privaten Bereich eines Unternehmers[532] wird hier aber eine Leistung an ein anderes, verbundenes Unternehmen erbracht. Wenn das Kapital dieser nicht unternehmerischen Beteiligung dem Unternehmen dient, dann ist die Vorsteuer nicht abziehbar, obwohl die Holding dadurch ihr Unternehmen gefördert hat. Inwiefern diese Konsequenzen im Einklang mit der Zielsetzung des Umsatzsteuersystems[533] stehen, den *Verbraucher* mit der Umsatzsteuer zu belasten, ist fraglich. Aber auch, wenn die Vorsteuer abziehbar wäre und die unentgeltliche Wertabgabe versteuert würde, wäre ein Missstand gegeben. Die Besteuerung von unentgeltlichen Wertabgaben ist zur Verhinderung eines unbelasteten Verbrauchs durch Selbstversorger beim Unternehmer eingeführt worden.[534]

4.6.5 Richtlinienergänzung (Art. 168a MwStSystRL)

Mit der Rechtssache „VNLTO" wurde in Teilen schon dem neuen, ab 15.01.2010 gültigen und zum 01.01.2011 durch die Mitgliedsstaaten umzusetzenden Art. 168a MwStSystRL vorgegriffen.[535] Dieser Artikel geht noch einen Schritt weiter und verwehrt den Vorsteuerabzug auf für den privaten Bedarf und für Leistungen an das Personal. In Art. 168a Abs. 1 MwStSystRL ist diese Regelung zwar nur für Grundstücke vorgesehen. Insoweit handelt es sich um eine Vorschrift, die sich ganz konkret gegen die „Seeling" Rechtsprechung wenden.[536] Allerdings besteht gem. Art. 168a Abs. 2 MwStSystRL für die Mitgliedstaaten das *Wahlrecht*, diese Regelung auf Ausgaben im Zusammenhang mit von ihnen definierten sonstigen Gegenständen anwenden, die dem Unternehmen zugeordnet sind. Es ist zu erwarten, dass die Mitgliedstaaten von diesem Wahlrecht gebrauch machen werden, da sie hierdurch den Liquiditätsvorteil des Steuerpflichtigen und somit den eigenen Liquiditätsnachteil verhindern können.

532 Z. B.: Ein Einzelunternehmer entnimmt Waren für den privaten Bedarf.

533 Vgl. *Stadie,* in: Rau/Dürrwächter, UStG, 2010, Einf., Anm. 97 ff., 141 ff.

534 Vgl. *Nieskens,* in: Rau/Dürrwächter, UStG, 2010, § 3 UStG, Anm. 1100 ff.

535 Art. 168a eingefügt m. W. v. 15.01.2010 durch RL v. 22.12.2009 (ABl. 2010 Nr. L 10 S. 14).

536 Vgl. *Streit/Zugmaier*, DStR 2010, 524.

4.6.6 Würdigung durch Mikrounternehmertheorie

Die Mikrounternehmertheorie stellt bei dem Empfang von Eingangsleistungen darauf ab, wie diese verwendet werden. Kann die Eingangsleistung einer Tätigkeit zugeordnet werden, die steuerbar und steuerpflichtig ist, dann ergibt sich daraus der Vorsteuerabzug. Im Rahmen der Mikrounternehmertheorie ist kein Raum dafür vorgesehen, das die Vorsteuer für Eingangsleistungen geltend gemacht werden können, die nicht mit versteuerten Tätigkeiten im Zusammenhang stehen. Die Entwicklung in der EU-Richtlinie bezüglich des Art. 168a MwStSystRL geht daher in die gleiche, richtige Richtung wie die Mikrounternehmertheorie. Der Vorsteuerabzug sollte nicht möglich sein, soweit im Vorfeld feststeht, dass ein Teil der Eingangsleistung vorsteuerschädlich verwendet wird.[537] Die Vorschriften des Art. 168 MwStSystRL bzw. § 15 UStG zum allgemeinen Vorsteuerabzug sehen dies im Grundsatz auch so vor. Der deutsche Wortlaut im § 15 Abs. 1 Nr. 1 UStG sollte jedoch an den Wortlaut und Sinn des Art. 168 MwStSystRL angepasst werden. Die Formulierung „für seine besteuerten Umsätze" ist genauer und führt nicht wie die Formulierung „für sein Unternehmen" zu den oben genannten Verwirrungen. Diese Anpassung im Wortlaut wäre auch besser in Einklang mit der Mikrounternehmertheorie zu bringen. Denn wenn die Eingangsleistung wie in dem oben genannten Beispiel für eine „nicht unternehmerische Beteiligung" im Sinne der Sphärentheorie empfangen wird, dann würde nach dem deutschen Wortlaut kein Vorsteuerabzug möglich sein. Wenn hingegen auf die besteuerten Umsätze abgestellt wird, lässt sich der Bezug zu der Verwendung des Kapitals besser finden, sodass der Vorsteuerabzug möglich ist.

Für den Fall, dass ein Gegenstand oder eine Leistung *im Nachhinein* vorsteuerschädlich verwendet wird, sind die Korrekturvorschriften gem. Art. 184 bis 192 MwStSystRL bzw. § 15a UStG ausreichend, um eine „gerechte" Besteuerung herbeizuführen. Das Nebeneinander mit der Regelung für die „unentgeltlichen Wertabgaben" und die Möglichkeit eines Vorsteuerabzuges bei vorsteuerschädlicher Verwendung stiftet nur Verwirrung und ist letztendlich nicht notwendig. Bei weiter Auslegung und Anpassung der bestehenden Korrekturvorschriften lässt sich die Besteuerung des Endverbrauchers erreichen, ohne dass es einer weiteren Regelung bedarf.

537 Vgl. zustimmend *Tumpel*, in: Festschrift für Wolfram Reiß, Unternehmensvermögen bei gemischter Nutzung nach der Mehrwertsteuersystemrichtlinie, 2008, 123.

4.7 Umgekehrte Steuerschuldnerschaft

Grundsätzlich ist Schuldner der Umsatzsteuer der Unternehmer, der Gegenstände steuerpflichtig liefert oder eine Dienstleistung steuerpflichtig erbringt, Art. 193 MwStSystRL bzw. § 13a Abs. 1 Nr. 1 UStG. Insbesondere bei grenzüberschreitenden Dienstleistungen verlagert sich oftmals die Steuerschuldnerschaft jedoch auf den Empfänger der Leistung (sog. „Reverse-Charge-Verfahren“).[538] Damit einhergehend ist, dass der Ort der Leistung nicht der Ort des Unternehmers, sondern der Ort des Empfängers – in der Regel der Ort der Leistungserbringung – ist (Bestimmungslandprinzip).[539] Zum 01. Januar 2010 ist durch das Mehrwertsteuerpaket der EU[540] vor allem für Unternehmer mit grenzüberschreitenden Beratungsleistungen der Ort der Leistung neu bestimmt worden. Hierdurch ist das Bestimmungslandprinzip erheblich ausgeweitet worden. Als Grundregel gilt gem. Art. 44 MwStSystRL als Ort einer Dienstleistung an einen Steuerpflichtigen, der als *solcher handelt*, der Ort, an dem dieser Steuerpflichtige den Sitz seiner wirtschaftlichen Tätigkeit hat. Gleichzeitig hat sich dadurch gem. Art. 196 MwStSystRL die Anwendung des „Reverse-Charge-Verfahrens“ erhöht. Art. 196 bestimmt: „Die Mehrwertsteuer schuldet der Steuerpflichtige [...], für den eine Dienstleistung nach Artikel 44 erbracht wird, wenn die Dienstleistung von einem nicht in diesem Mitgliedstaat ansässigen Steuerpflichtigen erbracht wird.“ Weitere Details zu den Änderungen sind hier nicht von Bedeutung.[541] Vielmehr ist die Grundvoraussetzung, die in der Regel für die Anwendung des Reverse-Charge-Verfahrens vorliegen muss, Gegenstand der nachfolgenden Erörterungen.

Damit die umgekehrte Steuerschuldnerschaft greifen kann, muss der Empfänger der Leistung ein Unternehmer sein und als „solcher handeln“. In der deutschen Umsetzung des Art. 44 MwStSystRL, in § 3a Abs. 2 UStG, heißt es hingegen, dass die Leistung „an einen Unternehmer *für dessen Unternehmen*“ erbracht worden sein muss. Diese Umsetzung entspricht nicht der Vorgabe der EU-Richtlinie. Denn „als solcher handeln“ bedeutet, dass der Unternehmer nach außen als Unternehmer auftreten muss. Dies geschieht z. B. durch Verwendung der Mehrwertsteuer-Identifikationsnummer. Auch wenn die Leistung dann nicht für das Unternehmen verwendet wird, schuldet der Unternehmer trotzdem die Mehrwertsteuer. Die Rechtssache „TRR“ hat bereits im Jahr 2008 vor der Aus-

538 Zum Reverse-Charge-Verfahren vgl. *Kraeusel*, in: Festschrift für Wolfram Reiß, Die Zukunft der Umsatzsteuer aus deutscher Sicht, 2008, 297, 306.

539 Vgl. auch Kapitel 3.1.1.1.1, Besprechung 7), BBL SA / SICAV.

540 RL 2008/08/EG v. 12.02.2008, ABl. EU 2008, Nr. L 44, 11.

541 Vgl. zu Details: *Braun/Gerold*, BC 2009, 560; *Spilker*, IStR 2009, 573.

dehnung des Reverse-Charge-Verfahrens festgestellt, dass für eine Leistung in den nicht unternehmerischen Bereich an einen Unternehmer der Ort des Leistungsempfängers maßgebend ist und somit die Steuerschuldnerschaft auf auch in diesem Fall auf ihn übergeht.[542] Dem Wortlaut der deutschen Umsetzung nach müsste hingegen konkret nachgewiesen werden, dass der Unternehmer die Leistung auch *für sein Unternehmen* bezieht. Hintergrund der Vorgabe der EU-Richtlinie ist allerdings, dass der Leistungserbringer einfach feststellen können soll, ob er oder der Leistungsempfänger die Mehrwertsteuer schuldet. Die Verwendung der Mehrwertsteuer-Identifikationsnummer z. B. und somit das Handeln eines Unternehmer „als solcher“ signalisiert und garantiert, dass der Leistungsempfänger die Mehrwertsteuer schuldet. Daher muss der fehlerhafte Wortlaut im § 3a Abs. 2 UStG richtlinienkonform ausgelegt werden bzw. bestenfalls vom Gesetzgeber geändert werden. In der Praxis führt das Reverse-Charge-Verfahren einerseits zu Vereinfachungen für den leistenden Unternehmer. Andererseits kann die umgekehrte Steuerschuldnerschaft nicht in allen Fällen immer tatsächlich ausgeführt werden, da es ansonsten zu bizarren und bürokratisch nicht zu bewältigenden Situationen kommen würde.[543]

Grundsätzlich ergibt sich somit für die Fälle der umgekehrten Steuerschuldnerschaft, dass nicht nur der Leistungsempfänger selber, sondern der leistende Unternehmer im Vorfeld wissen muss, ob der Leistungsempfänger ein Unternehmer ist und evtl. ob die Leistung für sein Unternehmen empfangen worden ist. Daher stellt sich insbesondere für Leistungserbringer an eine Holdinggesellschaft die Frage, ob diese ein Unternehmer / Steuerpflichtiger ist oder nicht.[544] Empfängt die Holding eine Dienstleistung für den nicht unternehmerischen Bereich, dann ist der Ort der Leistung trotzdem der Ort seines Unternehmens. Die umgekehrte Steuerschuldnerschaft tritt auch beim Erwerb für den privaten / unternehmensfremden Bereich ein, soweit dieser Erwerb durch eine Holding getätigt wird, die über andere Tätigkeiten ein Unternehmer ist. Für eine Holding, die nur in geringem Maße unternehmerisch tätig ist, ergibt sich durch das Reverse Charge Verfahren das Problem, dass sie die Umsatzsteuer für Eingangsleistungen schuldet, die sie für den vermögensverwaltenden Teil empfangen hat. Wenn darüber hinaus die Unternehmereigenschaft der Holding grundsätzlich strittig ist, dann ergibt sich nicht nur für die Holding, sondern auch für den Leistungserbringer ein Problem. Ist die Holding kein Unternehmer, dann schuldet der Leistungserbringer die Umsatzsteuer, auch wenn er diese nicht in der Rechnung ausgewiesen hat. Wenn die Unternehmereigenschaft erst im Rahmen der Betriebsprüfung

542 Vgl. Kapitel 3.1.1.1.3, Besprechung 6), TRR Trygghetsrädet.

543 Vgl. *Korf*, IStR 2008, 876, 877.

544 Vgl. *Spilker*, IStR 2009, 573.

festgestellt oder abgelehnt wird, dann wird es schwierig, die Korrekturen bei dem Leistungserbringer noch rückwirkend durchzusetzen. Die Holding muss im Zweifel die Umsatzsteuer noch einmal – neben dem Leistungserbringer – abführen, sodass es zu einer Doppelbesteuerung dieses Umsatzes kommt.

Im Rahmen der Mikrounternehmertheorie zeigt sich, dass nicht nur der Vorsteuerabzug bei empfangenen Leistungen von Bedeutung ist, sondern dass auch die Steuerschuldnerschaft von der Einordnung der Tätigkeiten abhängt. Sobald die Holding in einem kleinen Bereich (Mikrounternehmer) als Unternehmer eingestuft wird, greifen für sie die vollen Regelungen zum Reverse-Charge-Verfahren. Daher ist es wichtig, jede Tätigkeit für sich auf die Unternehmereigenschaft hin zu überprüfen und nicht die Holding grundsätzlich als nichtunternehmerisch „abzustempeln“.

5. Ergebnisse der Untersuchung und Ausblick

5.1 Zusammenfassung der Ergebnisse

Zielsetzung der Arbeit war es, Fragestellungen im Zusammenhang mit der Unternehmereigenschaft und dem Vorsteuerabzug einer Holding zu klären. In einem ersten Schritt sind zunächst die Begriffe der Holding und des Unternehmers bzw. Steuerpflichtigen untersucht und definiert worden. Anschließend sind die Entscheidungen der Rechtsprechung, die Vorgaben der Finanzverwaltung und der Diskussionsstand in der Literatur aufgearbeitet worden. Es zeigte sich, dass die in der BFH Rechtsprechung und bei der Finanzverwaltung vorherrschende Sphärentheorie die bestehenden Fragestellungen nicht immer zufriedenstellend beantworten konnte. Insbesondere führt die Sphärentheorie zu einem zu restriktiven Vorsteuerabzug. In der Folge ist aufbauend auf Ansätzen in der Literatur eine weiterentwickelte Methode, die sog. Mikrounternehmertheorie erarbeitet worden. Mit diesem Ansatz sind die bestehenden Problemfelder analysiert und aufgelöst worden. Dabei haben sich *6 Schwerpunkte* herausgebildet. Im Folgenden werden diese Schwerpunkte zusammenfassend dargestellt. Diese sind zum einen die „Unternehmereigenschaft" und der „Vorsteuerabzug dem Grunde und der Höhe nach" als Hauptschwerpunkte. Zum anderen sind im Detail hierzu Fragen zum „Entgelt", zu den „Beteiligungen", zur „unentgeltlichen Wertabgabe" sowie zu dem „Reverse-Charge-Verfahren" von Bedeutung.

Schwerpunkt 1: Unternehmereigenschaft

Zentrale Fragestellung der Arbeit war es, ob eine Holding umsatzsteuerlich ein Unternehmer / Steuerpflichtiger ist. Im Rahmen der Ausführungen hat sich herausgestellt, dass insbesondere die Finanz- und Führungsholding sowie die Dienstleistungsholding in unterschiedlicher Weise einzustufen sind. Dies hängt an dem Umfang und der Art der Geschäftstätigkeiten, für welche die drei Holdingarten stehen. Je aktiver und umfangreicher die Aktivitäten sind, desto besser lässt sich die Unternehmereigenschaft für eine Holding feststellen. Weiter hat die Mikrounternehmertheorie aufgezeigt, dass die Unternehmereigenschaft immer wieder von Neuem entstehen muss, indem der Tätigkeitsbezug als Kriterium für die Unternehmereigenschaft maßgebend ist. Darüber hinaus ergibt sich, dass die mittelbare Unternehmereigenschaft möglich sein muss.

Für die Unternehmereigenschaft lässt sich feststellen:

1. Die Unternehmereigenschaft muss durch jede Tätigkeit neu erlangt bzw. bestätigt werden (Mikrounternehmer).
2. Die mittelbare Unternehmereigenschaft muss möglich sein, da ein Entgelt für die persönliche Steuerpflicht nicht vorgesehen ist.
3. Eine Finanzholding ist i. d. R. kein Unternehmer, eine Dienstleistungsholding ist zum Teil Unternehmer und eine Führungsholding ist i. d. R. vollumfänglich Unternehmer.

Schwerpunkt 2: Entgelt

Die Frage des Entgelts im weitesten Sinne ist für die Unternehmereigenschaft einer der kritischsten Streitpunkte. Das Vorliegen von Entgelt ist in großen Teilen der Literatur ein zwingendes Kriterium für die Unternehmereigenschaft. Nach den Ausführungen der vorliegenden Arbeit ist das Entgelt hingegen kein zwingendes Kriterium für die Unternehmereigenschaft (persönliche Steuerpflicht), sondern erst Bestandteil der sachlichen Steuerpflicht. Bei der Diskussion im Zusammenhang mit Dividenden und Zinsen wurde aufgezeigt, dass die Frage des „Entgelts als Gegenleistung“ und die Frage einer „wirtschaftlichen Tätigkeit“ im Detail zu Komplikationen führen können. Allerdings muss bei der Beurteilung von Sachverhalten immer der gleiche Maßstab angewendet werden, sodass hier auch für Dividenden – entgegen der herrschenden Meinung – die Möglichkeit gesehen wird, als Entgelt qualifiziert zu werden.

Für das Entgelt lässt sich feststellen:

1. Für das Vorliegen von Entgelt ist es notwendig, dass
   a. ein Gegenwert für eine Leistung aufgebracht wird,
   b. ein unmittelbarer Zusammenhang zwischen der ausgeübten Tätigkeit und dem erhaltenen Gegenwert besteht und
   c. der Wert des Entgeltes konkret bestimmbar ist.
2. Dividenden und Zinsen sind bei der Frage der Entgeltlichkeit nach denselben Kriterien zu beurteilen. Daraus ergibt sich, dass neben den Zinsen auch Dividenden (zum Teil) Entgelt sein können.
3. Für die Unternehmereigenschaft ist das Vorliegen von Entgelt nicht zwingend notwendig.

Schwerpunkt 3: Vorsteuerabzug dem Grunde und der Höhe nach

Im Mittelpunkt der Diskussion steht i. d. R. der Vorsteuerabzug sowohl dem Grunde als auch der Höhe nach. Obwohl die Sphärentheorie mittlerweile vor über 25 Jahren vom BFH konkretisiert worden ist, bleibt sie in den aktuellen Diskussionen weiter Thema und Ausgangspunkt der Erörterungen. Denn es hat sich gezeigt, dass einer Grundidee der Sphärentheorie weiter zuzustimmen ist: der Rechtsformneutralität. Die Rechtsform darf nicht entscheidend sein, ob die Vorsteuer abziehbar ist oder nicht. Auch eine Kapitalgesellschaft kann Leistungen empfangen, die nicht in den umsatzsteuerlich unternehmerischen Bereich eingehen. Allerdings ist die Vorgehensweise der Sphärentheorie kritisch und die Konsequenzen im Detail nicht sachgerecht, wie die Darstellung der bestehenden Theorien (Endverbrauchertheorie, modifizierte Sphärentheorie) und die Weiterentwicklung über die Mikrounternehmertheorie gezeigt haben. Denn das Bilden von Sphären ist nicht notwendig, um einen sachgerechten Vorsteuerabzug für Eingangsleistungen zu ermitteln. Vielmehr ist der Einfluss auf eine wirtschaftliche Tätigkeit maßgebend für den Vorsteuerabzug. Die Höhe des Vorsteuerabzuges (Vorsteuerschlüssel) lässt sich durch die Mikrounternehmertheorie beschreiben. Dass es hier an einer gesetzlichen Grundlage für die Ermittlung des Vorsteuerschlüssels bei Vorliegen von „nicht steuerbaren" Umsätzen fehlt, ist unschädlich. Trotzdem ist der Richtliniengeber bzw. Gesetzgeber nach der Rechtssache „AB SKF" gefordert, eine Rechtsgrundlage zu schaffen. Mit der Logik der Mikrounternehmertheorie lässt sich der Vorsteuerschlüssel allerdings in gleicher Weise ermitteln, wie bei Vorliegen von nur „steuerfreien" Umsätzen. Letztendlich ist die Verwendung der Eingangsleistungen im Zusammenhang mit einer oder mehrerer Tätigkeiten maßgebend.

Für den Vorsteuerabzug dem Grunde nach lässt sich feststellen:

1. Bei der Ermittlung des Vorsteuerabzuges kann das Bilden von umsatzsteuerlichen Sphären zu nicht sachgerechten Ergebnissen führen.
2. Bei der Ermittlung des Vorsteuerabzuges muss auf die Verwendung der Eingangsleistung für eine Tätigkeit abgestellt werden. Dabei muss einer der zwei Punkte erfüllt sein, um den Vorsteuerabzug zu erlangen:
   a. Geht die Eingangsleistung als Kostenelement in einer wirtschaftlichen Tätigkeit auf?
   b. Wird das Kapital für eine wirtschaftliche Tätigkeit verwendet?
3. Der Bezug einer Eingangsleistung zu einem nicht steuerbaren Vorgang lässt noch keine Aussage über den Vorsteuerabzug zu.

Für den Vorsteuerabzug der Höhe nach lässt sich feststellen:

1. Der Vorsteuerschlüssel muss individuell für jede Eingangsleistung ermittelt werden. Dabei muss auf die Tätigkeiten abgestellt werden, die von der Eingangsleistung beeinflusst worden sind.
2. Der auf Vorjahresbasis ermittelte Umsatzschlüssel ist nur auf Eingangsleistungen anzuwenden, die einen Bezug zum gesamten Unternehmen haben.
3. Geht eine Eingangsleistung in einer privaten / nicht unternehmerischen Tätigkeit auf, dann ist dieser nicht steuerbare Vorgang im Nenner des Vorsteuerschlüssels mit einzubeziehen.

Schwerpunkt 4: Beteiligungen

Die Fragestellungen im Zusammenhang mit einer Beteiligung haben gezeigt, dass die Zuordnung in unternehmerische oder nichtunternehmerische Sphäre irritiert und nicht notwendig zum richtigen Resultat führt. Vielmehr muss auf die wirtschaftliche Tätigkeit abgestellt werden, welche durch die Beteiligung beeinflusst wird. Für Eingangsleistungen im Zusammenhang mit Beteiligungen gilt dabei nichts anderes. Sobald das Kapital in eine wirtschaftliche Tätigkeit fließt oder der Preis eines Außenumsatzes beeinflusst wird, kann die Vorsteuer nach der umsatzsteuerlichen Einstufung dieser Tätigkeit (Außenumsatz) geltend gemacht werden. Dass die Veräußerung einer Beteiligung der Geschäftsveräußerung im Ganzen und der Ausgabe von Anteilen bzw. der Aufnahme von Gesellschaftern ähnlich ist, unterstreicht diese Erkenntnis nochmals. In beiden Fällen ist der Vorsteuerabzug grundsätzlich nicht im Vorhinein ausgeschlossen, obwohl ein nicht steuerbarer Vorgang bzw. ein Vorgang außerhalb der Mehrwertsteuerrichtlinie gegeben ist. Darüber hinaus kann die Beteiligungsveräußerung selber unter bestimmten Voraussetzungen als Geschäftsveräußerung im Ganzen angesehen werden.

Für die Beteiligungen lässt sich feststellen:

1. Der Vorsteuerabzug ist nicht im Vorhinein ausgeschlossen, auch wenn ein nicht steuerbarer oder steuerfreier Beteiligungserwerb bzw. eine Beteiligungsveräußerung vorliegt.
2. Das Halten von Beteiligungen in Sphären ist unnötig und führt zu unsachgemäßen Ergebnissen.
3. Eine 100%-Veräußerung einer Beteiligung ist eine Geschäftsveräußerung im Ganzen, wenn
   a. der Veräußerer die Beteiligung als gesondert geführten Teil des Unternehmens behandelt hat und
   b. der Erwerber die wirtschaftliche Tätigkeit fortführen kann.

Schwerpunkt 4: Organschaft

Bei der umsatzsteuerlichen Organschaft treten Fragestellungen hervor, welche die Unternehmereigenschaft selbst betreffen. Der mittelbare Unternehmer und der Umfang einer Organschaft bieten wiederkehrend Diskussionsstoff. Insbesondere für eine Holding ist es wichtig zu wissen, ob die mittelbare Unternehmereigenschaft zur Steuerpflicht führt oder nicht. Weiter ist im Zusammenhang mit einer Holding von Relevanz, unter welchen Voraussetzungen diese in eine Organschaft läuft. Dabei führen die drei Grundtypen der Holding zu unterschiedlichen Bewertungen.

Zusammenfassend lässt sich für die Organschaft feststellen:

1. Die Holding und die Organschaft stehen sich wie folgt gegenüber:
   a. Eine Finanzholding und eine Dienstleistungsholding können keine Organträger sein, da es an der wirtschaftlichen und / oder organisatorischen Eingliederung fehlt.
   b. Eine Führungsholding kann Organträger sein, da die Eingliederungsvoraussetzungen in der Regel erfüllt sind.
2. Der Organträger kann auch über die mittelbare Unternehmereigenschaft die Organschaft begründen.
3. Die Organschaft wirkt nur insoweit, wie der Organträger Unternehmer ist.

Schwerpunkt 5: Unentgeltliche Wertabgabe

Die unentgeltliche Wertabgabe ist im Mehrwertsteuerrecht ein Instrument, das bei vertiefender Analyse eigentlich nicht benötigt wird. Die finale Besteuerung des Endverbrauchers lässt sich bereits durch andere Vorschriften, dem allgemeinen Vorsteuerabzug und der Vorsteuerkorrektur bei Nutzungsänderung, sicherstellen. Soweit dem Zuordnungswahlrecht bei einer gemischten Nutzung ein Riegel vorgeschoben wird, kann der Vorsteuerabzug durch die Vorsteuerkorrektur eine zukünftige, abweichende Nutzung oder Entnahme korrigiert werden. Die Tendenzen in der Rechtsprechung und der EU-Richtlinie zeigen hier in die gleiche Richtung.

Zusammenfassend lässt sich für die unentgeltliche Wertabgabe feststellen:

1. Die unmittelbare bzw. geplante Verwendung von Gegenständen / Leistungen des Unternehmens lässt sich über die allgemeinen Vorschriften (Art. 168 MwStSystRL bzw. § 15 Abs. 1 UStG) erfassen.
2. Die nachträgliche private / nicht unternehmerische Verwendung von Gegenständen / Leistungen des Unternehmens lässt sich über die Vorsteuerkorrektur erfassen.

3. Die Vorschriften zum Zuordnungswahlrecht sind obsolet.
4. Die Vorschriften zur unentgeltlichen Wertabgabe sind obsolet.

Schwerpunkt 6: Reverse-Charge-Verfahren

Das Reverse-Charge-Verfahren ist als grundsätzliche Tendenz in der EU-Richtlinie zu erkennen. Den Ort einer Dienstleistung beim Sitz des Leistungsempfängers zu sehen und gleichzeitig die umgekehrte Steuerschuldnerschaft auf diese Fälle auszuweiten, kann dazu führen, dass der Steuermissbrauch eingedämmt wird. Allerdings können sich andere, administrative Probleme ergeben, wie z. B. der Nachweis und der Umfang der Unternehmereigenschaft.

Zusammenfassend lässt sich für das Reverse-Charge-Verfahren feststellen.

1. Mit der Ausdehnung des Reverse-Charge-Verfahrens wird das Feststellen der Unternehmereigenschaft im Vorfeld für beide Parteien – Leistungsempfänger und Leistungserbringer – wichtiger.

5.2. Ausblick

Die Rechtsprechung zu den vorliegenden Schwerpunkten ist, wie aus der vorliegenden Arbeit hervorgegangen ist, noch nicht abgeschlossen. Insbesondere die aktuellen Rechtssachen zu dem Umfang des Vorsteuerabzuges im Zusammenhang mit nicht steuerbaren Vorgängen sowie zu der Veräußerung von Beteiligungen bzw. Geschäftsveräußerung im Ganzen lassen Fragen und Problemstellungen offen. Somit wird sich der EuGH auch zukünftig mit weiteren Fragestellungen beschäftigen müssen. Da sich der EuGH in seinen Entscheidungen aber insbesondere an den Vorgaben aus der EU-Richtlinie orientieren muss, wird nachfolgend ein Blick auf die Richtlinien- bzw. Gesetzeslage geworfen.

Aus den dargestellten Schwerpunkten der Arbeit lassen sich für die Gesetzgebung und die Verwaltung Handlungsvorschläge herausziehen. Dabei muss für die Gesetzgebung unterschieden werden in den europäischen Richtliniengeber und dem deutschen Gesetzgeber. Der europäische Richtliniengeber ist insoweit zwar kein Gesetzgeber im engeren Sinne, die Wirkung der Richtlinie hat allerdings einen vergleichbaren Charakter wie ein Gesetz, da diese bei der nationalen Gesetzgebung zu beachten sind.[545] Die hier aufgezeigten Änderungsvorschläge, welche sich auf die Mehrwertsteuersystemrichtlinie beziehen, gelten entsprechend für das deutsche Umsatzsteuergesetz. Soweit es Abweichungen in der na-

545 Vgl. *Klenk*, in: Sölch/Ringleb, UStG, 2010, vor § 1 UStG, Rz. 12 ff.

tionalen Rechtslage von den europäischen Vorgaben gibt, werden diese separat dargestellt. Die Vorschläge zu den Ansichten in der Finanzverwaltung beziehen sich auf BMF-Schreiben und die deutschen Umsatzsteuerrichtlinien.

5.2.1 Handlungsbedarf für den europäischen Richtliniengeber

Die EU-Richtlinie sollte grundsätzlich bezüglich der hier diskutierten Schwerpunkte einen Fokus auf die Verwendung und Verwendungsabsicht von Eingangsleistungen für eine Tätigkeit legen. Nachfolgende Änderungs- bzw. Anpassungsvorschläge werden gemacht:

Zum Vorsteuerabzug:

1. Änderungen im Zusammenhang mit dem Vorsteuerschlüssel:
   a. Einführung eines Vorsteuerschlüssel unter Berücksichtigung von „nicht steuerbaren“ Umsätzen im Nenner des Bruchs.
   b. Ablassen von dem „allgemeinen Umsatzschlüssel“ und Abstellen auf die „wirtschaftliche Zurechnung“ als Standardmethode.
2. Definition, was „für die Zwecke seiner besteuerten Umsätze“ in Art. 168 S. 1 MwStSystRL konkret bedeuten soll:
   a. Verwendung des Kapitals für eine steuerpflichtige wirtschaftliche Tätigkeit.
   b. Beeinflussung des Preises eines Außenumsatzes durch den Aufwand der Eingangsleistung.

Zum Entgelt:

1. Klarstellung, dass für die persönliche Steuerpflicht kein Entgelt vorliegen muss.
2. Definition des Begriffs Entgelt in der unter Kapitel 5.1 Schwerpunkt 2) genannten Form.

Zur Beteiligung:

1. Klarstellung, dass die Veräußerung einer Beteiligung unter den in Kapitel 5.1 Schwerpunkt 4) genannten Bedingungen eine „Geschäftsveräußerung im Ganzen“ darstellen kann.
2. Klarstellung, dass die Veräußerung von Beteiligungen über den „gewerblichen Wertpapierhandel“ hinaus ein steuerbarer und steuerfreier Vorgang sein kann.

Zur Unternehmereigenschaft und Organschaft:

1. Klarstellung, dass die mittelbare Unternehmereigenschaft möglich ist.
2. Einschränkung des Umfangs der Organschaft auf den unternehmerischen Bereich.
3. Einführung der mittelbaren finanziellen, wirtschaftlichen und organisatorischen Eingliederung.
4. Klarstellung, dass die Organschaft, wenn die Eingliederungsvoraussetzungen erfüllt sind, nicht zwingend eintritt, sondern dass der Steuerpflichtige ein Wahlrecht hat.
5. Zulassung der grenzüberschreitenden Organschaft.

Zur privaten Verwendung von unternehmerischen Gegenständen und Dienstleistungen:

1. Konzentration auf die rückwirkende Vorsteuerkorrektur bei Nutzungs- und Verwendungsänderungen im Sinne der Art. 184 bis 192 MwStSystRL.
2. Reduzierung bzw. Abschaffung der „unentgeltlichen Wertabgabe".
3. Reduzierung bzw. Abschaffung des Zuordnungswahlrechts bei gemischter Nutzung von Gegenständen und Dienstleistungen.

5.2.2 Handlungsbedarf für die deutsche Gesetzgebung

Für die deutsche Gesetzgebung ergibt sich neben der Umsetzung des Handlungsbedarfs, der für den europäischen Richtliniengeber aufgeführt worden ist, nachfolgende weitere Änderungsvorschläge:

Zur Unternehmereigenschaft und Organschaft:

1. Übernahme der Definition von „Nutzung" aus Art. 9 Abs. 1 S. 3 MwStSystRL in den § 2 Abs. 1 UStG.
2. Anpassung des Wortlauts in § 2 Abs. 1 S. 3 UStG von „auch wenn die Absicht, Gewinn zu erzielen, fehlt" zu „unabhängig von ihrem Ergebnis".
3. Zulassung der Organschaft auch für Personengesellschaften.

Zum Vorsteuerabzug:

1. Anpassung des Wortlauts in § 15 Abs. 1 Nr. 1 UStG von „für sein Unternehmen" zu „für Zwecke seiner besteuerten Umsätze".

Zur privaten Verwendung von unternehmerischen Gegenständen und Dienstleistungen:

1. Anpassung des Wortlauts in § 3 Abs. 1b und Abs. 9a UStG von „für Zwecke, die außerhalb des Unternehmens liegen" zu „für den Bedarf seines Personals oder allgemein für unternehmensfremde Zwecke".
2. Zügige Übernahme des Art. 168a Abs. 1 MwStSystRL.
3. Inanspruchnahme der „Kann-Bestimmung" gem. Art. 168a Abs. 2 MwStSystRL.

Zum Reverse-Charge-Verfahren:

1. Anpassung des Wortlauts in § 3a Abs. 3 S. 1 UStG von „für dessen Unternehmen" zu „der als solcher handelt".

5.2.3 Handlungsbedarf für die Finanzverwaltung

Die deutsche Finanzverwaltung muss von ihrer restriktiven Auslegung der EuGH Rechtsprechung, die sie im Holding-Erlass vollzogen hat, abweichen. Insbesondere müssen die aufgezeigten Widersprüche beseitigt werden[546], sodass für den Steuerpflichtigen Sicherheit besteht, welche Rechtsfolgen er aus Sicht der Finanzverwaltung zu erwarten hat. Darüber hinaus sind die unter den dem Handlungsbedarf der Gesetzgebung geforderten Änderungen zu beachten und umzusetzen. Folgende weitere Änderungsvorschläge lassen sich für die Finanzverwaltung zusammenfassen:

1. Aufgabe der Sphärentheorie.
2. Abstellen auf die Verwendung und Verwendungsabsicht von Eingangsleistungen für eine Tätigkeit für die Beurteilung des Vorsteuerabzuges.
3. Einordnung einer Holding als Unternehmer mit den gegebenen Folgen für den Vorsteuerabzug nach den Maßgaben der „Mikrounternehmertheorie".
4. Zeitnahe Berücksichtigung und Umsetzung von Rechtsprechung, insbesondere EuGH Rechtsprechung.

Mit den vorliegenden Ergebnissen und den Handlungsempfehlungen lassen sich die aufgezeigten Fragestellungen und Unsicherheiten erklären und auflösen. Die Mikrounternehmertheorie bildet dabei den Schwerpunkt in der systematischen Bearbeitung von Sachverhalten. Der Steuerpflichtige bekommt eine für die Pla-

546 Vgl. Kapitel 3.1.2, Besprechung 3), Holding-Erlass.

nungssicherheit notwendige und für die Steuergerechtigkeit gebotene Vorgehensweise beschrieben, die von der Gesetzgebung und der Verwaltung angenommen werden sollte.

Literaturverzeichnis

Alvermann, Jörg; Schwedhelm, Streck Mack: Holding und Umsatzsteuer, AG 2008, 78-80

Autzen, Thomas: Die ausländische Holding-Personengesellschaft – Ertragsteuerliche Behandlung und zielorientierte Gestaltung, Berlin 2005

Bader, Axel: Steuergestaltung mit Holdinggesellschaften, 2. Auflage, Herne 2007

Bea, Franz-Xaver; Göbel, Elisabeth: Organisation – Theorie und Gestaltung, 3. Auflage, Stuttgart 2006

Behrens, Stefan: Vorsteuerabzug beim Beteiligungskauf, UVR 2010, 174-182

Behrens, Stefan; Braun, Christof: Mittelbare oder kombiniert unmittelbare/mittelbare Eingliederung für Zwecke der umsatzsteuerlichen Organschaft bei Beteiligungsketten, UVR 2010, 215-219

Birk, Dieter in: Hübschmann/Hepp/Spitaler, Abgabenordnung – Finanzgerichtsordnung: Kommentar, 208. Erg.-Lfg., Köln 2010

Birkenfeld, Wolfram: Das große Umsatzsteuerhandbuch, 51. Erg.-Lfg., Köln 2009

Birkenfeld, Wolfram: Aufteilung von Vorsteuerbeträgen bei nichtunternehmerischer und unternehmerischer Tätigkeit – Die Securenta-Entscheidung und die Folgen, NWB 2008, 1665-1672

Birkenfeld, Wolfram: Umsatzsteuerliche Organschaft und Gemeinschaftsrecht – GmbH & Co. KG als Organträger und als Organgesellschaft, UR 2008, 2-9

Blankenheim, Marcus M.: Steuerpflichtiger und Unternehmerbegriff im Umsatzsteuerrecht – Die Vorgaben der 6. EG-Richtlinie und das deutsche Recht, Köln 2005

Bolanz, Gundula: Die EU-Holding als strategisches Gestaltungselement in der Steuerplanung internationaler Schweizer Konzerne – Standortwahl und kritische Beurteilung der Besteuerungsfolgen, Zürich 1998

Braun, Andreas; Gerold, Sebastian: Umsatzsteueränderungen ab 1. 1. 2010: Was ist bei der Umsetzung im Rechnungswesen zu beachten?, BC 2009, 560-565

Bremer, Sven: Der Holdingstandort Bundesrepublik Deutschland – Eine vergleichende Analyse der Besteuerung europäischer Holdingstandorte, Frankfurt am Main, 1996,

Breuninger, Gottfried E.; Prinz, Ulrich; Raupach, Arndt: 5. Generalthema, Holdinggesellschaften Organisation – Recht – Steuern, JbFStR 1992/93, Herne/ Berlin 1993, 261-386

Burek, Detlef: Die Besteuerung von Holdinggesellschaften, Darmstadt 1998

Dannecker, Achim; Steger, Christian Ph.: Vorsteuerabzug bei Holdinggesellschaften im Lichte der neusten Rechtsprechung, BB 2005, 1028-1032

Drüen, Klaus-Dieter in: Tipke/Kruse, Abgabenordnung – Finanzgerichtsordnung: Kommentar, 123. Erg.-Lfg., Köln 2010

Dziadkowski, Dieter: Zum Unternehmerbegriff des Umsatzsteuergesetzes, StVj 1989, 326-340

Dziadkowski, Dieter: Der Unternehmer „in der Umsatzsteuer" – zugleich Anmerkung zum Beitrag von Tehler (UVR 1989, 353), UVR 1990, 195-203

Eggers, Joachim; Korf, Ralph: Umsatzsteuer und Holding – Neue Entwicklungen, DB 2001, 298-304

Eggers, Joachim; Korf, Ralph: Umfang des Vorsteuerabzugs von Holdinggesellschaften, DB 2002, 1238-1243

Eggers, Joachim; Korf, Ralph: Vorsteuerabzug bei Kapitalbeschaffung und Beteiligungen – Was bringt die Securenta-Entscheidung des EuGH?, DB 2008, 719-715

Eggers, Joachim: Anmerkungen zum EuGH Urteil „Securenta", UR 2008, 348-352

Englisch, Joachim: Umsatzsteuerliche Behandlung gesellschaftsrechtlicher Beteiligungen – Anmerkungen zum BMF-Schreiben vom 26.01.2007, UR 2007, 290-302

Englisch, Joachim: Anmerkung zum „BFH Urteil v. 11.10.2007, V R 22/04, UR 2008, 215-219", UR 2008, 219-222

Eversloh, Udo in: Weimann/Lang, Umsatzsteuer national und international – Kompakt-Kommentar, 2. Auflage, Stuttgart 2007

Feil, Kathrin; Roscher, Carolin: Vorsteuerabzug bei Holdinggesellschaften – Quo vadis?, BB 2007, 1079-1084

Feldt, Matthias: Vorsteuerabzug im Zusammenhang mit der Veräußerung von Beteiligungen und Geschäftsaktivitäten, UR 2007, 161-169

Fischer, Lutz; Kleineidam, Hans-Jochen; Warneke, Perygrin: Internationale Betriebswirtschaftliche Steuerlehre, 5. Auflage, Berlin 2005

Fischer, Peter in: Hübschmann/Hepp/Spitaler, Abgabenordnung – Finanzgerichtsordnung: Kommentar, 208. Erg.-Lfg., Köln 2010

Friedrich, Katja; Nagler, Jürgen: Das EuGH Urteil in der Rs. C-471/04, Keller Holding vom 23. 2. 2006 in diesem Heft S. 235 und seine Auswirkungen auf die Abzugsbeschränkungen des § KSTG § 8b KStG, IStR 2006, 217-221

Grünwald, Ulrich: Umfang der Unternehmereigenschaft einer Holding –. Die nichtunternehmerische Sphäre: Phantom oder Realität, DStR 2005, 1377-1381

Haarmann, Wilhelm: Einsatz von Holdinggesellschaften, in: Fischer, Internationaler Unternehmenskauf und -Zusammenschluss im Steuerrecht, Köln 1992

Hahne, Klaus D.: Anmerkung zum „BFH Urteil v. 11.10.2007, V R 22/04, UR 2008, 215-219", UR 2008, 222-225

Hamacher, Rolfjosef; Grundt, Véronique: Das DFDS-Urteil des EuGH: Ein Grund, die grenzüberschreitende, mehrwertsteuerliche Organschaft endlich europaweit zu normieren?, DStR 2006, 2157-2161

Haunold, Peter; Tumpel, Michael; Widhalm, Christian: News aus der EU, SWI 1997, 35-38

Hasbach, Alexander: Die Holding als steuerlicher Unternehmer – Ausführungen zur Sphärentheorie, SteuerStud 2008, 87-91

Hermann, Rico A.: Die Besteuerung von Personengesellschaften in den EU-Mitgliedstaaten und den USA – Eine besteuerungskonzeptionelle Systematisierung und quantitative Belastungsanalyse, Lohmar 2006

Heidner, Hans-Hermann in: Bunjes/Geist, Umsatzsteuergesetz Kommentar, 9. Auflage, München 2009

Hiller, Matthias: Die Umsatzbesteuerung der privaten Nutzung, Entnahme und Veräußerung unternehmerischer Gegenstände, DStR 2005, 809-815

Hoffmann, Friedrich: Konzernhandbuch – Recht, Steuern, Rechnungslegung, Führung, Organisation, Praxisfälle, Wiesbaden 1993

Hundsdörfer, Jochen: Beteiligungsaufwendungen im Halbeinkünfteverfahren, BB 2001, 2242-2250

Huschens, Ferdinand: Anhängige EuGH-Verfahren im Bereich der Mehrwertsteuer, NWB 2008, 1023-1062

Husmann, Eberhard in: Rau/Dürrwächter, Umsatzsteuergesetz Kommentar, 142. Erg.-Lfg., Köln 2010

Intemann, Jens: Zur Verfassungsmäßigkeit des Halbabzugsverbots nach § 3c Abs. 2 EStG, DB 2007, 2797-2800

Jacobs, Otto H.: Internationale Unternehmensbesteuerung – Deutsche Investitionen im Ausland / Ausländische Investitionen im Inland, 6. Auflage, München 2007

Keller, Thomas: Die Holding im Mittelstand – Leitfaden zur Umsetzung moderner Managementsysteme, Köln 1999

Keller, Thomas: Unternehmensführung mit Holdingkonzepten, 2. Auflage, Köln 1993

Keller, Thomas in: Lutter, Holding Handbuch – Recht-Management-Steuern, 4. Auflage, Köln 2004

Kessler, Wolfgang: Die Euro-Holding „Steuerplanung – Standortwahl – Länderprofile", München 1996

Kessler, Wolfgang in: Kessler/Köhler/Kröner, Konzernsteuerrecht – national – international, 2. Auflage, München 2008

Kessler, Wolfgang; Huck, Friederike: Der (zwangsweise) Weg in den Betriebsstättenkonzern am Beispiel der Hinausverschmelzung von Holdinggesellschaften, IStR 2006, 433-441

Kessler, Wolfgang; Schmidt, Wolfgang: Umsatzsteuerliche Probleme und Gestaltungsüberlegungen bei Beteiligungskonzernen – Neue Entwicklung der EuGH Rechtsprechung, DStR 2001, 1677-1685

Kessler, Wolfgang; Schmidt, Wolfgang; Teufel, Tobias: GmbH & Co. KG als attraktive Rechtsformalternative für eine deutsche Euro-Holding, IStR 2001, 265-274

Klenk, Friedrich in: Sölch/Ringleb, Umsatzsteuergesetz Kommentar, 63. Erg.-Lfg., München 2010

Klenk, Friedrich: Anmerkung zum EuGH Urteil „Floridienne SA / Berginvest SA" vom 14.11.2000, C-142/99, IStR 2001, 18

Klose, Christoph: Der Begriff des Unternehmers und des Steuerpflichtigen im deutschen und europäischen Umsatzsteuerecht – Abgrenzung des Unternehmers vom Nichtunternehmer, Frankfurt am Main 2000

Knobbe-Keuk, Brigitte: Bilanz- und Unternehmenssteuerrecht, 9. Auflage, Köln 1993

Koenig, Ulrich in: Pahlke/Koenig, Abgabenordnung Kommentar, 2. Auflage, München 2009

Korf, Ralph: Privat vs. nicht-unternehmerisch – Auswirkungen auf Leistungsort und Steuererhebung, zugleich Anmerkung zum EuGH Urteil vom 6. 11. 2008, EUGH 06.11.2008 Aktenzeichen C-291/07, in diesem Heft S. 880, IStR 2008, 876-879

Korf, Ralph: Anteilsveräußerung als Geschäftsveräußerung im Ganzen, UVR 2010, 74-81

Körner, Andreas: Europarecht und Beteiligungsaufwendungen, IStR 2006, 376-378

Kraeusel, Jörg: Die Zukunft der Umsatzsteuer aus deutscher Sicht, in: Festschrift für Wolfram Reiß, Köln 2008, 297-320

Kraft, Ernst-Thomas in: Lutter, Holding Handbuch – Recht-Management-Steuern, 4. Auflage, Köln 2004

Kruse, Heinrich Wilhelm in: Tipke/Kruse, Abgabenordnung – Finanzgerichtsordnung: Kommentar, 123. Erg.-Lfg., Köln 2010

Lang, Michael: Gemeinschaftsrechtliche Verpflichtung zur Rechtsformneutralität im Steuerrecht?, IStR 2006, 397-402

Langer, Michael in: Reiß/Kraeusel/Langer, Umsatzsteuergesetz Kommentar, 84. Erg.-Lfg., Bonn 2010

Langer, Ronny; Zugmaier, Oliver: Anmerkung zum EuGH Urteil „Securenta" vom 13.03.2008, C-437/06, DStR 2008, 617.

Leicht, Edgar: Unternehmer, in: Beck'sches Steuer- und Bilanzrechtslexikon, Edition 2/10, München 2010

Lohse, Christian; Spetzler, Eugen: Umsatzsteuer in nationaler und europäischer Sicht, StVj 1990, 274-282

Lutter, Marcus in: Lutter, Holding Handbuch – Recht-Management-Steuern, 4. Auflage, Köln 2004

Lutter, Marcus: Die Auslegung angeglichenen Rechts, JZ 1992, 593-607

Mühleisen, Sonja; Trapp, Stephan: Holdinggesellschaften und Umsatzsteuer – Das Bundesfinanzministerium und seine Sphären, UR 2007, 633-639

Müller, Michael A.: Die GmbH & Co. KG als Europa-Holding, Frankfurt am Main 2004

Nattkämper, Stefanie; Scholz, Jürgen: Vorsteuerabzug bei der Veräußerung von Beteiligungen – Zugleich Anmerkungen zum EuGH Urteil vom 29. 10. 2009 in der Rechtssache AB SKF, IStR 2010, 515-519

Oldiges, Matthias: Wirkungen und Rechtfertigung des pauschalen Abzugsverbots gemäß § KSTG § 8b Abs. KSTG § 8b Absatz 5 KStG, DStR 2008, 533-537

Oppermann, Thomas: Europarecht – ein Studienbuch, 3. Auflage, München 1999

Philipowski, Rüdiger: Anmerkung zum „BFH Urteil v. 11.10.2007, V R 22/04, UR 2008, 215-219", UR 2008, 225-227

Philipowski, Rüdiger in: Rau/Dürrwächter, Umsatzsteuergesetz Kommentar, 142. Erg.-Lfg., Köln 2010

Popitz, in: Popitz/Kloß/Grabower, Kommentar zum Umsatzsteuergesetz, 3. Auflage, Berlin, 1928,

Redaktion FD-DStR: „Anti-Seeling-Regelung" in Mehrwertsteuer-systemrichtlinie aufgenommen, FD-DStR 2010, 297250

Reiß, Wolfram in: Reiß/Kraeusel/Langer, Umsatzsteuergesetz Kommentar, 84. Erg.-Lfg., Bonn 2010

Risse, Robert in: Kessler/Köhler/Kröner, Konzernsteuerrecht – national – international, 2. Auflage, München 2008

Rödder, Thomas: Holding und umsatzsteuerliche Unternehmereigenschaft, DStR 1993, 635-640

Rose, Gerd: Umsatzsteuer mit Grunderwerbsteuer und kleineren Verkehrssteuern, 16. Auflage, Berlin 2006

Rose, Gerd; Glorius-Rose, Cornelia: Unternehmen: Rechtsformen und Verbindungen – Ein Überblick aus betriebswirtschaftlicher, rechtlicher und steuerlicher Sicht, 3. Auflage, Köln 2001

Rüth, Henning: Die Holdingrechtsprechung des EuGH – Ist die bislang geltende Sphärentheorie am Ende?, EU-UStB 2006, 10-13

Rüth, Henning H.: Umsatzsteuerliche Fragen im Zusammenhang mit dem Halten von Beteiligungen – BMF-Schreiben vom 26.01.2007 (IV A 5 – S 7300 – 10/07), UStB 2007, 77-79

Rüth, Henning H.; Hüllmann, Markus: Neues zum umsatzsteuerlichen Beteiligungserwerb, EU-UStB 2008, 9-15

Schaumburg, Harald in: Schaumburg/Piltz, Holdinggesellschaften im internationalen Steuerrecht, Köln 2002

Scheffler, Eberhard in: Lutter, Holding Handbuch – Recht-Management-Steuern, 4. Auflage, Köln 2004

Schlosser-Zeuner, Helga in: Bunjes/Geist, Umsatzsteuergesetz Kommentar, 9. Auflage, München 2009

Schmidt, Alexander: Unternehmereigenschaft und Vorsteuerabzug bei Holdings – Sphärentheorie unter Berücksichtigung der aktuellen Rechtsprechung, UVR 2006, 269-272

Schön, Wolfgang: Die Auslegung europäischen Steuerrechts – das harmonisierte Steuerrecht zwischen nationalem Zivilrecht und europäischem Gemeinschaftsrecht, Köln 1993

Schön, Wolfgang: Umsatzsteuer zwischen Binnenmarkt und Steuerstaat, in: Nieskens, Umsatzsteuer-Kongress-Bericht 2001/20002, Köln 2002, 17-62

Schrader, Steffen: Selbständigkeit des Geschäftsführers einer GmbH, NWB 2005, 3451-3454

Schwarz, Günter C.: Europäisches Gesellschaftsrecht – Ein Handbuch für Wissenschaft und Praxis, Baden-Baden 2000

Sedelmaier, Holger: Anmerkung zum „BFH Urteil v. 11.10.2007, V R 22/04, UR 2008, 215-219“, UR 2008, 227-229

Spiegel, Harald; Heidler, Kristin: Das Seeling-Modell bei Nonprofit-Organisationen – Auswirkungen des EuGH Urteils vom 12. 2. 2009, „VNLTO”, DStR 2009, 1507-1512

Spilker, Bettina: Umsatzsteuerliche Behandlung von Beratungsleistungen an eines ausländische Holding, IStR 2009, 573-578

Stadie, Holger in: Rau/Dürrwächter, Umsatzsteuergesetz Kommentar, 142. Erg.-Lfg., Köln 2010

Stadie, Holger: Umsatzsteuergesetz Kommentar, Köln 2009

Stapperfeld, Thomas: Umsatzsteuerliche Behandlung von Holdinggesellschaften, UR 2006, 112-118

Steppert, Helmut: Die umsatzsteuerliche Organschaft – Ein nicht mehr zeitgemäßes Relikt?, UR 1994, 343-346

Stöcker, Ernst Erhard in: Peter/Burhoff/Stöcker, Umsatzsteuergesetz Kommentar, 5. Auflage, Herne/Köln 2010

Streit, Georg von: Vorsteuerabzug bei Holdinggesellschaften – Ende der „Sphärentheorie"?, UR 2003, 1-6

Streit, Georg von; Zugmaier, Oliver: Seelings seliges Ende – Seeling-Modell wird zum 1. 1. 2011 gestoppt, DStR 2010, 524-529

Tehler, Hermann-Josef in: Reiß/Kraeusel/Langer, Umsatzsteuergesetz Kommentar, 84. Erg.-Lfg., Bonn 2010

Theißen, Heinrich: Die Gründung einer Holding de lege ferenda – Vorschlag einer zukünftigen Regelung im Umwandlungsgesetz, Berlin 1999

Theisen, Manuel René: Der Konzern – Betriebswirtschaftliche und rechtliche Grundlagen der Konzernunternehmung, 2. Auflage, München 2000

Theisen, Manuel René in: Lutter, Holding Handbuch – Recht-Management-Steuern, 4. Auflage, Köln 2004

Tiede, Kai: Die Holding als umsatzsteuerlicher Unternehmer – Zur Konkretisierung des Begriffs des mittelbaren Unternehmers im Umsatzsteuerrecht, Lohmar 2001

Tiedtke, Walter: Holding, Organschaft und nichtunternehmerische Bereiche – Ein Einblick in höhere Sphären, UR 2008, 373-377

Tumpel, Michael: Unternehmensvermögen bei gemischter Nutzung nach der Mehrwertsteuersystemrichtlinie, in: Festschrift für Wolfram Reiß, Köln 2008, 123-136

Völkel, Dieter; Karg, Helmut: Umsatzsteuer, 19. Auflage, Stuttgart 2006

Wäger, Christoph: Tätigkeitssphären und Vorsteuerabzug der Holding beim Beteiligungserwerb, in: Festschrift für Wolfram Reiß, Köln 2008, 229-243

Wäger, Christoph: Vorsteuerabzug aus Beratungsleistungen bei der entgeltlichen Übertragung von Gesellschaftsanteilen – Anmerkungen zum EuGH Urteil AB SKF, DStR 2009, 2292-2295

Wäger, Christoph: Anmerkung zum EuGH Urteil „EDM", UR 2004, 301-302

Wagner, Wilfried.: Der „weisungsabhängige Strohmann" – ein missratenes Kriterium der Rechtsprechung zur Zurechnung von Umsätzen, StuW 1995, 154-161

Wagner, Wilfried in: Sölch/Ringleb, Umsatzsteuergesetz Kommentar, 63. Erg.-Lfg., München 2010

Weiß, Eberhard: Anmerkungen zum BFH Urteil v. 13.12.1984 (V R 32/74), UR 1985, 65

Weiss, Eberhard: Anmerkung zum EuGH Urteil „Aardappelenbewaarplaats", UR 1981, 103

Weiß, Eberhard: Anmerkung zum EuGH Urteil „Happy Family", UR 1989, 311-312

Weiß, Eberhard: Anmerkung zum BFH Urteil v. 20.12.1984 (V R 25/76; Sphärenurteil), UR 1985, 61-62

Widmann, Werner: Keine Umsatzsteuer bei illegalen Geschäften?, UR 1989, 10-12
Widmann, Werner: Anmerkung zum EuGH Urteil „Enkler", UR 1996, 421-422
Wurm, Felix J.: Einschaltung von konzernbezogenen Dienstleistungsgesellschaften, in: Fischer, Internationaler Unternehmenskauf und -Zusammenschluss im Steuerrecht, Köln 1992
Zugmaier, Oliver: Der Share Deal in der Umsatzsteuer, DStR 2009, 882-888

Rechtsquellenverzeichnis

1. Europäische Primärrecht

Vertrag über die Arbeitsweise der Europäischen Union in der Fassung ab 30. November 2009 – Zuletzt geändert durch Art. 2 Vertrag von Lissabon vom 13. 12. 2007, ABl. 2007, Nr. C 306, 1 (EG-Vertrag)

2. Europäisches Sekundärrecht

Erste Richtlinie des Rates vom 11. April 1967 zur Harmonisierung der Rechtsvorschriften der Mitgliedstaaten über die Umsatzsteuer (67/227/EWG) – Zuletzt geändert durch Art. 411 ÄndRL 2006/112/EG vom 28. 11. 2006 (ABl. Nr. L 347 S. 1), ABl. 1967, Nr. L 71, 1301 (1. und 2. EG-Richtlinie)

Sechste Richtlinie des Rates zur Harmonisierung der Rechtsvorschriften der Mitgliedstaaten über die Umsatzsteuern – Gemeinsames Mehrwertsteuersystem: einheitliche steuerpflichtige Bemessungsgrundlage vom 17. Mai 1977 (77/388/EWG) – Zuletzt geändert durch Art. 411 ÄndRL 2006/112/EG vom 28. 11. 2006 (ABl. Nr. L 347 S. 1) ABl. 1977, Nr. L 145, 1, ber. Nr. L 157, 23, Nr. L 173, 27, Nr. L 242, 22 und Nr. L 262, 44 (6. EG-Richtlinie)

Richtlinie 2006/112/EG des Rates vom 28. November 2006 über das gemeinsame Mehrwertsteuersystem – Zuletzt geändert durch Art. 1 ÄndRL 2010/23/EU vom 16. 3. 2010 (ABl. Nr. L 72 S. 1), ABl. 2006, Nr. L 347, 1, ber. ABl. 2006, Nr. L 335, 60 (Mehrwertsteuersystemrichtlinie)

Richtlinie 90/434/EWG des Rates vom 23. Juli 1990 über das gemeinsame Steuersystem für Fusionen, Spaltungen, die Einbringung von Unternehmensteilen und den Austausch von Anteilen, die Gesellschaften verschiedener Mitgliedstaaten betreffen, ABl. 1990, L 225/1 – Zuletzt geändert durch Richtlinie 2005/19/EG des Rates vom 17. Februar 2005, ABl. 2005, L 58/19 (Fusionsrichtlinie)

3. Nationale deutsche Gesetze

Umsatzsteuergesetz in der Fassung der Bekanntmachung vom 21. Februar 2005 – Zuletzt geändert durch Art. 6 Gesetz zur Umsetzung steuerlicher EU-Vorgaben sowie zur Änderung steuerlicher Vorschriften vom 8. 4. 2010 (BGBl. I 2010, 386), BGBl. I 2005, 386 (UStG)

Abgabenordnung in der Fassung der Bekanntmachung vom 1. Oktober 2002 (BGBl. I S. 3866, ber. I S. 61) – Zuletzt geändert durch Art. 2 Gesetz über die Internetversteigerung in der Zwangsvollstreckung und zur Änderung anderer Gesetze vom 30. 7. 2009 (BGBl. I 2009, 2474), BGBl. I 2002, 3866, ber. I S. 61 (AO)

Einkommensteuergesetz in der Fassung der Bekanntmachung vom 8. Oktober 2009 – Zuletzt geändert durch Art. 1 Gesetz zur Umsetzung steuerlicher EU-Vorgaben sowie zur Änderung steuerlicher Vorschriften vom 8. 4. 2010 (BGBl. I 2010, 386), BGBl. I 2009, 3366 (EStG)

Körperschaftsteuergesetz in der Fassung der Bekanntmachung vom 15. Oktober 2002 – Zuletzt geändert durch Art. 2 Gesetz zur Umsetzung steuerlicher EU-Vorgaben sowie zur Änderung steuerlicher Vorschriften vom 8. 4. 2010 (BGBl. I 2010, 386), BGBl. I 2002, 4144 (KStG)

Umwandlungsgesetz vom 28. Oktober 1994 – Zuletzt geändert durch Art. 5 G zur Erleichterung elektronischer Anmeldungen zum Vereinsregister und and. vereinsrechtliche Änd. vom 24. 9. 2009 (BGBl. I 2009, 3145), BGBl. I 1994, 3210, ber. 1995 S. 428 (UmwG)

Umwandlungssteuergesetz vom 7. Dezember 2006 – Zuletzt geändert durch Art. 4 Gesetz zur Beschleunigung des Wirtschaftswachstums (Wachstumsbeschleunigungsgesetz) vom 22. 12. 2009 (BGBl. I 2009, 3950), BGBl. I 2006, 2782 (UmwStG)

Gewerbesteuergesetz in der Fassung der Bekanntmachung vom 15. Oktober 2002 – Zuletzt geändert durch Art. 3 Gesetz zur Umsetzung steuerlicher EU-Vorgaben sowie zur Änderung steuerlicher Vorschriften vom 8. 4. 2010 (BGBl. I 2010, 386), BGBl. I 2002, 4167 (GewStG)

Handelsgesetzbuch vom 10. Mai 1897 – Zuletzt geändert durch Art. 6a G zur Neuregelung der Rechtsverhältnisse bei Schuldverschreibungen aus Gesamtemissionen und zur verbesserten Durchsetzbarkeit von Ansprüchen von Anlegern aus Falschberatung vom 31. 7. 2009 (BGBl. I 2009, 2512), RGBl. 1897, 219 (HGB)

Aktiengesetz vom 6. September 1965 – Zuletzt geändert durch Art. 1 G zur Angemessenheit der Vorstandsvergütung (VorstAG) vom 31. 7. 2009 (BGBl. I 2009, 2509), BGBl. I 1965, 1089 (AktG)

Gesetz betreffend die Gesellschaften mit beschränkter Haftung in der Fassung der Bekanntmachung vom 20. Mai 1898 - Zuletzt geändert durch Art. 5 G zur Angemessenheit der Vorstandsvergütung (VorstAG) vom 31. 7. 2009 (BGBl. I 2009, 2509), RGBl. 1898, 846 (GmbHG)

Gesetz über die Mitbestimmung der Arbeitnehmer vom 4. Mai 1976 – Zuletzt geändert durch Art. 9 G zur Umsetzung der AktionärsrechteRL (ARUG) vom 30. 7. 2009 (BGBl. I 2009, 2479), BGBl. I 1976, 1153 (MitBestG)

Betriebsverfassungsgesetz in der Fassung der Bekanntmachung vom 25. September 2001 - Zuletzt geändert durch Art. 9 G zur Errichtung eines Bundesaufsichtsamtes für Flugsicherung und zur Änd. und Anpassung weiterer Vorschriften vom 29. 7. 2009 (BGBl. I 2009, 2424), BGBl. I 2001, 2518 (BetrVG)

Gesetz zur Einführung der Europäischen Gesellschaft vom 22. Dezember 2004, BGBl. I 2004, 3675 (SEEG)

Grundgesetz für die Bundesrepublik Deutschland vom 23. Mai 1949 – Zuletzt geändert durch Art. 1 ÄndG (Art. 91e) vom 21. 7. 2010 (BGBl. I 2010, 944), BGBl. 1949, 1 (GG)

Umsatzsteuerrichtlinie 2008 – Allgemeine Verwaltungsvorschrift zur Ausführung des Umsatzsteuergesetzes vom 10. Dezember 2007, BStBl. I 2007, Sondernummer 2 (UStR)

Einkommensteuerrichtlinie 2008 – Allgemeine Verwaltungsvorschrift zur Ausführung des Einkommensteuergesetzes vom 16.12.2005 in der Fassung des EStÄR vom 18.12.2008 (BStBl. I 2008, 1017), BStBl. I 2005, Sondernummer 1 (EStR)

4. OECD-Musterabkommen

OECD-Musterabkommen 2008 zur Vermeidung der Doppelbesteuerung auf dem Gebiet der Steuern vom Einkommen und vom Vermögen, in der Fassung der Bekanntmachung vom Juli 2008 (OECD-MA 2008)

Rechtsprechungsverzeichnis

Datum	*Aktenzeichen*	*Fundstelle*
1. Europäische Gerichtshof		
05.02.1981	C-154/80, *Aardappelenbewaarplaats*	EuGHE 1981, 445
01.04.1982	C-89/81, *Hong-Kong Trade*	EuGHE 1982, 1277
01.07.1982	C-222/81, *B.A.Z.*	EuGHE 1982, 2527
26.10.1982	C-221/81, *Wolf Rechtssache*	EuGHE 1982, 3681
28.02.1984	C-294/82, *Betäubungsmittel*	EuGHE 1984, 1177
14.12.1985	C-268/83, *Rompelman*	EuGHE 1985, 655
26.03.1987	C-235/85, *Notare und Gerichtsvollzieher*	EuGHE 1987, 1471
05.07.1988	C-269/86, *W.J.R. Mol*	EuGHE 1988, 3627
05.07.1988	C-289/86, *Happy Family*	EuGHE 1988, 3655
15.06.1989	C-348/87, *SUFA*	EuGHE 1989, 1737
01.12.1990	C-186/89, *W.M. Van Tiem*	EuGHE 1990, 4363
20.06.1991	C-60/90, *Polysar BV*	UR 1993, 119
22.06.1993	C-333/91, *Sofitam*	DB 1994, 25
06.07.1995	C-62/93, *Soupergaz*	UR 95, 404
20.06.1996	C-155/94, *Wellcome Trust*	EuGHE 1996, 3013
11.07.1996	C-306/94, *Régie dauphinoise*	EuGHE 1996, 3695
26.09.1996	C-230/94, *Enkler*	EuGHE 1996, 4517
24.10.1996	C-288/94, *Argos Distributors*	EuGHE 1996, 5311
06.02.1997	C-80/95, *Harnas & Helm*	EuGHE 1997, 745
20.02.1997	C-260/95, *Commissioners of Customs & Ex/DFDS A/S*	DStRE 1997, 342
27.01.2000	C-23/98, *Heerma*	EuGHE 2000, 419
12.09.2000	C-359/97, *Kommission/Verein Kgr. Großbritannien und Nordirland*	UR 2000, 518
14.11.2000	C-142/99, *Floridienne SA / Berginvest SA*	DStRE 2000, 1268
22.02.2001	C-408/98, *Abbey National plc*	EuGHE 2001, 01361

27.07.2001	C-102/00, *Welthgrove BV*	DStRE 2001, 1180
27.09.2001	C-16/00, *Cibo Participations SA*	DStR 2001, 1795
17.09.2002	C-498/99, *Town & County Factors Ltd.*	IStR 2002, 773
05.11.2002	C-208/00, *Überseering BV*,	ABl. C 323/12
08.05.2003	C-269/00, *Seeling*	IStR 2003, 384
26.06.2003	C-442/01, *KapHag Renditefonds*	UR 2003, 443
26.06.2003	C-305/01, *MKG-Kraftfahrzeuge-Factoring GmbH*	UR 2003, 399
27.11.2003	C-497/01, *Zita Modes*	UR 2004, 19
29.04.2004	C-137/02, *Faxworld Vorgründungsgesellschaft GbR*	IStR 2004, 646
29.04.2004	C-77/01, *EDM*	UR 2004, 292
21.10.2004	C-8/03, *BBL SA / SICAV*	IStR 2004, 862
26.05.2005	C-465/03, *Kretztechnik AG*	UR 2005, 382
14.07.2005	C-434/03, *Charles-Tijmens*	EuGHE 2005, 7037
13.12.2005	C-411/03, *SEVIC Systems AG*	ABl. C 36/5
10.01.2006	C-222/04, *Cassa di Risparmio di Firenze SpA*	EuGHE 2006, 289
23.02.2006	C-471/04, *Keller Holding*	IStR 2006, 325
23.03.2006	C-210/04, *FCE Bank*	IStR 2006, 283
13.03.2008	C-437/06, *Securenta*	DB 2008, 739
06.11.2008	C-291/07, *TRR Trygghetsrädet*	UR 2008, 925
12.02.2009	C-515/07, *VNLTO*	IStR 2009, 207
29.10.2009	C-29/08, *AB SKF*	DStR 2009, 2311

2. Bundesfinanzhof / Reichsfinanzhof

07.02.1919	II D 1/19	RFHE I, B 12
31.01.1922	V D 1/21	RFHE 8, 100
28.04.1922	V A 25/22	StuW 1922, 881
05.10.1928	V A 320/28	RStBl. 1929, 60
07.06.1929	V A 472/28	Mrozek-Kartei 1926 § 1 Ziff. 1 R. 116
28.10.1929	V A 706/29	RStBl. 1930, 125
07.02.1930	V A 785/29	RStBl. 1930, 386
30.01.1931	V A 1030/29	RFHE 28, 100
24.04.1931	V A 410/31	RFHE 29, 22

23.02.1934	V A 480/93	RStBl. 1934, 623
27.04.1934	V A 90/34	RStBl. 1934, 796
18.05.1934	V A 371/33	RStBl. 1934, 930
23.02.1935	V A 145/33	RStBl. 1934, 831
16.12.1937	V A 301/37	RStBl. 1938, 88
12.05.1939	V 553/38	RStBl. 1939, 926
06.10.1939	V 312/38	RStBl, 1109
17.10.1941	V 121/41	RStBl.1942, 12
22.01.1943	V 23/42	RStBl. 1943, 221
15.06.1951	II 36/50 U	BeckRS 1951, 21005436
03.06.1954	V 262/53 U	BStBl. III 1954, 238
06.12.1956	V 137/55 U	BStBl. III 1957, 42
13.04.1961	V 94/59	HFR 1961, 262
10.05.1961	V 50/59	HFR 1962, 45
18.10.1962	V 264/59	HFR 1963, 356.
30.10.1962	V 90/60	HFR 1962, 188
23.07.1964	V 180/61	HFR 1965, 242
27.08.1964	V 101/62 U	BStBl. III 1964, 539
25.11.1965	V 177/63	HFR 1966, 94
07.07.1966	V 20/94	BStBl. III 1966, 613
22.06.1967	V R 89/66	BStBl. III 1967, 175
25.07.1968	V 150/65	BStBl 1968 II, 731
26.03.1969	V 241/65	BeckRS 1969, 21008600
22.05.1969	V R 28/66	BStBl 1969 II, 603
31.07.1969	V 94/65	BStBl. II 1969, 637
27.08.1970	V R 72/66	BStBl 1970 II, 833
16.12.1971	V R 41/68	BStBl. II 1972, 238
27.07.1972	V R 136/71	BStBl. II 1972, 810
01.02.1973	V R 2/70	BStBl II 1973, 127
11.10.1973	V R 14/73	BStBl II 1974, 47
07.12.1978	V R 22/74	BStBl. II 1979, 356
13.02.1980	I R 17/78	BStBl. II 1980, 303
17.07.1980	V R 5/72	BStBl. II 1980, 622
12.11.1980	II R 1/76	BStBl 1981 II, 279
04.11.1982	V R 4/77	BStBl. II 1983, 156
03.11.1983	V R 4/73	BStBl. II 1984, 109
26.01.1984	V R 65/76	BStBl 1984 II, 231
05.04.1984	V R 51/82	BStBl 1984 II, 499
13.12.1984	V R 32/74	UR 1985, 65
20.12.1984	V R 25/76, *Sphärenurteil*	BStBl 1985 II, 176

14.06.1985	VI R 150-151/82	BStBl. II 1985, 661
20.02.1986	V R 16/81	BStBl 1986 II, 579
30.07.1986	V R 41/76	BStBl. II 1986, 874
02.10.1986	V R 68/78	BStBl. II 1987, 42
15.01.1987	V R 3/77	DStR 1987, 467
21.05.1987	V R 109/77	BStBl. 1987, 735
04.06.1987	V R 9/79	BStBl. II 1987, 653
29.06.1987	X R 23/82	BStBl 1987 II, 744 ′
15.07.1987	X R 19/80	BStBl. II 1987, 746
16.07.1987	V R 80/82	BStBl 1987 II, 691
31.08.1987	V B 53/87	BFH/NV 1988, 201
24.09.1987	V R 152/78	BStBl. II 1988, 29
29.10.1987	X R 33-34/81	BStBl. II 1988, 92
20.01.1988	X R 48/81	BStBl. II 1988, 557
20.04.1988	X R 40/81	BStBl. II 1988, 804
23.06.1988	V R 203/83	BStBl 1988 II, 920
19.08.1988	V R 115/83 ′	BStBl. II 1988, 916
28.09.1988	X R 48/81	BStBl 1988 II, 557
26.04.1990	V R 55/85	UR 1991, 54
10.05.1990	V R 47/86	BStBl. 1990 II, 757
04.07.1990	GrS 1/89	BStBl. II 1990, 830
30.07.1990	V B 48/90	BFH/NV 1991, 62
28.11.1990	V R 31/85	BStBl. II 1991, 381
18.07.1991	V R 86/87	BStBl. II 1991, 776
07.11.1991	V R 116/86	BStBl 1992 II, 269
21.11.1991	V R 99/87	BStBl 1992 II, 637
13.02.1992	V R 112/87	BFH/NV 1993, 59
24.06.1992	V R 151/84	BStBl. II 1992, 755
24.11.1992	V R 8/89	BStBl. 1993, 379
16.03.1993	XI R 52/90	BStBl 1993 II, 562
18.05.1993	V R 134/89	BStBl. II 93, 885
19.05.1993	V R 45/88	BStBl. II 1993, 564
15.07.1993	V R 61/89	BStBl. II 1993, 810
26.08.1993	V R 20/91	BStBl. II 1994, 54
09.09.1993	V R 24/89	BStBl. II 1994, 57
27.10.1993	XI R 86/90	BStBl. II 1994, 274
21.04.1994	V R 105/91	BStBl 1994 II, 671
28.04.1994	V R 80/91	BFH/NV 1995, 557
16.06.1994	V R 98/92	BFH/NV 1995, 740
30.05.1996	V R 2/95	BStBl. II 1996, 493

09.10.1996	X R 47/96	BStBl. II 1997, 255
12.12.1996	V R 23/93	BStBl. II 1997, 368
02.12.1998	X R 83/96	BFH/NV 1999, 1024
28.01.1999	V R 4/98	UR 1999, 283
17.04.1996	I R 78/95	BStBl. II 1996, 571
23.08.1999	GrS 5/97	BStBl. II 1999, 782
30.09.1999	V R 8/99 ′	BeckRS 1999, 30075331
23.01.2000	V B 112/00	BFH/NV 2000, 497
30.06.2000	V B 20/00	BFH/NV 2001, 71
13.09.2000	V B 95/00	BFH/NV 01, 214
20.02.2001	V B 191/00	BFH/NV 2001, 1152
22.02.2001	V R 77/96	BStBl 2003 II, 426
08.03.2001	V R 24/98	BStBl 2003 II, 430
16.05.2001	IV R 94/99	BStBl. II 2003, 565
15.03.2002	V B 137/01	BFH/NV 2002, 1503
16.05.2002	V R 4/01	DStRE 2002, 1253
28.11.2002	V B 12/02	BFH/NV 2003, 515
09.10.2003	V B 12/02	BFH/NV 2004, 97
13.11.2003	V R 79/01	DStR 2004, 629
01.07.2004	V R 32/00	UR 2004, 537
18.11.2004	V R 16/03	UR 2005, 340
10.03.2005	V R 29/03	DStRE 2005, 736
06.10.2005	V R 07/04	DStRE 2006, 545
11.10.2007	V R 22/04	UR 2008, 215
29.01.2008	V B 201/06	BFH/NV 2008, 827
29.10.2008	XI R 74/07	DStRE 2009, 29

3. Finanzgerichte

25.05.1994	15 K 5247/87 U (FG Münster)	EFG 1994, 810
15.07.2003	1 K 230/01 (FG Saarland)	EFG 2003, 1502
15.03.2007	6 K 1476/02 (FG Hessen)	EFG 2007, 1381
10.06.2008	7 V 7342/07 (FG Berlin-Brandenburg)	EFG 2008, 1417

4. Bundesverfassungsgericht

12.10.1993	2 BvR 2134/92	BVerfGE 89, 155

5. Bundesgerichtshof

22.01.1976	VII ZR 280/75	BGHZ 1976, 48
22.04.1982	VII ZR 191/81	BGHZ 1983, 382
02.07.1985	X ZR 77/84	BGHZ 1985, 155
12.12.1996	IX ZR 214/95	HFR 1997, 701
04.12.2008	V ZB 74/08	ZEV 2009, 91

6. Bundesarbeitsgericht

17.02.1987	3 AZR 197/85	NJW 1988, 22

Sonstige Quellen

1. Verwaltungsanweisungen

BMF-Schreiben v. 15.03.1971, IV A/2 – S 7104 – 5/70, Unternehmereigenschaft und Vorsteuerabzug bei Vereinen, Forschungsbetrieben und ähnlichen Einrichtungen, BStBl. I 1971, 189

BMF-Schreiben v. 14.07.2000, IV D 1 – S 7303a – 5/00, Schreiben betr. umsatzsteuerrechtliche Behandlung von Tätigkeiten, die ertragsteuerlich als Liebhaberei anzusehen sind, UR 2000, 399

BMF-Schreiben v. 04.10.2006, IV A 5 – S 7300 – 69/06, Vorsteuerabzug aus Aufwendungen, die mit der Ausgabe von gesellschaftsrechtlichen Anteilen gegen Bareinlage oder gegen Sacheinlage zusammenhängen, DStR 2006, 1841

BMF-Schreiben v. 26.01.2007, IV A 5 – S 7300 – 10/07, Umsatzsteuerliche Fragen im Zusammenhang mit dem Halten von Beteiligungen, DB 2007, 315

BMF-Schreiben v. 30.09.2008, IV C 7 – S 2750-a/07/10001, Schreiben betr. Behandlung von Betriebsausgaben im Zusammenhang mit Auslandsdividenden in den Veranlagungszeiträumen (VZ) 1993 bis 2003; Anwendung des EuGH Urteils vom 23. Februar 2006 in der Rs. C-471/04 Keller-Holding (BStBl. 2008 II S. 834) und der BFH Urteile vom 13. Juni 2006 I R 78/04 (BStBl. 2008 II S. 821) und vom 9. August 2006 I R 50/05 (BStBl. 2008 II S. 823), BStBl. I, 940

OFD Frankfurt, Verfügung v. 08.04.2002, S 7105 A, Unternehmereigenschaft von Holdinggesellschaft und deren mögliche Organschaft mit ihren Beteiligungsgesellschaften, NWB DokID: AAAAA-86419

OFD Stuttgart, Verfügung v. 25.08.2004, S 7104, Unternehmereigenschaft von Holdinggesellschaft, DStR 2004, 1705

OFD Karlsruhe, Verfügung v. 11.04.2006, S 7104 Karte 4, Verfügung betr. Unternehmereigenschaft von Holdinggesellschaft, DStR 2006, 1946.

Freiburger Steuerforum

Herausgegeben von Wolfgang Kessler

Band 1 Andreas Sinz: Stützungsmaßnahmen im transnationalen Konzern. Steuerwirkungen von Zuschuss und Forderungsverzicht im Verhältnis Deutschland, Frankreich und Schweiz. 2001.

Band 2 Christian Gastl: Betriebe gewerblicher Art im Körperschaftsteuerrecht. Abgrenzung – Einkommensermittlung – Steuerbelastung. 2002.

Band 3 Tobias Teufel: Steuerliche Rechtsformoptimierung. Gestaltungssuche im Gesellschaft-Gesellschafter-Verhältnis. 2002.

Band 4 Markus Peter: Fortentwicklung des Betriebsstättenprinzips. 2002.

Band 5 Ingmar Schörck: Veränderungen der Kommunikation in der Steuerberatung durch den Einsatz internetbasierter Technologien. 2003.

Band 6 Ralph-Erich Schmidt: Die Umsatzbesteuerung der Bankleistung im Einlagen- und Kreditgeschäft. Mängel und Alternativen unter besonderer Berücksichtigung einer Cash-Flow Umsatzbesteuerung (TCA-Modell). 2003.

Band 7 Claudia Pischetsrieder: Einkünftequalifikation bei Immobiliendirektinvestitionen in Ungarn und Tschechien unter Einschaltung von haftungsbeschränkten Personengesellschaften. 2004.

Band 8 Michael Muchenberger: Die Entwicklung der Besteuerung und deren Ausrichtung am Leistungsfähigkeitsprinzip. Historische Bedeutung, theoretischer Erklärungsansatz und neuere Implikationsanalyse für die BRD. 2004.

Band 9 Michael A. Müller: Die GmbH & Co. KG als Europa-Holding. 2004.

Band 10 Ralf Adam: Einlage, Tausch und tauschähnlicher Vorgang im Zivilrecht und im Steuerrecht. 2005.

Band 11 Charlotte Achilles: CFC-Regeln und unfairer Steuerwettbewerb. Eine Untersuchung anhand der deutschen und der französischen CFC-Regelung. 2005.

Band 12 Michael Pelchen: Verdeckte Gewinnausschüttungen im französischen und deutschen Steuerrecht. 2007.

Band 13 Stefan Lammel: Besteuerung bei Gründung der Societas Europaea (SE) durch Verschmelzung. Vorgaben der Fusionsrichtlinien und des Primärrechts, deutsches Recht de lege lata und die de lege ferenda notwendigen Anpassungen. 2010.

Band 14 Anna Gersbacher: Konzernsteuerquote – Performance Messung von Steuerabteilungen und die damit verbundenen Anforderungen. 2011.

Band 15 Daniel Knörzer: Unterkapitalisierungsnormen. Eine konsequent-steuerwissenschaftliche Untersuchung für die Bundesrepublik Deutschland. 2012.

Band 16 Dominik Trachte: Problematik des Vorsteuerabzuges bei Holdinggesellschaften. 2012.

www.peterlang.de